【张千帆文集·卷三】

宪政中国的当代叙事

第一卷

Constitutional Narratives in Contemporary China

Volume 1

张千帆

Qianfan Zhang

博登书屋
Bouden House
New York

【当代华语世界思想者文库】

学术顾问：黎安友
主　　编：荣　伟
副 主 编：罗慰年
Academic Adviser: Andrew J. Nathan
Chief Editor:　　David Rong
Deputy Editor:　　William Luo

Published by Bouden House, New York

宪政中国的当代叙事　第一卷
Constitutional Narratives in Contemporary China (*Volume 1*)

作者：张千帆（Qianfan Zhang）

出版：博登书屋 • 纽约（Bouden House·New York）
邮箱：boudenhouse@gmail.com
发行：谷歌图书（电子版）、亚马逊（纸质版）
版次：2024 年 1 月　第一版　第一次印刷
字数：214 千字
定价：$38.00 美元

总　序

　　如果说八十年代总体上是中国改革的"黄金年代"，1982 年颁布的现行宪法本身就是这个年代的产物，那么从 2003 年孙志刚事件到 2012 年十八大这十年可以说是中国式维权的"黄金年代"。在这期间，由邓小平九二"南巡"开启的"中国模式"已经产生了足够严重和普遍的社会后果，社会矛盾急速积聚，而相对宽松的舆论环境尤其是互联网的发展为不满情绪提供了出气孔。也就在此之前，我刚好从南大转来北大任教，因为宪法职业使然也不由自主加入到"公知"行列。2004—2013 年间，我在国内官方媒体上发表了约 300 篇针砭时弊的评论，内容全部是拿八二宪法说事儿。当然，如果舆论环境更为宽松，我可以比此高产得多，但这些已足够让人看到现行宪法和日常生活的联系。作为一个坚定的改良主义者，我一直认为宪法不能落地不代表宪法"无用"。在宪政民主实现之前，宪法固然用处不大，但正如我在一篇反驳"革命派"的评论中所说，一旦自动放弃宪法，我们将真的"一无所有"。宪政中国当下和未来的第一要务是踏踏实实地行宪，不论多么艰难乃至徒劳，而不是好高骛远的"制宪"。事实上，官方对拿宪法说事儿的恐惧本身即足以说明宪法的力量。

　　中共十八大之后，舆论空间逐步收紧，官媒上发评论越来越难，更多的文章转向《华尔街日报》中文版、FT 中文网等当时还没有"被墙"的境外媒体。即便如此，直到 2016 年，言路尚未被完全堵死。那一年，我在北大做完了最后一届"世界宪政暑期班"；连续八年，再也坚持不下去了。那一整年，官媒上我只在腾讯《大家》《南都观察》、凤凰网"大学问"发了三篇评论，但那时仍然有"三剑客""剑客会""知识分子—思考者"这样影响较大的自媒体。后来这些思想类自媒体也被封了，境外媒体则悉数被墙。如今，八二宪法已入"不惑之年"，而宪政中国的前路却变得越来越迷惑，以至于"宪政"竟成了不可言说的"敏感词"。

尽管如此，我仍然认为宪政中国的可见前景仍然是落实现行宪法，无论它具有何种缺陷——事实上，只要落实紧挨着的宪法第 34 条（选举权）、第 35 条（言论自由）、第 36 条（宗教信仰自由）即足以让中国走上宪政的康庄大道，至多加上第 33 条（人权保障、法律平等），而所有这些条款的落实最终都要靠公民自己。因此，宪法那些事还得说下去。虽然普通人往往认为"宪法不管用""宪法很遥远"，宪法其实和日常现实生活很相关。恰恰是因为宪法规定没有发挥应该发挥的作用，因而我们现实中的宪法事件尤其之多，几乎天天都有。如果你是一个有心人，每天都会发现新的值得书写的宪法素材。

事实上，素材如此之多，以至于即便在出版空间严重受限的情况下，并不高产的我近年来积累的时政评论也汇集成这里的四卷本——本来想编一套上中下就齐活，没想到竟超出了三卷本的篇幅。这样也好，言论限制毕竟只是一时的，在不远的未来肯定还有针砭时弊的机会，到时候第五卷、第六卷……再继续出下去。目前的四卷本收集了我近二十年来发表在报刊或电子媒体的数百篇评论或演讲，其宗旨只有一个，那就是从日常生活中看似不起眼的小事，探索中国宪政艰难前行的足迹。八二宪法目前还不可能在司法等制度层面上得到有效实施，但这并不等于宪法和现实生活无关；恰好相反，正是因为宪法未能彰显出正式的国家法律权威，学者才尤其需要挖掘并发扬光大宪政本身的固有精神，至少在遇到具体事件的时候替宪法说话，告诉人们宪法要求怎么做。而即便今天环境恶劣、空间逼仄，公民也没有放弃自己的宪法权利。公民为自己的基本权利抗争的事例比比皆是，2022 年末的"白纸运动"就是最有力的证明。赋予宪法生命的不是干枯抽象的条文或了无生气的程序，而是具体生动的公民行动。这部由公民行动叙写的中国宪法是值得学者言说的。

宪政中国的当代叙事至少有双重意义。一是防止健忘。因为无法依靠成型的宪政民主及时化解社会矛盾，当代中国的社会问题尤其之多，几乎每周都有大事发生。发生伊始，社会震动很大，但焦点很快转移到接踵而至的下一个公共事件；原先那件事并没有解决，却很快淡出公共视野，甚至被彻底遗忘。譬如，现在还有多少人记得 2009 年底震撼全国的唐福珍自焚事件？甚至 2022 年刚发生的徐州"铁链女"事件已被淡忘。一个健忘的民族是没有前途的，因为它不会有长进。回顾、梳理、分析近年发生的重要宪法事件，有助于汲取教训、亡羊补牢。

二是书写当代中国的民间宪政史。2003 年"孙志刚事件"的时候，我曾提出中国宪政存在官方与民间两条路径。如今"宪政"已成敏感词，宪政的官方路径已被彻底堵死，只剩下民间路径，虽然困顿难行，却是当下中国惟一值得书写的宪政材料。四卷本所涵盖的所有宪法事例都表明，宪政不是理论家画饼充饥建起的空中楼阁，而是普通公民在行使权利的一步一个脚印中走过的荆棘路。公民的每一次亲身参与都是在为中国的宪政大厦添砖加瓦，也是宪政精神的灵光闪耀。在这个意义上，挖掘中国宪政精神的根本力量与其说是学者，不如说是公民自己。学者只是一个见证者和诠释者，一部真正的宪法是由公民用自己的维权行动写就的。

四卷本按时间顺序记述 2009—2021 年前后的宪法事件及其评论，中国宪政晴雨表恰如经历了春夏秋冬四个季节。如今已然进入冬季，下一个春天也就不远了。

第一卷　序

本卷主要涵盖 2009—2010 年间的时政评论。当时，美欧遭遇金融危机，踌躇满志的大国则刚成功举办奥运，"中国模式""中国可以说不"等国家主义论调甚嚣尘上。然而，表面成功并不能掩盖内部矛盾。2009 年底即发生了唐福珍自焚事件，是为大江南北频频上演的强征血拆悲剧的缩影。事实上，金融危机也直接影响了中国，胡温政府在没有任何人大审议和监督的情况下，一挥手就投入空前的四万亿巨资，又一挥手就免除非洲数百亿债务。这些都是纳税人的钱，但如果纳税人不能成为有效选民，他们就保不住自己的钱袋子。

也是 2009 年，我接了一个大学招生考试公平性的研究课题，通过比较发达国家的招生考试制度，为中国招生考试制度改革把脉。改革方案不难形成，我对招生考试改革很快产生了比较成熟的思路。2010 年 3 月 10 日，以郭道晖、姜明安教授领衔的 20 多名学者联名向国务院发出"呼吁促进高等教育机会公平的公开信"。彼时，中国政法大学蔡定剑教授还在世，也加入了联署。

2009 年，司法改革也成为热门话题。之前一年政府换届，王胜俊担任最高法院"法盲院长"，扭转了之前肖扬院长开启的司法职业化改革方向，转向"司法大众化"改革，提倡司法"大调解""让人民满意"以及法官到田间地头普法的"延安模式"。这当然是一股反法治逆流，法学界也有人响应，所幸未成为主流。与此同时，上访、看守所等传统的非法治体制时不时也会制造新闻热点，针对这些事件的舆论尤其是网络言论十分活跃。

显而易见，上述所有问题本质上都是宪法问题。造成唐福珍自焚的征地拆迁涉及宪法第 10 条和第 13 条，网络言论显然涉及宪法

第 35 条，看守所事件至少涉及宪法第 37 条，财政监督涉及所有和人大作用相关的宪法条款，甚至"春晚"和节假日安排也可以牵扯上中央和地方权力的宪法关系……

本卷共分为六部分，分别探讨八二宪法第 2 条（共和条款）、第 3 条（人大制度和央地关系）、第 5 条（法治国家）、第 10—13（财产权）、第 33 条（人权保障与平等权）和第 35 条（言论自由）。当然，这显然不是说其它条款不重要，譬如第 34 条（选举权）和第 36 条（宗教信仰自由）都很重要，但是当时还没有可以进行学理分析的具体个案，因而这些条款目前只能在此维持"潜伏"状态，等日后积累了一定数量的现实事件之后再补充评论。

目　　录

壹、民主共和是宪政基石

——宪法第 2 条的题中之义

自 1911 年辛亥革命以来，除了瞬间即逝的复辟之外，中国一直实行民主共和政体。1982 年宪法第 2 条明确规定："一切权力属于人民。人民行使国家权力的机关是全国人民代表大会和地方各级人民代表大会。人民依照法律规定，通过各种途径和形式，管理国家事务，管理经济和文化事业，管理社会事务。"第 34 条规定了人民参与管理国家事务的最重要途径——民主选举："年满十八周岁的公民，不分民族、种族、性别、职业、家庭出身、宗教信仰、教育程度、财产状况、居住期限，都有选举权和被选举权。"第 41 条进一步规定："公民对于任何国家机关和国家工作人员，有提出批评和建议的权利；对于任何国家机关和国家工作人员的违法失职行为，有向有关国家机关提出申诉、控告或者检举的权利，但是不得捏造或者歪曲事实进行诬告陷害。对于公民的申诉、控告或者检举，有关国家机关必须查清事实，负责处理。任何人不得压制和打击报复。由于国家机关和国家工作人员侵犯公民权利而受到损失的人，有依照法律规定取得赔偿的权利。"

由此可见，宪法在其首要位置强调，民主是中国的基本国体，民主选举与各种方式的民主参与是实现民主的不可替代方式。没有实质性的民主，社会问题必然形形色色、层出不穷。因此，本书开门见山第一篇就引用几起不同性质的群体性事件，论述了"只有民主才能造和谐"的常识。基层人大是中国迄今惟一直选产生的国家机构，也是广大选民利益的直接代表。如果人大选举不规范，或人大代表就任后不能认真履职，那么政府就得不到有效监督，各种滥用职权、侵犯民权的行为就会自然发生。在这种情况下，积极的公民参与不失为一种有限的补救。近年来，广东、厦门、上海等地发生的群体性参与事件一方面彰显选举缺失造成的后果——譬如乌坎事件就是由于未经实质性选举产生的村委会违法出卖土地、侵犯农民权益引起的，另一方面则昭示了公民直接参与的力量。

然而，参与机制只能补充而非替代选举民主，譬如网络议政虽然也是一种可喜现象，但是往往流于"空议"，而不能产生实质效果，至多在个别恶性事件中产生改变现实的足够压力。事实上，如果选举权利得不到保障，那么诸如信访等公民反映利益诉求的其它渠道也不可能通畅。"上访"现象的普遍存在本身即已表明，宪法规定的民主选举机制尚未落到实处，而形形色色的"截访""黑监狱"乃至"被精神病"等现象更是平民百姓不能掌控自己命运的体现。

这一切都说明，要落实宪法第 2 条，惟有脚踏实地践行选举民主。

为什么改革会越改越糟

2010 年，天则经济研究所组织关于人大代表法修改的研讨会。我对代表法没有专门的研究，而且我个人觉得不是很重要的。这首先是因为人大本身不重要，虽然宪法上规定是最高国家机关，但实际上在我们国家就是不重要，这大家都知道的。即使对人大来讲，代表法也不是最重要的法；和选举法相比，它就不如选举法重要。制约中国人大的问题无非是两个，一个是选举，一个是代表专职化，刚才建勋也说了，不过我想选举还是比专职化更基本。如果现在三千多全国人大代表，还有各省、县、乡的代表加起来一大堆都专职化，都拿国家工资，由纳税人供养，但又不是人民真正选出来的，不对当地人民负责，专职了不做事，我们要这样的"专职代表"做什么？这次大家都觉得代表法的修订退步了，其实许多问题都是老问题，譬如比如人大常委会控制人大、执政党控制整个人大……和这些根本局限相比，这次修订只算得上小小的退步。更何况法怎么说在中国本来就不是很重要，因为法律规定是一回事，实际落实又是一回事。良法得不到落实，当然是很糟糕的事情；但是如果恶法得不到落实，法治落后到反而帮了我们的忙了。当然，中国的规律是良法很难落实，恶法倒往往实施起来尤其得力。不管怎么说，目前的倒退对于我们的现状来说算不是根本性的。

但我仍然感觉它是一个标志，它向我们发出了一个不祥的信号。改革三十年，中国变化真快，快得超过我们的意识；我们的意识一瞬间就能完成了，但有时候还没意识过来它就已经变了。我感觉，中国改革到了而立之年前后，也就是 08—09 年的时候，全国大部分人还是认同改革的，似乎改革总是会越改越好。当然，总会有"愤青"、毛左否定改革，我是指但凡有脑子的人、不否定历史的人总还是赞成改革的。但此后也就短短二三年的时间，让我们相当一部分人改变了想法，看到改革确实有可能越改越糟糕。近年来的司法改革是如此，代表法的修改再次正式地释放出这么一个信号：改革正在走下坡路，我们已经开始走上了越改越糟的这条路。

为什么如此，我还没完全想好，这里初步总结出几点原因。一是我们已经到这个时候了，问题开始全面爆发，因为经济改革先行，政治改革没有跟上，会出现很多社会负面效果，从而对政府产生越来越大的外部压力，群体性事件每年只会越来越多。在这个方面，中央政府会比地方政府感觉更明显，因为他看到是全局。我们看到全国的群体性冲突此起彼伏，但不少地方尤其是沿海发达地区的政府日子还是比较好过的；出事的地方当然感觉到了危机，但是这里一个、那里一个，每次都是个别的。然而，这些事情都在中央的掌握之中，它能看到这些事件越来越多，而看不到怎么让它们消失，于是就从内部产生了合法性的危机意识，觉得自己维持这种统治越来越有挑战。

这个问题不好解决。刚才有提议从法律上保证执政党的长期执政，就好像当时大清立宪第一条就是要保证"大清帝国万世一系、永永尊戴"一样。但那是那个年代的事，在一个"人民共和国"是行不通的。其实我们国家发生的许多悲剧都是不得不在一个民主的外衣下实行专制造成的。索性像清王朝那样让它专制倒也简单，但我们偏偏要"民主"，于是就造成许多假借民主的名义发动的权力斗争，"文革"就是这么折腾出来的。既然已经承诺了民主共和，再要维持长期执政是不容易的，尤其是在社会矛盾和冲突这么激烈的情况下。我们一些学者苦口婆心劝说执政党改革，因为这样才有利于长期执政，问题是长期执政对于执政党来说是好的，但这个"党"究竟谁呢？是总书记吗？是总理吗？是各级党政领导吗？他们还有两年就要退，长期执政对他们个人来说究竟有多大好处？执政党确实是有长期利益的，但是和国家一样，"党"也是一个虚构的实体，实际上是不存在的；存在的只是在这个党的名义下行使权力、享受好处的党员干部，而他们关心的只是个人的短期的利益。你说这么打压迟早有一天要崩溃，他早想好了：等崩溃那天我还不知道在哪里，只要现在我在台上能压住就行了，所以这个道理是和他讲不通的。

第二，这种挑战主要是来自统治阶层内部的心理上的，不是来自外部的，不是敢说话的人大代表越来越多，让政府感到威胁什么的，所以现在才要来限制代表活动自由。最近几年的趋势根本不是这样，恰恰是相反，负责任、敢说话的代表越来越少。我们曾经在去年和今年年初和腾讯合作组织人大代表讨论大学招生改革，就过了一年，可能是请的人不同，但是给我的印象确实完全不一样：去年还多少能讲点实质性的东西，今年来的代表讲的话根本都不能听，让我对他们完全失望了。像湖北姚立法这样活跃的独立代表都已经被在上面支持下被地方打下去了，中央不保护这些候选人的言论自由和媒体的新闻自由，地方更加有恃无恐。下面我还要讲到这种中央和地方最糟糕的联合。恰恰是因为制度化的约束不存在，因为没有一种组织化的力量去抗衡他，所以说上面还是完全可以按照自己的感觉走，直接在代表法这样的立法当中体现自己的恐惧和意图。

第三，现在中央和地方已经非常迅速地形成了一种既得利益同盟。原来我想中国很大，中央还有地方各级层次很多，它们之间的利益不尽一致，这样也许可以利用各方的利益差异实现相互制约、推动良性改革。譬如省一级官员不愿改革选举制度、"革自己的命"，但也许可以推动县、乡选举；中央保证言论和新闻自由，其实是对维护长期执政有好处的，因为这样可以让中央及时了解各地情况。但现在看来，他们早已经意识到彼此之间的既得利益在根本上是一致的。尤其是中国的中央政府其实是很小的，具体的实际统治必须通过各级地方政府。要维持地方对中央的忠诚，说得直白一点就是要放任地方官员去瞎搞、去寻租，故意留着制度上的漏洞让地方政府钻、从中得到好处，否则别人为什么要给你卖命啊？这样一来，中国就沦落到一种最糟糕的中央和地方制度安排。

中国是一个大国，而大国有好处也有坏处。从美国的联邦制我们可以看到，大国成功的治理经验从根本上说有两条：一是要充分保障地方自治和地方多元化，用我们的话说就是要发挥地方的能动性、自主性、积极性；二是要让中央遏制一些不良的地方倾向，譬如地方歧视、地方保护主义或地方内部的多数人暴政。在这个时候，中央就应该介入，或者是为了保护少数人的基本权利，或者是防治地方对外地人或物的歧视。这样，地方的长处都能够自由发挥出来，短处则通过中央干预而被遏制住了。

至少近几年来看，我们中国恰好相反，充分发扬了大国中央集权的弊端，而把所有的好处都给扼杀了。中国有些地方领导还是想做事的，也尝试了不少地方创新，但是这些良性的地方自治试验反而被中央左一个文件下来、右一个文件压下来。前几年某些地方试验乡镇长直选，硬是被全国人大以"违反宪法"的名义叫停了。好的尝试被压制住，各种不好的地方措施有没有得到遏制呢？反而没有，我们看到各地违规征地拆迁、草菅人命、贪污腐败、打压记者等等胡作非为，中央则是无能、无力或索性不愿管。其实地方钻的许多空子正是中央设立的制度造成的，譬如户籍限制啊、收容遣送啊、强制拆迁啊、新闻管制啊，不都是中央设置的全国性制度吗？我们知道北京作家谢朝平写了《大迁徙》，反映三门峡水库那么多年遗留下来的移民问题，近几天被陕西警方到北京来抓去了。凭什么抓人呢？就是新闻出版审批制度，就是这么一个糟糕的制度让地方官员维护自己的腐败，还不让外界报道和评论。

所以我觉得中国的事情是挺难办的，你看周边的国家，不论是日本、韩国甚至泰国、印尼，还有台湾地区，都先后转型成功了。我们从清末宪政改革开始失败至今，不是没有缘由的。这不只是一个国家大、转变慢，好像质量大的物体惯性越大一样；也不只是金观涛他们以前讲的"超稳定结构"，我们的中央和地方联盟起来，阻碍改革的力量实在很强大。大国还有一个问题，就是对于人民来说集体行动更加困难，因为国家太大了，怎么样能够让社会凝聚起来一个力量去抗衡中央和地方的联合，我想是今后摆在我们面前一个重要的课题。它直接决定了普通老百姓究竟能做什么。

对于这个法呃呃主要弊端，就是有些不该删的删了，有些不该加的加进去了，尤其是关于代表的集体活动。我想开这个会的目的无非是集中力量和焦点，争取打掉那些改得真正恶劣的地方。我看大多数规定都是无关痛痒的东西，不用去管，但是制度性退步一定要尽力抵制住。

我再补充一点：因为我刚才说了这个趋势，我不知道这种滑坡到底是一种系统性的，还只是暂时的，也许到十八大换届后一时会有所好转。如果是系统性的，也就是一直是越来越糟下去，那就没有办法了。这也是完全可能的，一点不奇怪的。大清那时候改革、改革，不改还好，改革之前高级官员还是满汉参半，一改反而是满族占了3/4，成了"亲贵内阁"。我们也许已经到了那个阶段，那样我们就要做好心理准备，凡是在修改法律的时候，都很可能越改越糟，而不是越改越好，因为这就是现体制运行的逻辑。既然改还不如不改，那就尽量别改。不过我还没有那么绝望和悲观，也许中国改革会是一个波浪型的，我们现在正好赶上了往下的这一波，也许过一个阶段还有往上一波。如果是这样，我们就要把握改革的时机。在目前这个时候，既然快要换届，领导的心思也不在这个上面，就先别改了，因为只能越改越糟，不妨等以后条件成熟再改。

这个意见和刚才说的并不矛盾，一方面要强烈抵制恶法，而这些糟糕的修改很可能正是这次修改的真实目的；如果学者和社会意见很大，能抵制住这些恶法，那他看见修改意义不大，也就不一定坚持修改了。

只有民主才能造和谐

　　2008 年接连发生的几起事件看上去互不相关，其实都从不同侧面反映了社会不和谐，而且是出自同一个根源。6 月 28 日，贵州瓮安县公安局对该县女学生李树芬的死因鉴定结果引起不满，当地群众聚集到县政府和县公安局并发生冲突，县委、政府和公安局遭到焚烧打砸，百余民警受伤。7 月 2 日，北京密云县李各庄村民王再英倒在自家被强拆的房屋废墟上。由于对拆迁补偿不满，王再英等一些村民拒绝搬迁，曾多次遭遇砸玻璃、揭房顶等各种形式的恐吓，最后遭到强行拆除。此后他每天晚上都到废墟附近守护，最终被暴徒打死。7 月 3 日，56 岁的外地瓜农张士礼来郑州卖西瓜。城管人员不问青红皂白，抢走了瓜农的秤。张士礼前去夺秤，结果小腿被执法车轧断。附近群众将执法车团团围住，不让离开。据同一天报道，海口三轮车屡禁不绝、越禁越多，三轮车主拉帮成派，暴力抗法的现象时有发生，甚至发生过砍伤城管队员的事件。

　　上述事件只是当前中国社会不和谐的具有一定代表性的缩影。城管野蛮执法是众所周知的各地普遍现象。2007 年 5 月曾发生"小贩杀城管"的崔英杰案，次年初则发生过企业家用手机拍摄城管执法场面而被围殴致死的恶性事件。城管人员往往既是野蛮执法的主体，也是暴力抗法的牺牲品。如果究其表面原因，无非是部分城管执法人员素质低，工作方式粗暴。问题在于，为什么地方政府将不合格的人纳入执法队伍？为什么城管问题那么普遍，城管执法涉及那么多居民的切身利益，却很少听到有任何地方重视城管法治及其队伍建设，将它作为一件大事来抓？要知道，城管只是整个政府的一部分，地方首长最终对政府任何部分的违法行为负责，因为是他决定地方公安领导，而后者又负责城管队伍的配备、训练和管理。

城管问题之所以还没有引起地方的足够重视，无非是因为地方领导不把地方民众的利益当回事；而地方领导之所以能这么做，最终是因为他们不对当地人民负责，因而不需要承担地方治理不力的直接后果。

更重要的问题是，城管人员素质提高就能避免一些社会悲剧吗？我看完全未必。如果城管严格执法，但是所执行的法本身就侵犯了当地人民的利益，那么执法越到位，问题越严重。崔英杰之所以情急之下持刀杀人，并不是因为牺牲的城管队长执法不文明，而是因为所执行的法不人性，因为北京市的市容规定不仅禁止一切无证商贩，而且还授权没收小贩谋生的工具——在这里，崔英杰不止一次遭没收的三轮车。商贩确实需要规范，但是究竟如何规范？北京市政府征求过市民和商贩代表的意见吗？如果没有，那么试问又如何保证这样的规定符合市民和商贩的利益？在商贩的经济活动自由受到过分严厉的限制乃至剥夺之后，少数过激的反抗行为不也在情理之中吗？同样的，据说郑州市规定 6 月 20 日以后就不允许农用瓜车进城，但是这项规定是否征求过郑州市民和瓜农的意见呢？是否代表郑州市民的利益呢？亲眼目睹野蛮执法的市民质疑，瓜车进城有什么不好？市民可以吃到瓜农自种的新鲜的西瓜，比瓜贩的西瓜要强得多。瓜农也很自觉，卖瓜的同时还不忘带着编织袋，把人们吃剩的瓜皮打扫干净。试问瓜农和市民如此互利的行为违反了政府的哪一项"天条"，有什么必要管制和禁止？政府究竟应该为了谁和什么目的服务？

至于有些人认为海口三轮车泛滥成灾、久禁不绝的"根本原因"是"管理不规范、整治缺乏力度"，我只能说这种主张误将表面原因当作"根本原因"。试想，海口三轮车之所以屡禁不绝，显然是因为车夫们可以和崔英杰一样靠此谋生，也就是说当地存在足够的市场需求。更何况那些车夫之所以在地方法律禁止的情况下仍然乐此不疲地拉车，说明他们没有更好的谋生手段。车夫和乘客两相情愿，地方政府管得着吗？为什么要"彻底清除违法三轮车，彻底解决海口三车泛滥的顽疾"？说来说去，有关人士提出的理由似乎只是"确保海口良好的市容和交通秩序"。如此表面"良好"的"市容"和"秩序"或许会让短暂停留的上级领导和观光客印象更深、更舒适，但它是不是海口人民的根本利益呢？再问一个同样的问题：清除三轮车的规定是否征求过包括那些车夫在内的海口民意呢？如果没有，那么和崔英杰案中的北京市容规定和这里的郑州市规定一样，如何保证海口禁止三轮车的规定真正代表地方人民的利益？难道不正是这些剥夺车夫、商贩和瓜农利益而又未必符合地方人民利益的规定同时造成了城管野蛮执法和危及城管人员安全吗？

近年来，农村征地成为引发群体事件、暴力冲突和大规模上访的主要原因。我认为解决征地问题的根本措施在于改革土地制度，但是即便维持现有的土地制度，如果负责征地的地方政府或村委会对当地人民负责，也不会发生这么多社会悲剧。在成熟的民主国家，征地过程的关键阶段都需要公众参与。首先，究竟是否需要政府出面强行征地、究竟在什么地方为了什么目的征地？这个问题通常由地方议会决定，而地方议员是由当地选民选举出来的，因而征地决定必然不敢得罪地方选民。即便大多数选民无所谓，但是利益受到征地影响的部分选民激烈反对，也往往会造成不利的社会舆论，让地方政府觉得一意孤行得不偿失。其次，征地究竟给多少补偿？虽然被征收者可以就补偿方案提出诉讼，但是方案一开始也是议会在和被征地者协商基础上按照公平市价决定的。如果大多数被拆迁户满意，那么补偿方案一般不会太糟糕，更何况少数不满者仍然可以依靠司法程序维护自己的宪法权利。在民主和法治双重保障下，地方政府一般不会征地，除非出于公共利益的迫切需要，即使征地也不会引发大规模群体事件。

然而，在中国某些地方，征地成了地方政府乃至官员个人的主要财源。在巨大的利益驱动下，地方政府动辄征地，既不事先征求民意，也不履行公正补偿的宪法义务，甚至雇用社会上的黑恶势力非法恐吓、强拆强迁，严重侵害像王再英这样的被拆迁户的生命、财产与人身安全。这样必然会造成巨大的社会不公，也必然会遭到权利受侵犯的广大农民的抵制。在密云征地过程中，至少一半以上被征地户不愿拆迁或不接受补偿方案。请问这样的征地和拆迁符合当地农民利益吗？征求过他们同意吗？答案似乎显然是否。既然地方民主程序失灵，他们对征地决定和补偿方案都没有影响力，因而只有通过上访反映自己的需要。但是上级政府的时间、人力和资源都是有限的，不可能处理那么多的地方矛盾，因而许多事情必然不了了之，结果是被拆迁户或者默默忍受自己的权利遭到侵犯，或者诉诸体制外的暴力手段报复政府与社会。不论是哪种方式，显然都是和社会和谐背道而驰的。

最后，家属对公安局死因鉴定结果不满并不少见，只不过在瓮安引发了大规模暴力冲突，引起了中央关注和总书记的亲自批示，瓮安县公安局政委和局长才被免去党内及行政职务。事实上，地方群众的普遍不满并不是这一次孤立事件造成的，而是地方官民矛盾长期积压的结果。正如贵州省委书记所总结的：这次事件表面的、直接的导火索是李树芬的死因，背后深层次原因却是瓮安县在矿产资源开发、移民安置、建筑拆迁等工作中侵犯群众利益的事情屡屡发生，而在处置这些矛盾纠纷和群体事件过程中，一些干部作风粗暴、工作方法简单，甚至随意动用警力。他们工作不作为、不到位，一出事就把公安机关推上第一线，群众意见很大，不但导致干群关系紧张，而且促使警民关系紧张。换言之，正是瓮安县的诸多长期不和谐因素才是造成"6·28事件"的根源，而地方政府之所以如此作风，又无非是因为他们在制度上不对当地老百姓负责。如果他们是由老百姓选举产生的，或地方民意对他们发挥很大作用，试问他们可能这么多年来一贯如此吗？

由此可见，绝大多数不和谐都是从官民矛盾中产生的。只要地方政府不对当地人民负责，社会和谐就是缘木求鱼的空想。固然，中央可以直接过问个别像"6·28"这样影响巨大的地方事件，但是不可能亲自纠正每一次地方违法和侵权行为。事实上，只要没有产生大规模群体效应，以至惊动高层领导，中央甚至可能不知道密云县农民之死、外地瓜农在郑州的遭遇或海口三轮车夫的状态及其帮派对城管人员的伤害。如果地方政府不能有效解决地方问题，甚至可能是造成地方问题的根源，那么绝大多数中国社会矛盾都得不到解决，"和谐"自然也就谈不上了。要真正营造和谐的社会环境，只有从制度上保证地方政府对地方人民负责；地方人民或者直接参与地方决策，或者通过名副其实的选举保证民意代表在决策过程中充分反映选民需求，进而监督政府执法部门，保证符合人民需要的立法落到实处。

一言以蔽之，只有落实民主，才能实现真正的社会和谐。

让民主运转起来

在一个国家的宪法体制中，民主占据着最重要的地位，因为它决定了政府和人民之间的基本关系。虽然中国宪法规定了人民民主，但是民主实践还很不完善。中共十七大报告提出："健全民主制度，丰富民主形式，拓宽民主渠道，依法实行民主选举、民主决策、民主管理、民主监督，保障人民的知情权、参与权、表达权、监督权。保障人大代表依法行使职权，密切人大代表同人民的联系，建议逐步实行城乡按相同人口比例选举人大代表。"如果这些建议得到落实，中国的民主实践将取得巨大进步。

虽然选举不等于民主的全部，但公开、自由和平等的选举确实是民主的第一步，因为各国现代民主都是一种代议过程，也就是由人民选举产生的议员代表人民形成国家法律和政策。由于议员是选举产生的，对选民负责，因而议会表决通过的法律和政策必然代表社会大多数人的利益。但是这里有一个前提：公民的选举权必须得到平等保障。显然，如果有些公民被剥夺了选举权，或者选举权受到不同程度的"稀释"，譬如只有其他公民的 1/4，那么上述推理就未必成立了，如此产生的国家法律和政策也未必代表最广大人民的最根本利益。长期以来，和城乡经济二元化体制相对应，城乡选举权也存在着巨大差别。直到 2010 年，《选举法》仍然含有对农民政治参与显然不利的 "1/4 条款"。《选举法》应按照十七大报告的建议，取消城乡政治二元体制，为广大农民参政议政保障宪法规定的平等权利。

当然，选举权平等未必意味着人大代表中的农民比例必须和农民的人口比例相称。在理论上，身份和代表并不是一回事。没有实质意义的选举，即便农民代表也未必能代表农民利益；有了完善的选举制度，工人或其它职业的代表未必不能代表农民。但根据中国目前的实际情况，就和工人一般会选举工人来代表他们一样，农民选出来的代表一般就是农民代表。因此，人大代表中的工人和农民比例确实是衡量国家民主化程度的一个标志。令人担忧的是，近几届全国人大代表构成中的工人和农民代表比例呈下降趋势，尤其是一线工人和农民代表人数偏少，绝大多数代表都有领导职务，农民工代表则完全不存在。对于人数已经达到 1.5 亿之多的农民工队伍来说，这显然是很不正常的。这种状况表明工人、农民和农民工的法律利益得不到制度保障。这种现象似乎受到了一定重视，如 2007 年 3 月通过的《关于第十一届全国人民代表大会代表名额和选举问题的决定》规定，"来自一线的工人和农民代表人数高于上一届"；"在农民工比较集中的省、直辖市，应有农民工代表。"如果可以完善农民工的选举制度，使农民工可以通过人大等途径有效参与中央和地方政治，那么对于维护农民工的权益来说要比重庆市的"农民工日"之类的形式实惠得多。

　　长期以来，地方选举形同虚设，买官卖官和贿选现象相当普遍，以至官场潜规则成了"拉票是正常的，不拉票才是不正常的"。譬如前河北省长助理、省党组成员李俊渠在换届过程中违规拉票，结果受到调查和惩处。当然，河北省对选举不规范行为的充分重视值得肯定，但是"亡羊补牢，犹未为晚"，更重要的是认识选举腐败的制度根源并从制度上杜绝之。目前中国地方贿选之所以如此普遍，根本原因之一是地方负责人的人大间接选举模式。由于地方人大代表人数较少，贿选成本较低、回报较高，贿选内幕不容易暴露，因而杜绝贿选的根本之道在于扩大民主范围、实现直接选举。否则，只是靠个案的清理整顿，难免"头痛医头、脚痛医脚"，不可能从根本上遏制全国各地的选举违法行为。

　　最后，人大不是选出来就行了，而是要作为立法机关履行宪法职责，为社会做实实在在的事情；人大选举结束，也就是人大工作的开始。然而，由于绝大多数人大代表和常委都是兼职而非专职，人大至今没有充分彰显其应有的立法和监督作用，有时甚至被戏称为"橡皮图章"。许多该立的法没有立、该废的法没有废，以至行政立法越俎代庖的现象十分普遍。譬如收容遣送制度就是在"孙志刚事件"后由国务院自行废除的，人大常委会既没有应法学博士上书的请求对其进行合宪性审查，也没有制定自愿救助立法。近来，茅于轼、江平等 69 名学者联名向全国人大、国务院提出公民建议，要求对"劳动教养"制度进行违宪审查，但是人大常委会从来没有行使过宪法规定的这项权利，因而这次采取行动的可能性依然很小。事实上，学者频繁上书现象本身就反映出人大工作滞后。无论是劳动教养的存废、"黄金周"的调整还是北京律师在申请户口迁移过程中遭遇的制度尴尬，人大及其常委会的习惯性缺位和沉默都表明人大制度亟待完善，人大代表必须专职化，否则就难以履行宪法赋予的民主职能。

近年来，地方人大有不少值得肯定的举措，长期形成的"橡皮图章"形象有所改变。譬如上海市政府有关部门一度调整了市医保方案的内容并形成表决稿，但是市人大常委会的主任会议推迟了表决，因为目前代表们对医保修改方案的许多条文都仍存有争议，没有形成统一意见，不宜仓促付诸表决。虽然延迟表决看上去并非什么惊人之举，民主正是在一点一滴中生长起来的。

大常委会选举应体现地区平等

2008 年初，各省人大相继完成换届选举，并产生了省人大常委会成员和全国人大代表。3 月，全国人大在开会期间也选出全国人大常委会成员。近年来，各级人大选举已受到一定程度的关注。十七大报告"建议逐步实行城乡按相同人口比例选举人大代表"，也表明中央要解决长期实施的"1/4 条款"造成各级人大的城乡代表比例不平等问题，使人大选举符合"一人一票"原则，也就是每个人大代表所代表的选民基数应不分城乡、大致均等。

然而，即便人大选举实行"一人一票"，也未必意味着人大常委会选举受此原则约束。事实上，目前还没有引起普遍关注的是，人大常委会选举和构成严重偏离了地区平等。和全国人大相比，全国人大常委的城乡代表比例差别更大。按照全国选民的"一人一票"计算，来自各省的人大常委在全国人大常委会的人数比例应和该省人口占全国总人口的比例大致相等，也就是两个比例之比应该等于1。但是九届全国人大常委会的地区分布显然和这个标准相差很远，属于天津、北京、上海代表团的常委比例和这些地区的人口比例之比远大于1，例如北京的这个比值高达 3.5、天津 4.8、上海 2.5；属于山西、山东、广东、四川、陕西等代表团的常委比例和地区人口比例之比则远小于 1，例如山西的比值只有 0.2、山东和广东 0.4、四川 0.5。

尤其值得注意的是，全国人大在各地"戴帽下达"约 250 多个代表指标；这些代表都在中央党政部门工作，由中央指定，但是被算作为北京以外的其它地区代表。虽然这种做法对近 3000 人的全国人大影响不大，但是显著影响了只有 129 名成员的人大常委会结构，因而来自北京地区的常委在全国人大常委会中的实际比例远高于表面统计数据。

之所以造成这种现象，是因为《选举法》虽然比较具体地规定了人大选举，但是对于常委会的选举方式却语焉不详。和全国人大代表由各省人大按人口比例选举产生不同的是，全国人大常委会是由全国人大作为一个集体选举产生的，因而似乎只要保证每个人大代表"一人一票"就行了，至于选出什么结果、常委地区分布如何似乎都不需要考虑。然而，事情并非如此简单。人大常委会并不是一个普通的人大委员会，而是一个可以独立通过法律的立法机构，因而常委会选举不仅要保证人大代表的"一人一票"，而且选举结果最终还要反映全国选民的"一人一票"。人大常委会的间接选举模式并不能成为常委会构成偏离地区平等的理由。

或许是中国的特殊国情，作为代议机构和立法机构，人大常委会的作用一点不亚于人大本身。以全国人大为例，由于全国人大规模庞大、每年会期很短、运行效率较低，因而中国绝大多数的法律其实是由全国人大常委会制定的。虽然全国人大负责制定少数的"基本法律"，但是可以毫不夸张地说，人大常委会是中国的实际立法者。既然如此，全国人大常委会的构成应该大致和各地人口成比例，因为只有这样，代议机构才能均衡反映全国各地的多元需求和利益结构；反之，如果代议机构的代表构成严重偏离了各地人口结构，那么某些地方利益必然不能在中央得到充分反映。要保证全国人大常委会及其立法真正代表全体选民（而不仅是某些地区）的利益，就必须从法律上保证来自各地的常委会成员在常委会所占的名额和当地人口比例相称。

事实上，达到这个目标并不困难。它只是要求人大在选举常委会之前应首先按照各地人口比例，分配来自各地的常委会成员名额。换言之，在全国人大选举实现"一人一票"的基础上，全国人大常委会应按照相同比例从各地代表团中选出。如果全国人大及其常委会都维持现有规模，那么这意味着每个人大代表团都应大致推选代表人数4.3%的常委会成员。当然，个别地区可以因特殊情况而特殊处理，例如某些边远地区人数太少，因而可以规定人大代表和常委会成员的名额下限，但是规则必须是人大常委会构成基本符合各地人口比例。

归根结底，在"以人为本"的大原则指导下，立法者应该代表人，而不是地区、行业、财产或任何别的东西。由于人大常委会和人大一样是一个代议机构，因而其构成也必须符合"公民在法律面前一律平等"的宪法原则。

车辆限行需经公民理性对话

奥运之后是否延续车辆单双号限行规则，是后奥运北京热议的一个话题。继续限行显然有一定的好处，譬如缓解北京市区的交通拥堵和废气污染，但是显然也有一定的弊端，譬如对绝大多数车主的工作和生活交通带来严重不便。如何权衡车主的利益和北京市交通与环境等一般公共利益？究竟应该优先考虑谁的利益——广大车主的便利及其自由使用车辆的权利，还是更加广大的北京居民的交通畅通和环境利益？这本身已是一个相当复杂的问题。别的不说，"车主"就是一个庞大而利益分化的群体；北京有两千多万居民，而北京牌照的汽车就有四五百万辆，还不算进出北京的外地车辆。大多数车主只有一辆车，限行规则意味着车的用途降低到原来的一半；但是少数车主拥有不止一辆车，可以单双号轮流行驶，因而受限行规则影响不大，可以依赖公车等公共资源的政府官员所受的影响也不大。

再进一步推敲，事情将变得更加复杂，因为任何一项新规则的出台总会改变人的行为，从而产生一系列事先难以预料的后果。限行规则的初衷是净化环境、减少车流，但是对于那些有足够经济实力买第二辆车的车主来说，这项规则带来的极大不便足以刺激他们增添车辆；即便对于那些买不起第二辆车的车主来说，交通不便也很可能促使其频繁打破限行规则，因而规则所预期的效果必然会打上某个未知的折扣。再说净化环境、降低车流虽然是良好的目的，但是达到这个目的之手段则并非只有一种选择；其它规则对车主造成的影响有可能不如单双号限行那么大，而同样能达到目的甚至更加有效，因而可能是长期而言比奥运特殊时期实施的交通管制更为合理的规则，譬如提高车辆使用税、燃油税、牌照费等都是可能的选择。因此，究竟如何权衡不同方面的利益、什么是后奥运北京应该追求的交通管制目标、什么是实现某些受到普遍承认的公共利益的合理与有效手段，是一系列需要用事实论证的复杂问题，实在不是某个部门领导拍拍脑袋就能决定的。

目前，北京市交通部门就是否继续沿用奥运期间的限行规则征求民意，这在程序上显然是一个进步。北京首先是北京人的北京，最关心北京路矿和空气质量的显然是普通的北京居民，而非负责制定交通规则的官员。因此，北京需要一个什么样的环境和交通，理应主要由北京居民自己决定，而不应由部门官员越俎代庖。当然，北京居民也是一个复杂而分化的群体；他们当中有车主，也有上下班挤公交的。不同的交通规则将对他们产生不同的权利和义务、成本和收益，而最后究竟采纳哪种规则，应该在公开而理性的对话之后根据多数人的意愿确定。在人数上，车主可能是"弱势"；北京显然不只是车主的北京，因而涉及所有北京居民的公共利益问题不能只由车主说了算。但是车主完全可以在对话过程中为自己的权利和需要辩护，并争取中间立场的人乃至多数人的支持；毕竟，单双号限行是对车主的财产权（至少是其使用权）的长期而严重的限制，而在私有财产受到宪法保护的今天，我相信同情车主立场的北京居民不乏其人。最后，在澄清目标、手段和事实等复杂问题之后，对话将在限行规则的取舍问题上产生一个对北京——也就是多数北京人——最有利的理性民意。

理性的民意当然不只是简单的投票或网络调查的点击次数。车辆限行问题的复杂性表明，决策既不是领导也不是网民可以拍脑袋决定的。试想，如果连一些基本事实都没弄清楚，我们可能对这个问题作出理性决策吗？如果支持限行的网民知道限行对守法的车主带来了很大不便，但是大量不守法的车主却照样天天上路，或是限行只是导致北京囤积更多的车辆，最后市区环境和交通并没有实质性改善，那么他们还会投票表决支持限行吗？决策并不是一个价值取向问题，还取决于一系列复杂乃至难以预测的事实；没有这些事实，难免会产生和初衷南辕北辙的效果。即便假定公共交通和环境利益超越车主使用财产的自由，还是存在具体规则的可操作性与实际效果、替代方案的利弊权衡等一系列复杂的事实问题。如果公众不知道这些事实，那么政府就有义务披露其所掌握的相关信息；如果政府部门也不知道，那么就有必要进一步调查并收集数据。否则，没有可靠的事实依据为基础，所谓的"集体"决策就和领导个人决策一样摸瞎。

因此，后奥运北京是否继续车辆限行——这既是一个问题，也是一次公共参与的机会。只有通过公民的理性对话，才可能产生理性的公共政策。

政府大型项目须经公众参与

　　厦门 PX 事件如今可以说是中国环保运动的一个里程碑，但这个称号可是来之不易。早在 2007 年的"两会"期间，就有 105 名政协委员联名提出了厦门 PX 项目停建或迁址的议案。然而，即便是这项政协"头号提案"也没能阻挡项目的进程。这个大型化工项目是由当地最大的台资企业投资，投资总额超过百亿，预计投入生产后将给厦门带来高达 800 亿的工业产值。对于厦门市政府来说，这意味着难得也难以拒绝的发展良机，而且有关部门已经论证了该项目的可行性和环保性能，并先后通过了国家发改委和环保局的批准；但是在厦门市民看来，这意味着他们不久将生活在严重的环境风险之中。2007 年六月初，向来温和的厦门市民只好自己行动起来。百万市民一度"疯传"同一条手机短信，内容都是针对这个似已盖棺定论的项目；上千市民不约而同上街集体"散步"，向市政府传达自己的愿望。幸运的是，厦门市政府也是比较温和的；他们没有一意孤行，更没有采取强硬措施对付那些看上去"不听话"甚至和政府"对着干"的市民，而是答应对项目进行重新评估，并且启动了公众参与程序，和市民们面对面探讨 PX 项目的利弊得失，最后作出项目迁建漳州的理性决定。至此，厦门 PX 事件终于获得了一个皆大欢喜的结局。

　　事后看来，厦门 PX 事件虽然有惊无险，但也不无"后怕"。假如厦门市民当初没有那么大的勇气或智慧，假如厦门市政府在听到反对意见后并不那么"温和"，假如政府官员面对市民诉求只是做做"表面文章"……那么 PX 项目可能已经准备开工了，而广大厦门市民往后的日子就不好说了。换言之，换一个地方，当地居民就未必那么幸运了，因为在那里很可能会发生厦门没有发生的一切。

因此，我们在为厦门市民庆幸的同时，应该看到自己在制度上的缺漏；否则，如果不及时堵住制度缺漏，那么厦门的幸运很可能意味着其它地方的不幸。如果厦门市首开政府和市民共同决定大型项目的先例，那么我们就应该使这一先例制度化，使公众参与成为每一个具有重大公共影响的大型项目的程序要件。

大型项目之所以需要公众参与，是因为它们一般都具有重大和长期的公共影响，而这些影响通常都包含即使当前最先进的科技手段也不能严格确定的社会风险。政府当然不是傻瓜，一般不会将生存危害显而易见的工程项目引入本地。但问题在于，许多工程虽然都具有先进的环保性能，但是仍然不能完全消除环境风险，或者说各方对环境风险是否存在及其程度如何见仁见智、莫衷一是。以厦门 PX 事件为例，当时政协提案的牵头人、厦门大学化工教授、工程院院士认为："PX 就是对二甲苯，属危险化学品和高致癌物，对胎儿有极高的致畸率。"根据这种定性，PX 项目只有建在远离城市的地方才安全，而当时这个项目的选址就在人口超过 10 万的海沧区附近，安全隐患是显而易见的。然而，厦门市政府对此却有不同说法，认为 PX 并非剧毒，而且"组织了大批专业人员查阅了国内国外的资料，还没有发现 PX 会致畸、致癌的报道"。在这种情况下，我们究竟听谁的？

绝大多数读者或许和厦门市民一样，都不是化工或环境专家，无法马上对 PX 是否致癌或致畸产生一个专业的看法，但是以下几点是可以肯定的。首先，对于像 PX 项目这样环境影响难以定性或影响程度难以准确估量的工程来说，政府掌握的知识或信息未必比其他人更多，所作出的判断也未必更正确，因而没有理由不让别人发表意见。在厦门事件中，市民的担忧并非空穴来风，国家院士、化工专家的政协提案显然也不是杞人忧天；市政府所组织的"大批专业人员"究竟是谁、专业资质如何、所查阅的"国内国外的资料"是否全面准确等等，都需要打上个问号。毕竟，政府并非专业科研部门，因而即便亲自调研得出的结论也未必是最权威的，更何况环境风险问题很可能压根不存在权威结论。在这种情况下，压制言论本身将产生巨大的社会风险，因为政府主张既可能对也可能错，而不让有可能正确的对立面发出不同声音，后果将是一项风险很大的工程在没有经过充分质疑和讨论的条件下仓促上马；一旦发生事故，厦门市民将被迫为政府决策错误付出巨大代价。

其次，不论 PX 项目会不会成为厦门的一颗生态"原子弹"，事实真相可以通过完全自由和平等的讨论而昭示于世。如果我们相信普通老百姓的基本理性，如果我们对真理本身有信心，那么即使有些没有根据的说法可能会以讹传讹、蛊惑人心，事情的真相最终会在不同观念的自由碰撞过程中水落石出。因此，即便当地政府有十足的把握相信自己 100%正确，也没有必要压制不同言论；更何况对于环境影响难以准确评估的大型项目来说，这种信心一般都是盲目自信。正如厦门 PX 项目后来的公众参与过程表明，一旦面对面平等探讨，改变主张的往往是政府而非市民。

再次，厦门市民所表达的忧虑是完全合理的，因为即便现在的科技手段还检测不出 PX 剧毒或者致癌，它都是一种高风险的有害物质，许多后果是现在说不清楚因而不可预测的。记得美国在 1980 年发生过一个苯污染案件，当时也是因为很有限的动物试验或医疗个案不能确定低浓度的苯是否会致癌，法院判决行政规章不能要求过高的环境质量标准，以免给企业老板带来不必要的成本和负担；十年之后，科学实验才证明低浓度的苯也是极其有害的致癌物质，而在这整整十年之间成千上万的工人身体健康受到伤害。我们不知道厦门市政府查阅了哪些"国内国外的资料"，即使它的说法现在看上去是有科学根据的，也不可能排除专家指称的某些严重风险。如果在工程投产若干年之后才发现 PX 对人的危害，显然为时已晚，远不如现在就"亡羊补牢"。这是为什么不少国家的宪法或立法都规定，影响当地利益的重大工程必须经过公民投票批准后才能开始。

最后，即便 PX 项目确实不会产生严重的健康和安全风险，厦门市民也有权拒绝；在工业发展和环境质量或哪怕只是心理上的安宁之间，他们完全可以放弃前者、选择后者。假如我是厦门市民，我完全可以想象自己半夜一觉醒来，突然意识到自己就睡在 PX 工厂这颗"不定时炸弹"旁边，不免心有余悸、难以入眠。厦门市民有权通过自己的选择，不受这种恐惧的骚扰。毕竟，厦门不是厦门市政府的厦门，而是厦门市民的厦门。现在决策工程上马的官员，很可能过不了几年就升任别处，但是绝大多数厦门市民将世代居住在那里；工业产值和财政收入会给现在的决策者带来一时的"政绩"，而厦门市民却要为此长期承担环境、生态和景观上的成本。厦门市政府一心要形成一条石化产业链，将海沧打造成"石化重镇"，并为此上马一大批新项目。然而，如果厦门市民宁愿不要这种"发展"，难道他们就没有权利选择一种更安宁、更清净或许也更清贫的生活方式？回到刚才的问题：厦门究竟是谁的厦门？

在地方民主机制不够健全、行政决策过程不够透明因而决策理性得不到充分保证的情况下，公众参与尤其必要。事实上，没有厦门市民的主动参与，PX 项目肯定还处于"现在进行时"，就连全国政协的"头号提案"都止不住。在中国这样一个泱泱大国，中央不可能注意到每一个地方细节；厦门的事情理应由厦门人关心，也应该由他们自己决定。既然如此，地方公众参与应该是政府大型项目不可或缺的一个环节；如果它至今还没有成为各地政府的习惯，那么中央就有必要将其作为全国统一的制度。

公民参与是广州之幸

　　民主共和的精神不仅体现于宪法规定的人大代议制，而更在于积极参与公共决策的公民行动。早在 2008 年《南方都市报》邀请我做岭南讲座的时候，就深为广州市民的参与热情所感动。次年，广州市民积极参与垃圾焚烧厂的决策，市民意见和政府意向发生明显冲突。双方对峙月余之后，日前常务副市长公开表态：垃圾焚烧厂建在哪如何建，第一决策者是市民。[1] 市府表态使官民争端出现了根本转机，而其中的"秘诀"很简单——就是政府决策尊重民意并承认公民参与的合法性。

　　其实市府表态只是表达了一个民主社会的基本常识：谁都知道"人民政府为人民"，政府决策当然需要公民参与；也只有公民有效参与，政府决策才能理性满足社会需要。设在番禺的垃圾焚烧厂显然是为了广州市民的生活需要才建的，而不是为了市领导建的，领导个人生活很可能不需要这个垃圾焚烧厂。因此，市政府决定建厂的初衷肯定是好的，确实是为了多数市民的公共利益；但是这个焚烧厂究竟应该建在哪里、如何建、垃圾在焚烧之前是否应经过分类处理等一系列问题，并非有了良好意愿就能自动解决。尤其是垃圾焚烧厂固然会给多数市民带来生活便利，但是也必然会给生活在焚烧厂附近的市民产生种种困扰。市领导知道这层厉害吗？肯定知道，但是同样肯定的是他们不如市民知道得清楚——因为垃圾焚烧厂不可能建在领导住的地方，决定垃圾处理方式的领导甚至未必一直住在广州，他们说不定哪天就因为升迁或调动而远走高飞，因而他们对厂址选择的利弊必然不如常年住在广州的多数市民感受得

1　见"高效推行垃圾分类可望走出决策僵局"，《南方都市报》2009 年 11 月 25 日。

那么直接或深切。既然如此，广州市民关心垃圾焚烧厂的决策岂不很自然，他们对决策过程的参与不也理所应当吗？

事实上，公民参与不仅对人民自己好，对政府也同样是好事一件。一是公民参与确实促进决策理性，有助于防止非理性决策事后产生不可挽回的种种后果；如果市民反对的垃圾处理方案日后产生污染，引起市民频繁抗议乃至上访，而那个时候再拆除或搬迁成本又很高，政府岂不是在给自己找麻烦？与其如此，不如事先广泛征求意见并达成一个各方都能接受的理性处理方案。二是公民参与并影响决策不仅提高了政府决策的正当性和公信力，而且也有助于政府决策的贯彻执行，群众赞成的方案肯定比普遍反对的方案更容易执行。即便尊重民意的方案将来出了问题——这也不是不可能，因为民众也不是一贯正确的圣人，公民参与也为领导提供了一道"护身符"：这个方案当时是征求了大家意见并得到多数人同意的，因而责任也应该大家承担，现在出了问题请别拿我"开刀"。我总是觉得，在民主成熟的国家，官员权力固然小得多，但是官也比我们这里好当得多，因为责任有选民替他们担着呢，他们反而用不着成天为了"一票否决"而活得胆战心惊。

因此，广州应该为积极参与公共事务的市民文化而骄傲，市政府也应该庆幸自己的市民有如此高的参与热情，而千万不能再像某些地方的领导那样将公民参与视为专门和自己过不去的洪水猛兽。即便有些市民的言论可能过激一点、听上去不那么顺耳，甚至联合起来表达自己的诉求，也不要沿袭习惯思维，动辄就抓"幕后黑手"。公民参与没那么可怕，市民只是关心自己的生存环境，而不是有意为难政府，公民参与的最终结果也是维护而非损害了政府形象——如果这次广州市政府尊重民意、从善如流，用民间智慧成功解决了广州面临的垃圾处理问题，使广州成为一个清洁、环保、宜居的城市，有谁会认为市领导丢面子呢？市民的积极参与不正是广州官民双赢的幸事吗？

　　当然，公民参与不只是广州之幸，对于任何地方都是幸事。2007年夏，厦门市民"集体散步"，最后说服市政府改迁 PX 化工项目厂址。我想事发当时，厦门市领导也一定不情愿看见事态发展，但是现在也许正庆幸市民参与促成了这个决定呢。这不只是拆除了厦门市民身边的一颗"不定时炸弹"，也免除了市领导自己的后顾之忧——万一有毒物质泄漏造成重大伤亡，不仅厦门将成为全国乃至世界新闻的头条，自己也免不了"引咎辞职"的结局。公民参与带来的决策理性不只是保护了人民自己，而且也保护了决策者。

　　为了促进社会和谐，中共 17 大报告提倡"有序"的公众参与，而公民参与是否"有序"关键取决于其是否"有效"。如果市政府事先不征求任何意见，出台的政策难免和民众期望落差太大，在这种情况下一意孤行必然造成民情激愤、民怨沸腾，而错过良机的公共参与便难免失序。相反，假如当年厦门市政府事先征求了市民对化工厂址的意见，假如这次广州市政府事先征求了市民对垃圾处理的意见，出台的方案又符合多数市民的期望，根本就不会出现官民对立。由此可见，只要政府真正尊重民意并有效落实参与程序，公民参与自然就有序了。

公民精神重在参与

2009 恰好是"五四"运动九十周年，中国历史又将翻开新的一页。盘点当年的法治事件，值得评论的确实不少——云南的"躲猫猫"、河南王帅发帖被拘留、罗彩霞被人冒名顶替上大学、工信部强推"绿坝"过滤软件、重庆高考状元因民族加分而被取消录取资格、农民工为职业病维权开胸验肺、考生因父亲曾被拘留而遭遇军校"政审门"、上海闵行的"钓鱼"执法、广州居民参与垃圾处理决策、成都被拆迁户自焚抗拆……所有这些事件都引起了中国社会的强烈关注，并在公民关注下得到不同程度的解决。不夸张地说，2009更清晰地见证了公民参与对中国社会进步的推动作用，而正是方兴未艾的公民参与体现了中国公民精神的不断成长。

"五四"（包括新文化运动）的一大旗号是"民主"，而民主是要靠具有独立主体和社会参与意识的"公民"支撑起来的。在"五四"以前，虽然中国已经从帝制转变为共和，但是民国政治不是党派政治就是军阀政治，总之与广大国民无涉；或更准确地说，"公民"这个群体在中国根本不存在，因而才有陈独秀在 1916 年初发表的感慨："吾国年来政象，唯有党派运动，而无国民运动也。"他希望中国的青年人成为"强有力之国民，使吾国党派运动进而为国民运动"。新文化运动之所以呼唤"最后之觉悟"，也正是为了唤醒青年人的公民意识，打破数千年自上而下、国民合一的专制传统，进而营造自下而上、自发自主并独立于国家之外的公民社会。到新文化运动时期，这个和国家分离乃至对立的"国民"或"公民"观念终于发展起来了。现代意义上的公民是一个自主、自为、自卫的主体，首先通过自由讨论和理性辩论对国家大政方针和发展方向形成主流民意，进而通过选举形成代表民意的政府并影响其决策，监督政策执行并防止官员滥用权力。

然而，由于战乱、运动、传统惯性等种种原因，中国的公民社会一直不发达，一直不足以影响政府决策，中国社会治理模式也一直没有完成从自上而下到自下而上的根本转换。近年来，互联网等现代通讯技术的发展为新一代公民的兴起准备了物质条件，网络舆论得到了空前发展。固然，和传统媒体相比，网络言论更容易偏激，也更容易发生人身攻击等非理性现象，但不容忽视的是，从 2003 年孙志刚事件开始，中国社会取得的几乎所有进步都离不开网络舆论支持。无论是云南的"躲猫猫"、河南王帅发帖被拘留还是罗彩霞被人冒名顶替上大学事件，都在网上受到热议并产生一边倒的主流舆论，进而对肇事的地方政府产生压力；工信部强推"绿坝"过滤软件，也是在强大的网络反对意见压力下搁置的；农民工为职业病维权开胸验肺和上海闵行的"钓鱼"执法事件则更是掀起了社会抗议浪潮，舆论压力最终迫使相关责任部门采取行动。由此可见，网络为中国公民社会的发展提供了宝贵空间；九十年之后，"五四"所倡导的公民精神终于获得了成长的机会。

限于篇幅，在此仅点评发生在 2009 年末的两起公共事件：广州居民参与垃圾处理决策和成都被拆迁户自焚抗拆。成都被拆迁户唐福珍自焚事件在全国激起了轩然大波，再次使拆迁成为中国社会的关注焦点，《城市房屋拆迁管理条例》的合法性乃至合宪性自然成为社会拷问的对象，而唐福珍本人也被类比为 2003 年以个人悲剧终结收容遣送办法的孙志刚。孙志刚和唐福珍都是悲剧人物，他们以自己的生命推动了中国制度和社会进步。这种效果当然超出了他们自己的意料，但中国社会的现状确实是没有这些轰动全国、震撼灵魂的悲剧事件，就难以触动既得利益所维护的制度。究其根本原因，还是公民参与不够有效及时，新闻监督也未能充分揭示各种社会矛盾，以至往往要等到事发之后才采取必要的行动。自焚事件确实事后引发了一定程度的公民参与，尤其是网络声讨和学者上书，但是被动的事后参与不仅只能"亡羊补牢"，而无法弥补已经发生的无数冲突和社会悲剧的高昂代价，而且参与程度也往往相当有限，无法从根本上解开悲剧所体现的制度症结。要从根本上防止悲剧重演，关键还在于公民对整个过程的主动、事前和有效参与，

事实上，正是公民参与的缺失才造成了包括唐福珍自焚在内的全国无数拆迁悲剧。这是因为城市拆迁和农村征地一样，早已成为地方政府和开发商联手牟利、压低补偿标准、剥夺被拆迁户利益的手段。除了公正补偿之外，宪法确实规定了征收必须符合"公共利益"（而非官员和开发商的私人利益），但是"徒法不足以自行"，"公共利益"和"公正补偿"是不可能自动实现的；实现两者的关键机制就是公民参与和司法保障，其中公民参与是第一步，也是最重要的一个环节。唐福珍事件发生后，拆迁条例修改草案尝试将"公共利益"区别于"商业开发"。这种界定固然必要，但是在实践过程中颇难把握。这主要是因为"公共利益"不是一个严格的法律概念，很难通过一张清单罗列清楚，或者即便制订这样的清单执行起来还是会扯皮，因而即便美国、德国等法治国家的法院也基本上放弃了公益界定，而将其留给地方民主政治过程处理。"公共利益"是一个政治概念，征收是否符合公益未必存在客观标准，而主要取决于当地人民是否满意，因而自然离不开公民参与。

因此，与其将关注焦点集中在界定"公共利益"，不如完善保护"公共利益"的民主决策机制。政府规划过程应按照《信息公开条例》的要求做到公开透明，征地、拆迁以及安置补偿方案必须及时公布，并广泛征求当地人民尤其是拟拆迁地区居民的意见。如果还是像现在这样政府关起门来规划、和开发商悄悄分红，等一切都内定了再通知被拆迁户限期搬迁、否则就诉诸各种强制手段，那么不仅无法避免大量幕后黑色交易，而且也无法防止层出不穷的拆迁或征地悲剧。事实上，不仅"公共利益"的维护需要公民参与，而且"公正补偿"标准也只有在公民有效参与下才能得到实现；目前补偿标准之所以太低，无非是因为标准是政府在没有公民参与下自行制定的。没有公民参与产生的官民博弈，则不仅政府单方制定的补

偿标准太低，而且缺乏民主政治约束的政府权力会显得异常强大、畅行无阻；尤其在目前司法不能有效抵制地方权力干预的情况下，指望法院能顶住压力实施公正补偿原则显然是不现实的。即便司法愿意"让人民满意"，也需要公民参与造成的强大民意支持作为后盾。

和成都被拆迁户自焚事件相比，广州番禺的垃圾处理事件并没有造成类似的个人悲剧，因而也没有产生全国轰动效应，但是事件的处理模式和发展方向却更有借鉴与推广意义。广州市民从一开始就积极参与垃圾焚烧厂的决策，但市民意见和政府意向发生明显冲突。双方对峙月余之后，常务副市长终于公开表态：垃圾焚烧厂建在哪如何建，第一决策者是市民。市府表态使官民争端出现了根本转机，也使番禺垃圾处理的决策过程进入了良性循环，而其中的"秘诀"很简单——就是政府决策尊重民意并承认公民参与的合法性。其实广州市政府只是表达了一个民主社会的基本常识：谁都知道"人民政府为人民"，政府决策当然需要公民参与；也只有公民有效参与，政府决策才能理性满足社会需要。设在番禺的垃圾焚烧厂显然是为了广州市民的生活需要才建的，而不是为了市领导建的，领导个人生活很可能不需要这个垃圾焚烧厂。因此，市政府决定建厂的初衷肯定是好的，确实是为了多数市民的公共利益；但是这个焚烧厂究竟应该建在哪里、如何建、垃圾在焚烧之前是否应经过分类处理等一系列问题，并非有了良好意愿就能自动解决，而应该由生活在那里的多数居民在比较不同方案的利弊得失之后形成理性的判断。广州市民关心垃圾焚烧厂的决策实在是很自然，他们对决策过程的主动参与实在是很应当，而如此积极的公民参与意识实在是广州的幸运。

当然，公民参与不只是广州之幸，对于任何地方都是幸事——不仅是当地人民的幸运，而且也是地方政府的幸运。中共十七大报告提倡"有序"的公民参与，而公民参与是否"有序"关键取决于其是否"有效"。如果地方政府事先不征求任何意见，出台的政策难免和民众期望落差太大，在这种情况下一意孤行必然造成民情激愤、民怨沸腾，而错过良机的公共参与便难免失序。假如广州市政府事先征求了市民对垃圾处理的意见，出台的方案又符合多数市民的期望，根本就不会出现官民对立；假如各地在城市规划和拆迁之前就广泛征求市民意见，让市民来规划自己的城市并决定拆哪里、补偿多少，当然就更不会出现发生在成都的自焚悲剧了，地方政府也不会因此而面临巨大的舆论压力乃至中央关注和调查。对于双方皆大欢喜的事情，政府何乐不为呢？

即便只是为了保证社会的基本和谐，我们也需要推进公民参与；也只有通过脚踏实地的具体参与，才能发扬光大"五四"提倡的公民精神。

网民议政的一喜一忧

近年来，随着网络媒体的发展，越来越多地出现了网民积极参与议政的可喜现象。譬如每年"两会"召开，人民网都联合几家媒体开辟"我有问题问总理"栏目，为网友提供了对话总理的平台。栏目开通仅一周，便有数万条提问，其中高居榜首的有反腐倡廉、收入分配、教育公平、政治民主、医疗改革、物价房价、金融危机等热点问题。与此同时，新华网、中新网、腾讯网也陆续推出了类似的民意征集节目，得到的问题与评论也和以上大同小异。看到网民议政热情如此之高，我心中仍不免一喜一忧，在此不吐不快。

喜者，网民议政质量高也。就拿"我有问题问总理"来说，网民不仅参与人数多、提问数量多，而且问题抓得都很准，都是中国社会急需解决的重大问题。收入分配、医疗改革、物价房价、金融危机直接影响着国计民生，自然也是网民最关心的热点问题。然而，网民的关注不止于眼前的切身利益，而且还涉及反腐倡廉、教育公平、政治民主等较为长远的制度问题；事实上，这些问题的受关注程度比一般的生计或经济问题更高。这表明网民清楚认识到，制度决定一切，民主决定民生。如果不完善民主机制，就无法遏制腐败；不杜绝腐败，国计民生必然得不到保障。教育则不只涉及自己或后代的个人利益，而是国家的百年大计；如果不同地区、城乡之间的教育水平差异仍然如此之大，如果贫困地区仍然无力维持合格的基础教育，如果全国知名学府仍然对外地考生树起比本地高得多的屏障——一言以蔽之，如果不能保证教育公平，那么这种格局将不仅影响教育资源的优化配置、阻碍全国人才流动甚至在长远意义上损害国家统一，而且会造成城乡二元体制的永久化；农村将永远是贫困、落后、愚昧的代名词，永远是城市的附庸、廉价农产品和劳动力的输出地……网民们看到这些并适时发问，体现了成熟的判断和智慧。在我看来，至少中国网民的参政能力一点不比美国等发达国家的选民低；如果让他们直选总理，一定能选出像温家宝总理这样不负众望的领导人来。

然而，此"喜"本身即意味着忧，而且不只是一个层次的忧。忧者，中国总理压力大也。你想想啊，短短几天内光是网民就向总理提出好几万个问题；这么多的问题，咱们总理解决得了吗？偌大中国可只有一个总理，而且年事已高、日理万机、分身乏术；即便他再情愿为群众排忧解难，也无暇一一调查、研究、解决这层出不穷的社会问题。记得温家宝总理曾在车站遇到一名来自农村的白血病患儿，当即指示将其转送最好的医院治疗，充分显示了总理的体恤民情。这名患儿真是不幸中的万幸，但是全国各地有多少看不起病的患儿？且不说农村，即便城市又有多少看不起病的病人？如果不解决网民普遍关心的医疗保障问题，光靠一个总理行吗？事实上，面临这么多问题，世界上任何一个国家的总理都无能为力，更不用说中国是一个近 14 亿人口的泱泱大国。这么多人、这么多问题，都期望总理解决，中国总理的压力实在太大了。

当然，此忧若可分担，则并非不可承受。"两会"就要开了，人大、政协加起来有 5000 多人。如果这么多代表、委员都真正发挥作用，那么总理身上的压力就轻多了。事实上，按照中国的宪法体制，总理是"职员"，人大才是"老板"，国务院是要向人大负责的。换言之，承担风险、责任、压力的首先应该是人大代表。然而，代表们目前的压力却比总理的轻得多，这不能说是正常现象。网民们似乎也习惯了，电视上天天都能看到远在中南海的总理，却不知道自己身边的人大代表是谁。但是一旦我们明白，总理一个人是无法解决我们那么多问题的，因而要让那些直接代表我们的立法者为总理分忧，那么我们似乎不应急着问总理，而是应该先把这些问题问一问我们的人大代表再说——不只是这次来北京开会的那些令人瞩目的全国代表，还有我们平时不怎么注意的各级地方代表。让他们带着问题、材料、议案去开会，并告诉他们下次选举我会出来投票，而究竟是否投他的票取决于他在会上的表现。不用几年，我们将看到越来越多的问题会从网民们的提问中消失。

　　我知道，这条路很难走。不过有人说过，路总是走出来的；我们不去走，永远没有路。

吏治离不开自治

曾几何时，中国地方政府颇有创新能力，地方出台的不少措施总是让人眼睛一亮、耳目一新。2009 年，江苏泗洪县纪委、监察局制定了《聘任党风廉政特别监督员的暂行办法》，公开招募了 68 名"特别监督员"，授权他们在法律允许范围内对党员干部 8 小时工作之外进行隐性监督，并随时向纪委举报。[1] 他们有权直接向县纪委专项管理人员举报官员的行贿受贿、公款旅游、公车私用、赌博等违规行为，并追踪所反映案件的查处结果。据泗洪纪委称，这种"群众监督路径"达到了让当地官员感到"被许多双眼睛盯着"甚至"如履薄冰"的效果。外界则有人评议，这种"特务监督"的做法不仅不可能从根子上铲除腐败，而且总不免让人联想起明代东厂旧事，颇有末世穷途之感。

我个人倒是认为，只要不侵犯公民基本权利，各地五花八门的吏治措施未尝不可一试；"八仙过海、各显神通"，此之谓也。只要能将各路提辖都督管好、当地百姓满意，就是大功一件；至于具体措施，则大可照搬"能捉老鼠的就是好猫"的逻辑，怎么适合地方怎么来。毕竟，如今这个年头，锐意进取总比无所事事难能可贵得多。更何况泗洪群众似乎对纪委此举反应热烈，即便是无偿劳动也踊跃报名。既然如此，何妨一试？虽说"特务政治""告密文化"可怕，但泗洪的秘密监督是"民告官"而不是"官告民"，也不是"组织群众斗群众"，因而似乎无需过虑。对监督成效最有发言权的显然是当地百姓，而目前对此盖棺定论尚为时过早。如果时间证明效果不好，相信那里尝试一段时间后自然会停下来；在中国就怕即使

---

[1]　"江苏泗洪招募 68 人秘密监督官员，身份用编号取代"，《新京报》2009 年 3 月 5 日。

效果不错，也"人亡政息"、半途而废。

　　不过各地吏治之所以不断花样翻新，确实起因于治吏根本之道缺失，而此弊不除，恐怕任何吏治招数最终都缺乏可行性和可持续性。衡量吏治自古以来就有一杆永恒的标尺，那就是人民的利益；所谓贪官污吏，无非就是利用公权力蚕食鲸吞人民利益的大小蛀虫。问题的根本在于，如果不让人民自己来维护自己的利益，而是通过某个第三者替他们维护自己的利益，那么种种无解的难题就产生了。

　　首先一个难题是，这个"第三者"为什么要维护人民的利益？要知道，凡人都是理性自私的，都首先想到自己的利益，都会想方设法在特定的制度环境下使自己的利益最大化。如果公权力不受制度的有效约束，掌握公权力的人可以利用权力进行钱、色交易，那么"贪官污吏"就自然产生了。腐败过程很自然，而控制腐败却很难，因为腐败侵犯的是人民的利益，而如果"第三者"看不到人民利益和自己的关系，甚至认为人民和自己的利益处于一种此消彼长的矛盾，那么他作为理性人显然就没有动力维护人民的利益。自古以来，中国将整个国家都交给某个君主，我们的儒、法、墨等当时的"公共知识分子"不遗余力地说服君主实行开明专制：这个国家就是你的，你还不得好好统治？不然"水能载舟、水能覆舟"，到时候人民忍无可忍、揭竿而起，岂不是和自己过不去吗？换言之，从长远看，人民的利益就是统治者自己的利益。孔子著《春秋》，其实不只是给"乱臣贼子"敲警钟，而更是为了让历代君主以史为鉴。可惜历代执政者未必都是唐太宗，未必都能理会这套苦口婆心的逆耳忠言。如果人民不能控制自己的命运，那么他们就只能寄希望于统治者的智慧：如果皇帝开明，大伙儿都能过上好日子；如果遇到平庸乃至昏庸的皇帝，那就别指望什么，不饿肚子即万幸矣。

　　即使幸运地遇上唐太宗这样基本不错的皇帝，也还是会碰到第二个难题：皇帝很开明，愿意给老百姓撑腰，但是他手下的那班大臣不干——你享受三宫六院了，凭什么让我们过清贫日子？中央大员被高薪养廉了，地方小吏享受不到这等丰厚待遇，因而还是忍不住要向子民们伸手。要命的是，皇帝虽然至高无上，但是一个人分身乏术，纵有菩萨心肠，也无菩萨能耐，无法亲眼盯着每一个大大小小的中央和地方官吏洁身自律，也无法真正做到孟老夫子要求的那样保民"如保赤子"。事实上，哪个神经正常的皇帝都不反对把国家治好，但为什么中国还是有那么多农民起义呢？原因就在于最高的"第三者"愿望再良好，其可行性也大成问题，因为整个官僚集团显然不是皇帝一句话说了算的；所谓"潜规则""上有政策、下有对策"这些当代流行词汇实在不是什么当代现象，而是对吏治上下数千年的一贯真实写照。当然，一旦太宗过世，换了个皇帝，连这个前提都没了，那更是一切从头再议。因此，即便一朝可行，吏治的可持续性也一直困扰着整个中国历史。

泗洪的秘密监督比传统吏治更进一步，吸收热心民众参与监督，但是并不能由此改变"第三者"的性质，因为能够参与监督的群众毕竟是少数（68 人）。既然在本质上依然是"第三者"监督，那么这种监督方式不可能从根本上解决上述种种困扰。首先，泗洪县原先不是没有监督员和举报者，而是公开监督容易得罪人，举报则容易遭遇报复，因而监督方式创新的重点在于其秘密性。且不说这种隐秘方式是否可能存在选拔和操作程序上的问题，是否可能会产生监督员公报私仇、滥用监督权等后果，这种方式的秘密性是否可以维持下去本身就是一个问题。我不信，真正有能耐的贪官污吏能打通上下各个关节，惟独弄不明白哪几个群众监督员？一旦查明谁在监督自己，我们如何保证他不会威胁利诱监督者？又如何保证秘密监督者不会和他达成什么秘密交易？如果监督者不为所动，我们又有什么办法保护他不受打击报复？安徽举报者走投无路、上吊自尽的前车犹在，只怕泗洪一旦出现监督者遭遇报复的传闻，群众参与就不会像现在这么热烈了。

其次，秘密监督完全是泗洪县纪委的发明，估计是某个领导拍板的结果。这个方法也许相当有效，但是有什么能保证它的持续性呢？如果泗洪百姓保持沉默，只是秘密监督的被动受益者，那么就无法走出"人存政举、人亡政息"的宿命。哪天那位领导升迁了或退休了，领导位置上换了个人，推动秘密监督的动力和压力不在了，那么这种监督方式是否可持续就成了一个问号。最后可能也最关键的是，泗洪纪委本身就是一个"第三者"；为什么信任这个"第三者"只会适当行使监督权、呵护当地人民的利益，而不会和被监督者一样滥用权力呢？任何权力都有两面性，监督权也同样会被滥用，秘密监督权尤其如此。不要忘记，湖南郴州的前纪委书记曾锦春正是依靠玩弄监督权，才能迫使当地高官为其腐败开道的。

因此，泗洪县的秘密监督值得一试，但毕竟只是权宜之计而非长久之道。长久之道就是要从根本上打破中国历史的宿命，让人民起来维护自己的利益。"第三者"监督永远面临着一连串的"为什么"，而人民维护自己的利益是不需要理由的。当然，在复杂的现代社会，人民可以委托"第三者"更有效地经营和维护自己的利益，但是必须对他保持最终的控制权。其实这些在宪法里也都规定了，人民选举人大，人大产生并监督官员，从而保证官员最终对人民负责。在严格意义上，不是政府在统治人民，而是人民通过政府统治自己。

泗洪等地方试验证明，如果不落实宪法规定的民主自治，再别具匠心的吏治到头来还是徒劳之举。

地方民主是灾后重建的基础

The Wenchuan quake in May 2008 resulted in massive injury and loss of life, including the death and injury of many students and teachers as their school buildings collapsed, something that has saddened our whole nation. After experiencing this massive earthquake, we cannot help but soberly consider the institutional causes of this phenomenon [of shoddy school construction], and how we might remedy these institutional problems as we go through the process of rebuilding. Only in this way can we avoid repeating the tragedies of Wenchuan.

The school buildings that collapsed in the disaster area were those of five-stories and higher, and most were pre-fabricated, in direct violation of the Primary and Secondary School Architectural Design Standards (中小学校建筑设计规范). While some government administrative buildings in the disaster area were similarly constructed, the vast majority were not, and this has invited controversy among Internet users. Officials from the Ministry of Education and the Ministry of Housing (建设部) have publicly addressed the concerns expressed by Web users, and the Ministry of Housing has also asked that the Ministry of Education join it in conducting a joint inquiry. But while these are signs of definite progress, they are insufficient to address the problems exposed by the Wenchuan quake.

As one researcher from the China Earthquake Disaster Prevention Center (中国地震灾害防御中心) pointed out, "Earthquakes in and of themselves are not killers, it rather is the destruction of buildings that causes injury and loss of life." If we explore this a bit deeper, we understand that while these collapses owe to quality issues, human beings built the buildings themselves. So why weren't they built to national standards? And why is it that government buildings are of much higher quality than school buildings?

The answers are not difficult to find. The reason is that a great deal more is spent on constructing government buildings than on constructing schools, so of course they are of higher quality and better able to resist earthquake damage. But where does the government's money come from? Some of it comes from central government outlays, but the majority comes from taxes on ordinary local people. If we were to allow the local people to determine how to spend this money, what would they decide? Would they reserve more money for government buildings, or for the school buildings where their own children carry out their studies? There's no sense in even answering this question – what family doesn't care more for its own children?

So why are there so many school buildings of inferior quality? The answer is simply that ordinary people have not had any real say in how tax money is spent – this phenomenon cannot otherwise be explained. Governments and schools both are public entities sustained by tax revenues, and the structures that house them are built with appropriations determined by local governments. But because the specifics of appropriation are primarily determined by the government, it naturally follows that more building funds are budgeted for government buildings. The natural result is that schools face funding shortages, inferior quality and construction that falls short of national standards.

Why is it that local governments fail to implement national standards? Is it because supervision from the central and regional government is to no avail? The specific case in Wenchuan has already drawn attention from the central government and the whole nation, and the Ministry of Housing has already said it will conduct a thorough investigation. And perhaps we can hope that the central government will resolve the problem of school building quality in Wenchuan through direct intervention. But of course there is no conceivable way that the

Ministry of Housing, the Ministry of Education, the Ministry of Supervision and other central government authorities can remain in Wenchuan for the long haul, fixing their eyes on local officials to ensure they abide by national construction standards. They have plenty of other priorities. Once they have made their exit, how are we to ensure that rebuilding in the earthquake zone is done with a mind to the basic interests of the people?

And across China, how many Wenchuan are there exactly? We cannot possibly expect the central government to keep its eye on every local official in order to ensure national regulations are followed. If we rely exclusively on the top-down supervision of the central government, well then, even if we do solve the problem of substandard school buildings in the area of Wenchuan, problems in other areas will remain. The tragedies of Wenchuan will be played out in some other place.

This being the case, how can we ensure that schools in other areas do not collapse? Essentially, this needs to happen through local democratic mechanisms making local officials answer truly to the local people. More specifically, ordinary people must either directly or indirectly participate in the government budgeting process so that expenditures become truly "public expenditures" rather than budgets made at the discretion of the local governments themselves.

In Wenling (温岭), Zhejiang province, and other areas, local governments have already begun conducting so-called "democratic consultations" (民主恳谈), budgetary hearings and other experiments to protect the rights of local constituencies to participate in the budgetary process. These are very valuable democratic experiments, and they deserve to be energetically pushed out into other areas.

Naturally, ordinary people do not necessarily have the time or the interest to directly participate in the political process, and this is why, in democratic nations, they generally entrust their own representatives to supervise government administration and make budgetary decisions. From the beginning, decisions about taxation and budgeting are passed by local congresses, and the role of local governments is simply to execute these budgets. This means of course that taxes won't simply be channeled into the construction of government buildings.

Why would these representatives (代言人) of the people give more money for the building of schools? Because they are elected by the local people. Should their decisions contravene the interests of the local people, or jeopardize the safety of children, or should they squander the public's money to build lavish offices or other pointless ventures, the people can in similar fashion vote them out. If the representatives of the people wish to be elected, and if they wish to remain elected, then they must act in the interest of the electorate, and they must exercise their authority to ensure that the whole government operates for the good of the people.

In 1982 China's constitution stipulated that local people's congresses and people's congress delegates across the country had the authority to supervise the budgetary process. But due to numerous problems in the elective process for people's congresses [IE, local party leaders controlling the selection process and/or serving on the congress], the stipulations of the constitution could not actually be carried out. It is for this reason that we now see this phenomenon of luxurious government complexes contrasting with the frailty of school buildings. Therefore, to say that the Wenchuan earthquake exposes the frailty of a great number of rural school buildings is not as good as saying that it reveals the need to improve democratic mechanisms at the local level in China.

If we wish to ensure school buildings stand up in the midst of disaster just as government buildings do, the only way is to actually implement the elective systems (选举制度) mandated by our constitution. Reconstruction in the disaster area looms on the horizon, but what we need to rebuild first and foremost are local democratic mechanisms.

贰、人大监督与央地分权

——宪法第 3 条的现实意义

在上述宪法第 2 条的基础上，1982 年宪法第 3 条规定了人大基本制度："全国人民代表大会和地方各级人民代表大会都由民主选举产生，对人民负责，受人民监督。国家行政机关、审判机关、检察机关都由人民代表大会产生，对它负责，受它监督。"

宪法第 57、58 条进一步规定了全国人大和地方各级人大及常委会制度："全国人民代表大会是最高国家权力机关。它的常设机关是全国人民代表大会常务委员会"，"全国人民代表大会和全国人民代表大会常务委员会行使国家立法权。"第 62 条、第 63 条、第 67 条分别规定了全国人大和常委会的职权。第 96 条规定："地方各级人民代表大会是地方国家权力机关。"第 101 条规定，地方各级人大选举并有权罢免本级人民政府的首长，县级以上的地方人大选举并有权罢免本级法院院长和检察院检察长。

由此可见，宪法规定了各级人大选举并监督同级"一府两院"制度。如果这一体制得以有效运行，那么各级官员都将受到人大代表的有效监督。如果基层人大代表确实由选民直选产生，那么人大监督得以保证各级政府的所作所为都符合本地区多数选民的基本利益，而纳税人上交的财政收入也能实现"取之于民、用之于民"的共和原则。如此，则中国社会得以实现长治久安，而各种危及社会稳定的公权滥用和群体性事件就根本不会发生。

在保证各级政府对同级人大负责的基础上，还需要理顺不同层级的权力关系。中国宪法对这个问题涉及不多，仅在第 3 条笼统规定："中央和地方的国家机构职权的划分，遵循在中央的统一领导下，充分发挥地方的主动性、积极性的原则。"此条规定的精神可被解读为国家法治统一，但是中央权力也应该受到一定限制，以免束缚地方自治。一方面，下位法不得超越上位法，地方法规或规章不得与法律或行政性法规相抵触；另一方面，属于地方自治的领域则不应受到中央干预。

人大如何监督政府？

近年来，一些地方的人大常委会实质性地行使了宪法赋予的权力，通过否决政府报告或情况汇报等形式加强了对有关部门的监督。例如甘肃省金昌市人大常委会否决了当地交通部门的报告，郑州市人大也否决了市政府关于解决城乡弱势群体看病问题的代表议案的办理情况汇报。这些是值得称道和推广的现象，因为它们改变了人们长期形成的人大不管事的形象，并产生了良好的社会效果。例如在郑州市人大常委会否决了办理情况汇报之后，市政府很快出台了六项措施，确保弱势群体看得起病。这说明一个问题：如果地方人大真正按照宪法规定的方式行使职权，那么中国的地方民主自治是大有希望的。

在宪法上，议会至少有立法、财政、任免和监督几大权力。2006年底，湖南省麻阳苗族自治县的人大常委会对县政府部门连说三个"不"，恰好彰显了人大这几种宪法权力。首先，人大作为"立法机构"的主要职能显然是立法。1982年宪法第2条规定，国家的一切权力来自人民，而人民通过全国与地方人大行使权力。这是中国宪法规定的民主原则。如何行使宪法赋予的民主权力？主要通过法律、法规、规章以及其它法律规范。在法治社会，国家的基本价值选择体现在宪法和法律之中，而宪法和法律是通过民意代表机构制定和修改的。议会代表是由选民选举产生的，因而他们通过的法律能充分体现人民的根本利益。这些法律规定政府能做什么、不能做什么，因而在贯彻落实以后能保证政府的所作所为符合人民的根本利益。但长期以来，不少地方的人大并没有发挥有效的作用，立法事务由政府部门包办，人大反而成了陪衬甚至"橡皮图章"，而这样产生的地方性规定显然未必符合当地人民的根本利益。例如这次麻阳县政府没有经过充分论证，就匆忙提出了《工业原料林建设筹资议案》。工业原料林建设或许是当地急需的，但是究竟是否符合当地需要、项目的经济和社会成本几何、项目总体上利弊得失如何以及对于达到同样目的来说是否存在更好的替代方案，这些都不能由政府自己说了算，而必须在提供充分事实证据并允许表达反对意见的基础上，由地方人大代表"拍板"；否则，如果在没有充分讨论的情况下就稀里糊涂通过了议案，那么它最后体现的很可能是政府部门而不是当地人民的利益。因此，麻阳县人大常委会拒绝将此议案列入会议议程，正当履行了宪法赋予的职责，有效维护了当地人民的利益。

其次，这个案例也体现了人大控制地方财政的重要性。即便麻阳县政府要为当地做好事，它也必须考虑经济成本和财政来源。财政是政府的命脉，在历史上也是民主宪政的导火线。如果没有民主控制，完全任由政府自收自支，那么可以想象政府将以各种名目横征暴敛，名义上都是为了"公共利益"，但实际上相当部分的公共资源流入了政府自己的"小金库"甚至官员个人的腰包。因此，民主国家的议会必须保留对财政的最终决定权。但长期以来，由于地方人大并不能有效控制政府的财权，不少地方政府不顾中央禁令，巧立名目征收税费，致使当地人民负担过重。在这里，麻阳县工业原料林建设的筹资议案涉及没有经过审批的违规项目，如果上马必然会加重当地干部职工的经济负担。麻阳县人大常委会的决定免除当地人民承受违法税费的负担，而这正是民意代表机构所应履行的义务。

再次，虽然议会立了法、提了建议，但是实施得如何还离不开议会的监督。当然，如果实施情况不理想，当地人民可以向法院告政府侵权或不作为，但是司法资源和权限毕竟是相当有限的。要真正使民主发挥作用，议会不仅要负责事前立法，还要负责事后监督。中国宪法和相关法律都规定，政府有义务向人大提出工作报告，但是并没有说明人大如何审查以及不批准政府报告的法律后果。以往人大对政府报告只是进行形式性乃至象征性审查，而政府报告本身一般都报喜不报忧，因而清一色获得通过。但是近年来，某些地方人大开始对政府报告进行实质性审查。例如郑州市人大常委会认为市政府关于代表议案的办理情况汇报过于笼统，对存在问题分析不够透彻且改进措施不够具体。麻阳县人大常委会并不满足于县政府对办理代表建议的汇报，而是通过网吧管理等方面进行突击检查并对照实际情况，对有关部门执法不力提出了严厉批评，并将对工作马虎应付、延误办理时效的承办单位或人员提出通报批评。这些事件表明地方人大的监督职能已经进入一个新阶段。照此发展下去，中国人大对于维护人民基本利益的作用是不可低估的。

最后，为了保证政府对人民负责，议会还直接掌握着某些官员的生杀大权。在中国，人大不仅负责任免政府部门的负责人，还有权任免法院领导。虽然人大任免可能影响司法独立，但不可否认的是，人大监督在现阶段仍然能对防止司法腐败发挥一定的作用。至少，麻阳县人大常委会拒绝任命法院庭长的先例给那些吊儿郎当的法官乃至全体政府官员敲响了警钟：人大不再是一个人云亦云的传声筒，政府职位也不是一个牢不可破的"铁饭碗"；既然政府是由人民的税费供养的，那么他们的所作所为就必须通过人大向人民负责。

《监督法》如何发挥效用？

每年召开"两会"，都提醒我们人大应该发挥的作用。可以说，中国当前几乎所有的社会问题都是和人大作用的实际缺位联系在一起的。虽然宪法规定人大是国家"最高权力机构"，但是人大权力长期虚置，几乎所有重大事件的事前事后都很难发现人大代表的踪影。2007年实施的各级人大常委会《监督法》细化和强化了人大职能，为人大权力的实体化提供了法律标尺。今后人大职能履行得如何，在很大程度上取决于如何落实《监督法》的各项规定。

《监督法》规定了各级人大常委会的监督权，具体包括听取"一府两院"的工作报告、审查和批准预算及其执行情况报告、审查规范性文件的合法性、检查法律法规的执行、调查特定问题并在人大闭会期间审议通过一定范围的撤职案。虽然这些权力在宪法以及全国和地方各级人大的组织法中都能找到，《监督法》细化了人大的监督权，并对其中某些权力规定了行使的程序和标准，从而有助于人大监督落到实处。例如宪法和组织法都规定人大审议"一府两院"的工作报告，但是没有说明根据什么来审议哪些内容。《监督法》第9条则明确规定，人大审议过程应该考虑人大机构和社会信访所反映的问题。第18条规定了人大常委会对决算草案和预算执行情况所应审查的重点内容，第30条授权地方各级人大常委会撤消超越法律权限、剥夺或限制公民权利或增加义务的下一级人大与同级政府决定；第35条规定了各级人大常委会联名提出质询的人数要求，其中县级人大常委会仅要求三人。这些规定都显然增加了人大监督的可操作性。不夸张地说，如果《监督法》实质性地促进了任何一项人大监督权的落实，都将对中国的民主和法治发挥重大作用，都将名副其实地促进社会和谐与稳定，都将有助于永久性地消除人大在人们心目中的"橡皮图章"形象。

首先值得注意的是,《监督法》所强化的不仅是全国人大常委会的权力,而且也是地方各级人大常委会的权力。作为单一制国家,中国以往更注重中央政府的制度建设,地方制度建设则相对受到忽视。例如《立法法》主要规范全国人大及其常委会的立法和监督程序,对于地方人大仅发挥参考和示范作用。然而,民主之根在于基层,当今中国的绝大多数问题也发生在基层。正是因为地方民主和法治不发达,中国社会产生并积累了许许多多的地方问题;地方问题在地方层次解决不了,于是逐级"上访",最后直至中央,从而造成了中国独特而普遍的"上访"现象。并不令人惊讶的是,中央和上级政府无法解决那么多的地方问题,因而无论《信访条例》在技术上如何完善,大量久拖不决的地方问题在中国社会到处埋下了"定时炸弹",严重威胁着社会和谐。之所以产生这种现象,最根本的原因是地方人大没有发挥应有作用。如果《监督法》出台之后,各级人大及其常委会不仅负责制定良好的法律规范,而且也能有效地监督法律规定的实施,实质性地控制预算及其执行情况,及时罢免那些不称职的政府部门负责人,那么中国的经济与社会发展又会是另一种状态。当然,某些地方的人大常委会已经自行规定或实施了一些监督措施,但是《监督法》为各地人大的监督职能规定了一个统一的底线。

其次,《监督法》为各地人大的监督职能和程序规定了统一底线,同时也为各地人大在此基础上的制度创新留下了充分空间。此前,少数地方人大常委会已经逐渐形成了一套行之有效的监督机制,有些机制甚至可能超前《监督法》的规定。这些地方担心,《监督法》统一规定了监督程序,似乎否定和取消了它们原来的尝试。但是从《监督法》的规定上看,这些担心应该是没有必要的。根据该法第二条,各级人大常委会"依据宪法和有关法律的规定,行使监督职权";各级人大常委会"行使监督职权的程序,适用本法;本法没有规定的,适用有关法律的规定。"这里的"法律"应该是指广义的法律规范，不仅包括地方政府组织法等全国人大及其常委会通过的"法律"，而且也可以包括地方性法规、规章甚至规范性文件。因此，只要这些法律规范或实践不和《监督法》规定和精神相抵触，该法的实施并不影响地方自发形成的监督机制。第 47 条明确规定，各地人大常委会"可以根据本法和有关法律，结合本地实际情况，制定实施办法。"另外，《监督法》本身也为地方考虑特殊需要留下余地。例如第 8 条规定了各级人大常委会在审议政府和两院工作报告时所应考虑的五类具体来源的问题，但是第 6 款又要求考虑"社会普遍关注的其他问题"，而这些问题显然是可以因地而异的。

最后，《监督法》规范的是各级人大常委会的监督权。在理想状况下，各级人大应该直接发挥作用。但是在现阶段，人大制度本身存在诸多尚待理顺的地方，尤其是绝大多数人大代表的专职化没有落实，难以行使日常的监督权。在这个意义上，《监督法》很实在：通过规范各级人大常委会，可以立竿见影地改善民主监督职能。当然，《监督法》虽然规定了各级人大常委会的监督权力和义务，但是并没有说明如何从法律上保证这些权力和义务获得实施。第 6 条规定了人大常委会向同级人大报告并接受监督的义务，但是在目前人大本身的运行缺乏有效规范的情况下，这种监督是否到位还是一个未知数。

归根结底，无论是通过人大还是常委会，民主监督不是法律规定出来的，而是选民的政治压力"逼"出来的。颁布两年过去了，《监督法》的效果似乎仍然不彰显，各地和各级人大代表仍然没有充分履行宪法规定的职能。看来要真正发挥《监督法》的效力并履行人大职能，最终还是离不开一个在选举中发挥实质作用的选民团体。

庸俗化总比装模作样好

和往年相比，2009 年的全国人大常委会工作报告更加明确地说明了人大定位及其与政党的关系，凸显了执政党的领导地位以及中国和其它（尤其是发达）国家的"本质区别"。其实，无论对人大如何定位，人大作为国家代议机构的基本职能都是相当确定的。主要区别在于议会和政党的关系，而世界各国的安排确实有所不同。许多国家是多党制，有的议会有反对党，有的则是一党独大，但是不论政党体制以及党政关系如何，议会的基本功能和运行模式大同小异，并不存在根本差异，因而大家仍然期望人大代表能履行自己的代议职责。在近年"两会"上，有些媒体报道了代表和委员的一些花边新闻，让人感到有做秀之嫌，引起了社会甚至代表和委员们本身的不满。本来"两会"似乎是一个严肃的政治场合，部分代表、委员和媒体的表现是否代表了政治娱乐化、庸俗化的趋势？

我当然也希望代表和委员们能够认真履行自己的职责，不过我认为这和他们在"两会"上的表现其实没有太大关系。历年"两会"的会期都很短，前前后后加起来不过十来天；即便在这么短的时间内表现突出，又能说明多少问题呢？更何况代表人数众多，议程繁多，而且许多时间花在非实质性的仪式上，实际上给每个代表留下的议政机会和独立作用相当有限。近年来，社会和媒体对人大越来越重视，但是因为人大作用并没有发生实质性变化，因而媒体只能借用一种花絮和边缘新闻来吸引眼球。譬如刘翔连续两次缺席政协，偶尔参加一次则马上就引起媒体关注。其实，如果政协也是一个代议性质的机构，就压根儿不应该吸收这些"明星委员"，因为委员和代表的职责都是代表选民议政，而不是在那里摆样子。他以前连开这几天会都没时间，哪有时间代表任何人？又哪有时间提出有针对性的议案来呢？既然如此，是谁又是为什么选他做政协委员呢？

因此，本次"两会"花边新闻多反映了人大和政协背后的深层问题，但也没有必要夸大这种"庸俗化"的形式可能带来的负面影响。关于人大的花边新闻确实并非议政的正题，但是如果不解决背后的制度问题，形式上的变化并不会从根本上改变实质。难道委员、代表们在会上一脸严肃、正襟危坐，就一定比自娱自乐更好吗？如果实质性问题不解决，我看哪种形式都一样。我甚至认为会场的娱乐化不但无伤大雅，而且可能在有限程度上表现了代表的自主性。毕竟，不论他们是否发挥了应尽的义务，我们都不希望他们被"管"得太死。某些代表、委员的表现看上去或许有点"庸俗"，但是这总比在组织纪律的严格管制下装模作样的好。

要改变政治的"庸俗化"，关键在于选举和选民。如果议员通过周期性选举产生，因而多少有义务代表基层选民的利益，而选民希望他们的代言人在开会的时候正经八板地讨论国计民生，而不是嬉笑怒骂，那么议员当然会检点自己的言行。如果这点做不到，如果选举不规范，议员无须最终对选民负责，那么无论他在议会的表现是庄严肃穆还是俗不可耐，结果有何区别呢？如果人大代表真正能够代表当地选民的利益，并在和选民广泛沟通的基础上通过选举产生，那么他们必然会感受到选民的压力；如果相当多的选民不喜欢他们将宝贵的开会时间浪费在自我表现上，他们还会那么我行我素吗？当然，民主有阶段、有局限，不可能尽善尽美。即便选举有压力，议员行为还是有一定的自由度，更不用说选民的"欣赏水平"本身也是个问题。过去我们经常报道台湾立法院的乱像，会场就像无奇不有的大卖场，"庸俗化"到了无可复加的程度。不过也不要光看表面热闹。即使不少议员的言行举止不文明，他们还是多少履行着作为议员的基本职责——代表选民的立场，即便打架也是为了表达立场，而这总比没有立场强些。政治当然理性、认真、严肃一点更好，但是假如让我在吵吵嚷嚷的立法院和安安静静的"表决机器"

之间选择，我肯定还是选择前者：毕竟，上次投他票的那家伙替我说了话；表达方式也许要改进，但是他至少用行动表明自己没在议会白混。

如果没有选民的压力，那么议员怎么表现都无所谓，反正他们不会代表选民利益。这是世界各国的普遍规律，恐怕即使连新加坡这样的威权国家都不例外。某些代表、委员批评近年来的提案存在庸俗化、垃圾化和数量攀比的现象。数量攀比在中国可是见得多了，各地的政绩工程和 GDP 竞赛就是一个典型，不过没想到人大提案也开始搞这一套。以前我们不太关注人大代表提案，因而绝大多数代表们长年不提一个议案，甚至懒得联署其他代表的议案；如今媒体重视了，提案数量也就快要成为衡量代表政绩的一个标准，于是乎代表提案纷纷出炉，有的代表一年能提十几个乃至几十个议案，这样怎么可能不产生"垃圾议案"呢？要知道，议会立法可是一个力气活。要制定一部像样的议案，不但要广泛征求选民意见，然后调研、起草，还要和其他议员进行沟通和讨价还价，才有希望得到多数议员的支持并获得通过。所有这些都要花费大量的时间、精力和成本，一个议员每年能拿出一个议案来就很"高产"了，哪能那么像下猪崽一样呢？！但是如果切断了代表和选民之间的联系，评价代表的政绩就只能停留在这些表面化的提案数量上，提案只是做给外人看看，压根没打算解决什么真实问题，那么数量攀比和垃圾化就成了见怪不怪的必然现象。

最后，政治庸俗化的始作俑者当然是媒体，而这恐怕在哪个国家都一样。但我同样认为，没有必要过分夸大媒体庸俗化的负面影响；在一个极近"恶搞"之能事的八卦媒体和一本正经报道假新闻的媒体之间，我还是会义无返顾地选择前者，哪怕只是因为它的自由度更大、欺骗性更小。事实上，如果会场上没有太多实质性的东西可报，那么花边新闻只能成为各大媒体的"无米之炊"。如果"两会"讨论确实关系国计民生的重大问题，那么我不相信偌大中国会没有一家媒体报道这些重要话题，最后看广大观众或读者会如何评价与选择不同媒体。因此，关键仍然在选民，而我相信理性的中国选民是不会把眼球只放在那些花边新闻，而放过任何关系他们切身利益的严肃问题的。近年"两会"期间，一些网络媒体开展了向总理提问的活动。这些活动体现网民不仅很积极，而且很理性，因为排在前几位的"头号问题"都是中国社会急需解决的结构性难题。当然，如果这些问题是提给人大而不是总理，那就更好了，因为总理一个人是解决不了那么多问题的。

总之，虽然执政模式有区别，人大和其它国家的议会具有共同的代议职能，并遵循着同样的运行规律。如果不能保证选举在法律上规范、代表对选民负责，那么"庸俗化"只是制度不健全衍生出来的诸多弊端之一，实不足道也。

财政民主是保障民生之本

近年来，"财政民主"颇受中国社会关注。在 2008 年"两会"结束后的记者招待会上，总理温家宝主动表示"要下决心推进财政体制改革，让人民的钱更好地为人民谋利益"；而在记者招待会上，他更是特别提到中央和地方财政"将会实行全程监管，并且向人民公开"。要保障民生，必须落实民主；要保证各级财政"取之于民、用之于民"，必须实行财政民主、预算公开并让人民监督政府开支的流向。

长期以来，中国各级政府预算都是由行政决定的，人大发挥作用严重不够，因而财政民主相当匮乏。在每年"两会"上，人大代表和政协委员审议的财政预算都是粗线条的，很难看出什么名堂。对于普通公民而言，政府预算方案更成了不可公开的"国家秘密"。在缺乏人大和社会监督的情况下，政府财政就不再是"公共财政"，而成了官员的私人财政。前几年，广东省人大率全国风气之先，对省政府提出的细化预算方案进行实质性审查，结果发现了很多问题。2008 年，河北承德市人大将市政府的财政预算草案两次打回进行修改，第三次在削减政府采购、增加民生投入才得以通过。这些都是财政民主的积极典范，只可惜这些事例至今为数太少、不成气候。虽然财政部公布了政府预算，但是预算仍然不够细化，而全国人大常委会财经委则已表示不会审议为应对金融危机而拨付的 4 万亿之巨的财政投入。在财政民主缺失、预算过程保密的情况下，层出不穷的楼堂馆所、"三公"问题乃至官员个人贪腐就成了见怪不怪的必然现象。

在很大程度上，现代国家是一个财政国家，政府的主要任务就是花纳税人的钱为纳税人办事。但是究竟办哪些事，必须由纳税人选举产生的议会来决定，因为根据理性选择理论，理性自私的人一般都会首先考虑自己的利益；这样，如果完全由行政自我决定，那么纳税人的钱恐怕主要不是花在纳税人身上，而主要是花在政府官员身上。更何况即便政府想为老百姓做事，但是如果后者不能参与预算过程，那么政府往往不知道老百姓究竟需要它去做哪些事情。议会选举就是一个信息交换的过程：选民将反映自己利益的议员选上台，议员也通过和选民大量接触而得知民情。在预算审议过程中，议员当然也就知道选民究竟想要政府为他们做什么。只有通过选举产生的议会确定预算方案，才能保证纳税人的钱被用在国计民生的刀口上。

从国外来看，预算大概分为两个过程：先由行政制订预算草案，再由议会审议、修改和通过。第一个过程各国都有，看起来也和中国差不多。譬如美国的管理和预算办公室中国的财政部颇为类似，先汇总各部门提出的预算，调整后交给总统，再由总统向国会提出预算草案。美国建国时，制宪者都认为应该由国会来管预算，行政不应该插手，但后来发现预算实在太复杂，尤其是行政部门在新政后高度专门化、复杂化，议会根本就管不过来，因而预算都是由总统先制定一个草案，然后交给国会通过。

第二个过程各国也都有，但是法治发达国家的预算审议过程要比中国长得多。美国国会要花大半年时间讨论预算报告，最后总统提出的预算草案往往被修改得面目全非。虽然某些项目——如社会保险——每年都是固定的，不能修改，但是国会在预算过程中仍然发挥决定性作用。因此，虽然各国行政都在预算过程中发挥了很大的作用，但议会还得有一个实质性的控制，否则政府开支就会和社会需要脱节。

相比之下，中国各级人大总共才开十来天会，中间还要审议一些重要的法律、产生政府人选、听取并通过政府工作报告，花在预算上的时间则很少。这样，中国的预算开支就很容易和社会需要脱节。譬如在大多数国家，社会福利、医疗保险、基础教育都是政府开支的大头，但是在中国却长期以来微不足道。虽然现在花在这些方面的钱每年都在递增，但是总体上说离社会需要差距很大。要改变这种状况，根本在于改革财政预算制度。

中国的公共预算改革可以分为三个层次。首先是行政层次上的技术性改革，主要是改进预算制定、执行和审计等过程的技术与方法，提高公共预算的效率、降低制订成本。其次是行政公开和透明度改革，要求行政部门在制定预算过程中充分考虑民意，公开预算甚至公开听政。目前已有一些地方开始了这类试验，譬如浙江温岭的"民主恳谈"，取得了相当好的社会效果。最后是公共预算的制度化建设，主要是指完善各级人大的预算审议职能，例如广东省人大近年来率先尝试的预算改革。

相对来说，第一个层次的改革难度最小，但是在第二和第三层次缺位的情况下恐怕成效有限，因为在缺乏外部监督的情况下，改革的内部动力往往不足。第三个层次难度最大，但是中国公共预算改革最终必然离不开人大制度的作用；否则，即便某些地方的公共预算可能因为开明的领导而一时走在前面，但是领导调任之后就未必能持续下去。虽然人大制度改革存在一定的难度，但是即便在目前的条件下，各级人大还是有很多事情可做，譬如至少可以要求预算细节在人大和政协范围内公开，让各地"两会"真正履行财政民主职能，进而为保障民生发挥实质性作用。

四万亿投资需要人大监督

2009 年 3 月，全国人大财经委副主任在接受记者采访时表示，"两会"不会审议 4 万亿投资的用途，因为这是政府"在自己权限内所做的安排"。此言真让人感慨，中央政府的"权限"何其大也！2008 年度，中央和地方各级财政收入总和也不过 5 万亿，其中中央分成只有一半左右。即便这 4 万亿要分为两年用，每年也大抵中央财政的年收入。如果连这么大手笔的投资都不需要人大审议和批准，岂不等于说人大也不需要审议和批准中央年度预算？这样人大开会还有什么意义呢？

不错，人大是一个立法机关，主要负责制定全国性法律，但预算是一个国家最重要、最复杂、最庞大的综合立法。一部法律反映了一个国家在某个领域的价值取向，预算案则反映了这个国家至少在今后一年内全方位的价值取舍、先后排序、轻重缓急。纳税人的钱中多少要花在基本教育、医疗保险、失业救助，多少可花在政府建楼、公车采购、公款招待、干部疗养、出国考察，这是一个人大应该决定的问题。更何况立法再好，没有预算也执行不了，最后成为一纸空文。中国目前之所以存在着法律不少但法治不多的普遍现象，很大程度上正是因为政府的钱没有花在该花的地方。其实每一个现代国家的主业无非都是花钱，但是钱怎么花却决定了不同国家的命运。

这是为什么在一个成熟的民主国家，预算占了议会事务的大头。预算制订过程每年都早早启动，在大半年时间内一直是议会的重要议程。当然，"人算不如天算"，有时候难免出现不能预见的临时应急开支，但是究竟钱花多少、怎么花，还是要经过议会这一关。这次经济危机美国政府拨出大几千亿美元救市，就一度遭到国会搁置。虽然双方经过协商和调整，最后还是通过了拨款，但是这至少表明国会不是橡皮图章。

人大财经委早早将 4 万亿之巨的投资划定在政府"权限"范围之内，从而排除在人大审议范围之外，也许会让外人羡慕人大的轻松、政府的权重，但是对于 4 万亿投资关系到的国计民生却显然不是福音。"智者千虑，必有一失。"任何人都会犯错误，政府也不例外；要保证政府开支合乎民情民意，政府预算必然离不开代表民意的议会监督。不论这 4 万亿投资是出自什么名目，或在法律上是否属于政府"权限"，这笔投资的天文数字即意味着监督是人大不能推辞的义务。

非洲债务减免需要人大监督

　　据报道，中国 2009 年已免除非洲 32 个国家 150 笔到期的对华债务。2008 年，中国共免除了 46 个国家的 400 多亿元债务，目前每年免除的非洲债务总额应当不在此之下。几百亿虽然对于平民百姓来说是一个天文数字，对于中国这样的大国来说也许不算什么，只不过是国家财政总收入的 1%左右，可能还不到难以统计的"三公"开支的十分之一，但毕竟中国也是一个发展中国家，国内需要用钱的地方很多，因而国家花钱必须精打细算，而绝不能大手大脚。尤其是决定在哪儿花多少钱的程序不能敷衍了事，由某个部门大笔一挥就拨出好几百亿。这次没有报道非洲债务减免的决定究竟是由哪个部门决定，但是既然涉及国家开支，也就是说动了纳税人的钱，那么这类决定就应当由全国人大（至少是常委会）讨论通过。

　　要知道，免除贫困国家债务、支援非洲经济发展固然是好事，但即便是好事也不是天上掉下来的免费午餐，好事和坏事都一样有代价的；虽然未必能具体到人头，反正有人要为免掉的债务买单。否则，同样是好事，为什么国家不能在基础教育、医疗保险、农业补贴等一系列急需投入的领域再多投点钱呢？道理很简单，因为中国纳税人的钱就那么多；国家既不能横征暴敛，也不能单靠印钞票维持财政，否则后果不是通货膨胀就是民不聊生。这几百亿如果拿去免费支援非洲，就必然用不到国内的某些事业上。这并不是说中国不应该拿出钱来支持非洲等比中国更穷的国家，但是既然有收获（履行中国道德义务，抑或还能从国际政治交往中直接或间接得益）也有成本（纳税人付出），就有必要权衡这件事情的成本效益，否则如何保证它确实符合中国的国家利益？

　　究竟谁最有资格权衡债务减免的成本效益？宪法文本上的正

确答案显然是全国人大，因为 1982 年宪法第 62 条规定全国人大"审查和批准国家的预算和预算执行情况的报告"；人大闭会期间，由人大常委会负责审查和批准"国家预算在执行过程中所必须作的部分调整方案"（第 67 条）。国务院则仅有权"编制和执行……国家预算"（第 89 条），编制了预算草案还必须经过人大批准，然后照此执行。当然，人大也可以授权国务院一定的预算机动空间，但是机动预算不仅数额相当有限，而且使用也需要符合一定的条件，一般只能被用于预算批准时不能预见的紧急事项，譬如自然灾害、经济危机、战争或动乱等突发事件。债务减免并不具有紧急性或突发性，因而究竟减免多少非洲债务至少应该在预算中有所反映，并经过人大讨论和批准后向社会公布。

因此，人大对于债务减免是有权也有义务过问的。但这不只是一个在宪法文本上正确的答案，而是任何一个关心民生的国家都应有的民主程序机制，因为任何预算方案都有机会成本，而具体的开支结构则取决于特定国家的人民在特定时期的需要。这几百亿究竟应用于支援非洲国家，还是提高国内人民的福利保障，还是投入基础教育设施或教师待遇的改善……，取决于这个国家的大多数人民认为目前需要解决的首要问题究竟是什么、究竟什么地方更迫切需要投入，而人大代表的主要职能正是代表大多数人民的需要。不错，国务院及其部门也代表或应该代表人民的需要，但问题在于"人民"不是一个笼统的概念，而是生活在同一个国家却需求、利益和立场都各不相同的公民集合体，因而"人民"的利益和诉求必然是多元的；尤其是在国家财政的分配问题上，他们的利益甚至是相互冲突的：农业补贴上多花一笔钱，城市居民的福利保障就很可能不得不少花钱；如果在城市福利上多花钱，这笔钱很可能得从边远地区的基础教育省下来……那么这笔钱究竟应该花在哪里？不同身份、阶层和立场的"人民"所给的答案都不一样。

可想而知，如果这个问题由某个行政部门来决定，难免会产生不符合多数人利益的偏袒。这是为什么在民主国家，财政预算问题必须在代议制民主程序中得到解决；只有通过选举使议员对选民负责，并让代表不同选民利益的议员组成的议会决定预算，才能保证国家的财政预算体现不同选民的利益和诉求，最后的财政开支结构才可能符合多数选民的偏好。在中国，没有人大的实质性参与，政府财政不可能有效促进最大多数人的最根本利益，而这才是真正的国家利益。

当然，人大未必事必躬亲，某些事项的处理可授权国务院等行政部门一定的自由裁量。事实上，宪法确实授权国务院"管理对外事务"，而所有国家的行政首脑都在外事方面享有更大的自由裁量权。但是即便在外交领域，政府行为仍然应该受到民主监督。更何况债务减免并不纯粹是一个外部问题，因为它直接影响了国内人民的利益，因而这类行政决定理应受到更多的人大监督。这自然不是说减免非洲债务有什么错，而是说只有代表多元利益的代议机构才能全面权衡国内和国际的需要，并做出最有利于国家整体利益的决定。

预算监督是一个老问题，非洲债务减免只不过是其数额不大的例子而已。之所以关注这个问题，是因为中国历史上的统治者往往显得对外尤其慷慨，对自己的人民则尤其苛刻。这种现象当然正是民主缺位的自然结果，而缺乏民主决策程序，不仅几百亿债务减免的正当性得不到保证，而且四万亿"拉动内需"投资乃至整个国家财政开支的分布结构的正当性也得不到保证。要避免重蹈覆辙，只有让真正代表民意的机构掌握决定预算和开支的权力。

腐败不只是个人问题

幸运的官员各有各的幸运，不幸的官员则都有同样的不幸。2009 年夏的短短一个月，已有四名高官落马。6 月 8 日，深圳市长许宗衡接受调查；9 日，原公安部长助理郑少东被查处；12 日，全国人大财经委原副主任委员朱志刚被调查；之后，又传来了天津市原市委常委皮黔生被调查的消息。频繁调查"问题官员"固然显示了中央惩治腐败的力度，但是如果不从制度上遏制腐败，以至贪官污吏源源不绝、生生不息，那么事后整治不仅为时已晚，而且也难以阻止浩浩荡荡的贪腐大军。

关键在于，腐败不只是个人问题。中央多次强调"要以最坚决的态度整治用人上的不正之风"，但是把好用人关只是吏治的一个方面；即便我们保证每一个进入官场的都是好人，但是如果政府权力得不到制度约束，官员在以政府名义行使权力过程中无所顾忌，而权力的诸多资源、制度的诸多漏洞又产生了权钱交易、权色交易等诸多难以遏制的冲动，那么显然"好人"也很容易转变为"坏人"。

就拿出事时 54 岁的许宗衡来说，三十多年前还是湖南衡南的一名农场知青，从湖南交通学校毕业后成了汽车修配厂的一名技术员。他可是从干事、副科长、科长到组织部部长，一步一个台阶"爬"上来的。1993 年南下后，他起初只是深圳市委组织部的一个处长，后来才平步青云被提拔为深圳市委常委、组织部部长。从技术员到深圳特区的"一把手"，这当中经过了多少级台阶？如果没有"两下子"，如果在三十多年的干部生涯中没有一点实在的政绩，许宗衡恐怕不可能达到今天的地位。事实上，在主政深圳期间，他力促深圳官员接受审计评议，让一批审计不合格的官员直接下岗（当然看来他自己除外），其雷厉风行的执政风格受到不少肯定。由此可见，许宗衡的问题不在于组织系统选错了人；从他的经历来看，甚至可以说这个人选对了——他不仅有能力、有魄力，而且道德素质也未必比常人差。既然如此，他为什么出问题呢？

答案可以说是千篇一律，无非是权力太大、机会——更准确地说，诱惑——太多、监督太疲软。为什么监督力度不够呢？在一个中央集权国家，中央纪律制裁一贯是很厉害甚至很可怕的，为什么还有那么多的许宗衡铤而走险呢？别的不说，一个原因是国家太大、地方太多、官员太杂，中央不可能每天目不转睛地盯着大大小小的许宗衡们，而上上下下对这一层道理也都心知肚明，因而愈发有恃无恐、肆无忌惮。如果连一个小小的邓贵大都可以在女服务员面前那么张扬，位居特区"一把手"的许宗衡的"底气"便可想而知了。毕竟，被调查的只是倒霉的少数，何以得知明天会轮到自己呢？中国有那么多官，每个人都认为轮到自己的机会是微乎其微的。在这种制度环境下，这样的人——即便是好人——不犯法也难。如果制度一方面创造了太大的诱惑，一方面又纵容了太多的漏洞，那么它就不只是约束不力，而是在倡导和鼓励人性中的恶。

如何填补制度上的漏洞、约束许宗衡们的权力呢？"标准答案"也同样耳熟能详，无外乎两点。首先也是最基本的，要保障人民对政府的监督；只有通过选举等方式让地方官员对人民负责，官员权力才可能受到实质性约束。既然中央分身乏术，不能及时和有效监督各地各级官员，不妨让地方选民成为它的"眼线"。毕竟，地方政府不是为上级服务的，而是为下级——为人民——服务的；上级也感受不到地方治理的利弊，因为承担地方治理后果的不是上级领导，而是生活在当地的老百姓。许宗衡的贪腐显然没有损害哪一位领导的利益，而是损害了深圳全体纳税人的利益。他们自然最关心当地"一把手"的廉洁，也最直接、最及时、最深切地感受当地的治理效果，因而理所当然应该对决定官员的选任和去留发挥更大的作用。

其次，如果人民和人大监督目前看起来比较遥远的话，那么至少应当建立起政府内部制约机制。"绝对权力导致绝对腐败"这句至理名言，已经在许宗衡等无数官员身上应验了效力。如果不改变地方"一把手"负责制，"一把手"成了当地至高无上、说一不二的"土皇帝"，那么同级党政监督必然形同虚设；既然上级监督不到位，同事或下级更不可能胜任监督角色，而只能成为集体腐败的附庸。要改变这种格局，必须改变目前的地方权力结构，落实党内民主并实行党政集体负责制，通过更加均衡的内部权力结构强化同级监督力度，进而控制领导个人的权力。

只有这样，才能堵住腐败的制度漏洞。

期盼"春晚"多元化

　　我们每年都共享同一个除夕，但是这并不意味着我们只能观看同一个"春晚"。我本不想看"春晚"，只是因为要陪着家人尤其是孩子，还是看了几个节目。印象年年都差不多，精彩亮点有但不多，主持人也有些许变化，不过总的来说还是老面孔、老套路。倒不是说"老"有什么不好，但是不尝试新的、没有比较，恐怕也就很难说老的一定更好。然而，我们却没有别的选择。虽然地方电视台也可以办自己的"春晚"，但是节目质量和人气毕竟不能望央视项背；山寨版的"春晚"一度很红火，但不知为什么在临近节前却无声无息，被贬到一个内地很难收到的澳门电视台去播放。这样，每年全国亿万双眼球只能盯着同一套央视春晚，而这种状况对于提高春晚节目的质量显然是没有好处的。

　　2009 年央视春晚的主题是改革三十年，开场第一个相声节目就直奔主题，而三十年改革的主旋律恰恰是市场经济和政府放权——不仅是中央给地方放权，更重要的是国家给人民放权，使人民获得更多的选择和自由。企业有了自由，经济便有了活力；消费者有了选择，产品才有了竞争。结果是有目共睹的，那就是三十年来物质生活的极大丰富。从食品到服饰、从电器到家具、从住房到汽车，中国市场上天翻地覆的变化无一不是取消垄断、放松管制、自由选择和多元竞争带来的结果。在我成长的六七十年代，牛奶是一种只有少数儿童享用的奢侈品，今天则已如此平常普及，以至一不小心就在全国上下产生那么多婴儿受害者；直到 1986 年，我留学探亲时还忙着从美国给家里捎"八大件"，现在则是咱们给他们出口"中国制造"……不打破计划经济的垄断、不允许市场自由和多元竞争，这些变化显然是不可想象更不可能发生的。如果说物质产品的数量和质量提高取决于多元竞争，精神文化产品又何尝不是如此？归根结底，电视节目和电视机都遵循同样的市场规律；两者都有市场，都有供给与需求，最终决定厂家命运的标准都是谁更让消费者满意——无论是从物质还是精神上。既然我们早已不再局限于同一个品牌的电视机，又何必拘泥于同一套春晚节目呢？

当然，竞争未必总是好的，我并不主张无限制的竞争；在某些情况下，或许市场需要一点政府管制，但竞争仍然是规则，管制是例外。事实上绝大多数看上去源于市场的恶恰恰是因为竞争不充分或不正当造成的。譬如有人抱怨住房市场化导致房价畸高，但高房价是由多种原因造成的，其中一个重要原因就是政府对土地的垄断；如果城市和农村土地可以放开自由交易，实际土地价格和开发成本所有下降，政府作用限于规范房地产市场、控制开发商暴利，那么至少可以挤压房价中的虚高部分。还有人会说竞争使商人惟利是图、弄虚作假、不择手段，以至危害社会的基本安全，譬如奶业集团的恶性竞争导致三鹿等不良企业超标掺加三聚氰胺，致使数万名结石婴儿深受其害。无底线竞争确实可能产生这种恶果，因而需要法律规定食品安全底线，但是在这个基本底线之上，奶业基团还是具有广阔的良性竞争空间，而毒奶粉事件完全是在欺瞒消费者和政府的情况下发生的违法行为。如果政府可以保证奶制品信息公开，消费者都知道三聚氰胺有害，三鹿产品还会有任何销路吗？即便政府不主动禁止，众所周知的"毒奶粉"还会产生如此广泛的毒害吗？奶粉事件之后各大商场的货架充分说明，政府在很多情况下只需要发挥有限的监管作用，譬如保证产品信息准确可靠，消费者便完全有能力做出对自己最有利、最明智的判断。

文化市场一般不会产生三鹿奶粉这么直接的社会危害，因而更应该充分放开。"春晚"应该更为多元化，首先因为不同观众的"口味"是不同的，而不论央视春晚如何完美，同一套节目都不可能满足众多不同的"口味"。就和我们中间有人喜欢索尼电视、有人青睐海尔冰箱、有人喜欢喝"蒙牛"、有人恋恋不舍"光明"奶一样，不同的观众对"春晚"也有不同的期待。年轻人喜欢看周杰伦，中老年人则可能更喜欢赵本山；南方人喜欢听越剧，北方人则更喜欢京剧……这些区别显然不是绝对的，但足以说明不同人群有不同爱好，而我们应当承认这些个人爱好都是正当合法的，说不上谁对谁错，甚至也很难说谁比谁更"高雅"。就和湖南人不能强迫广东人吃辣、广东人不能强迫湖南人吃甜一样，任何人都没有权利将自己的爱好凌驾于别人之上，否则必然只是一种自说自话或强权逻辑。既然我们允许湘菜、川菜、粤菜等不同菜系的餐馆开张，更好地满足不同胃口的食客，那么我们有什么理由不允许更加多元的"春晚"来满足不同观感的观众呢？

或许有人会说，央视春晚已经综合了全国各地的不同风采，既有周杰伦又有赵本山，但是这种逻辑就和我们只能去吃"满汉全席"一样是不能成立的；"满汉全席"的存在，并不能为取缔湘菜、川菜、粤菜等不同菜系提供理由，因为湖南人的口味只能去湘菜馆才能得到最大满足，就和广东人的口味只能在粤菜馆才能得到最大程度的满足一样。"满汉全席"或许能为所有人带来一点满足，但是必然不能为任何人带来完全的满足。同样的，只有多元化的"春晚"才能满足最广大观众的最根本爱好。或许还有人会说，同一套"春晚"有其不可替代的价值，它能将五湖四海带到一起，让各族人民共享同一套节目，进而营造全国一家人的氛围。我不知道这是否能构成限制选择自由的充分理由，也不知道是否存在这种效果的任何证据。在我看来，在缺乏实际证据支持的情况下，这种理由恐怕就和强迫全国老少同吃一桌"满汉全席"能促进民族团结一样牵强。不论如何，"春晚"首先是一种民俗，"春晚"的主要功能在于娱乐；教育功能即便有，恐怕也应该在这短短几小时内退居其次吧。

当然，一旦放开"春晚"，某些节目可能触犯政治、道德或法律底线，譬如过于"低俗"的节目尤其会损害未成年人的身心健康。但是这种情况并不可怕，也并非不可防范。在目前体制下，凡是申办"春晚"的单位或团体都可以受到政府审查，以确保节目不存在政治或道德问题。事实上，既然一旦发生问题就将受到严厉的事后惩戒，有关单位在节目确定和制作过程中必然经过严格的自我审查。在保证基本道德与政治底线的前提下，政府尽可以放手不管；至于哪个"春晚"质量更好、品位更高、意义更大，本来就不应该由任何人钦定，而应该由文化市场上的广大消费者自己来决定。我们得相信，广大观众是有判断能力的。就和政府没有必要代替他们选择哪一款电视机一样，政府也没有必要替代他们选择观看哪一套春晚节目。事实上，文化产品一般不像三鹿奶粉那样隐含着普通人看不见的有毒成份，因而更不需要政府管制。文化信息的涵义或者是昭然若揭的，因而信息接受者多数有能力对其利害做出知情判断；或者是晦涩不明的，因而不可能普及到伤害多数人的程度。无论是哪种情况，政府都没有必要过多干预。

对于"春晚"，政府所要做的不是维持任何节目的垄断地位，而恰恰是保证不同节目之间的平等竞争。如果央视春晚确实最好，多数观众自然会选择之；如果这个结论未必成立，那就更不应该人为使之成为事实，否则就和计划经济中的任何垄断一样，只能产生保护劣质的效果。其实在目前体制下，央视已经享尽天时地利。如果在这种得天独厚的条件下仍然不能比其它"春晚"更能吸引观众，那就只能接受市场竞争的结果。事实上开放"春晚"不仅广大观众更开心，演艺界也会更高兴，因为将有更多的主持人、歌手、演员得到更多的表演机会。我相信偌大的中国是不乏拥有一技之长的演艺高手的，受观众欢迎的主持人不只是年年出现的那几位，演小品的也不只是一个赵本山，缺乏的是他们出头露面的平等机会。在一个更加多元、平等、竞争更加激烈的环境下，他们将获得更多的机会；"春晚"不只是明星表演的现场，更可以是发现或产生明星的舞台。在这种情况下，央视春晚的压力也没必要那么大了——即便自己某个地方搞砸了，还有许多别的"春晚"撑着呢。大家都高兴，何乐而不为呢？只有允许多元竞争，"春晚"才能走出目前的困境。对于绝大多数观众来说，一个更多元的"春晚"一定会更好看的。

放假也可以地方多元化

在 2009 年"五一"假期，广东省、广州市以及广州各区政府恢复了七天长假。早在 3 月 25 日，广东省出台了"五一"休假方案，各单位可根据具体工作情况和职工本人意愿，按照《职工带薪年休假条例》有关规定灵活安排"五一"假期。地级市则可参照这一方法自行安排，如韶关市政府也实行了七天长假。广东方案出台后，各地纷纷打算效仿，如杭州、苏州、南京准备联手恢复"五一黄金周"，重庆、湖南、新疆等地也向有关部门提出类似建议。但是就在次日，国务院办公厅便发布了《关于严格执行国家法定节假日有关规定的通知》，禁止各地擅自调休或自行安排，叫停了各地恢复"五一黄金周"计划。广东省政府办公厅旋即宣布取消"五一"长假方案，但最终还是基本执行了原休假方案。

我首先认为，中央政府废止"五一"长假的决定是正确的。"黄金周"虽然拉动了地方旅游经济，但也给全国各地尤其是著名景区带来严重的交通堵塞、人满为患和环境破坏。休假是宪法规定的公民权利，但是全国人民干吗选择在同一时间一窝蜂地休假？国家有什么必要规定"一刀切"的"黄金周"？难道休假也需要"全国总动员"吗？难道公民自由选择假期分散休假一定会削弱旅游业的年度效益吗？其实自主分散休假不仅不会降低总体旅游收益，而且还可能将像我这样出于对长假拥堵的恐惧而躲在家里的人拉出来休假。休假本来是为了舒适和休闲，但是在全国"一刀切"的长假模式下，别无选择的工薪家庭只好一同出来在拥挤不堪的公路、铁路、公园受罪和受累。取消统一长假的决定将休假自主权下放给地方和个人，不仅缓解了全国交通压力，而且也让"休假"变得更名副其实。

　　然而，国家取消长假是否意味着地方只能实行短假呢？两者显然不是一回事，否则我们就还在延续本质上和长假规定同样的"一刀切"思维；只不过以前是一窝峰的长假，现在是一窝蜂的短假而已。中央规定"五一"三天假期，应该被理解为这三天是公民受法律统一保护的最少休息时间，地方不得擅自缩短。但是中央规定了短假，地方就不能规定长假吗？假如这样，那么大多数家庭除了春节之外就没有长假了，而春节是家庭团聚的日子，未必适合外出旅游。这样也就难怪广东省的长假方案受到大部分公务员支持了，因为三天时间只允许在住地周边走走，无法完成长途旅游，而这样也确实会影响全国旅游业。因此，灵活的地方长假规定有其合理性和正当性，国家取消长假并不意味着地方也不能实行长假制度。

　　值得注意的是，中央和地方存在一定的职能分工。中央的主要职责在于为全国公民提供统一的权利保障，譬如"五一"增加一天休息时间；地方职权则体现于在不违背中央法律精神的前提下，根据当地需要灵活设置地方安排。如果中央规定太多太细，必然会造成诸多不必要的"一刀切"，因而中央保障通常只能是底线要求，譬如规定节假日休息时间，而这个时间段不应该被理解为整齐划一的"五一"三天休息；只要保证了三天休假的底线，地方可以根据当地需求延长休假。这就和地方必须执行中央法律规定的低保政策，但显然有权对当地人民提供高于低保的福利是同一个道理。

　　当然，国务院之所以叫停各地长假计划，或许是出自全国步调一致的考虑。有些行业必须在同一个时间对外开放，否则必然会给工作带来不便，譬如证券市场显然必须全国统一开放。这种考虑确实是正当的，但是它只要求对少数特殊行业规定统一假期，而没有必要禁止所有行业自行调整假期。事实上，广东省显然无权改变设在当地的中央直属机构的假期，而这些机构的正常运作基本上已能保证全国经济的正常运行。广东省的长假规定只适用于地方政府部门，并对放假单位安排了相当数量的值班人员，而法院、检察院、证监局等单位也都按国家规定正常上班。这样的地方自主安排有效解除了中央的顾虑，因而应被认定为地方自主权的正当行使。只要各地并没有群起效仿广东，以致又像往年"黄金周"那样造成大面积交通拥堵等问题，中央也没有担忧的理由。

其实即便像广东省那样的"地方黄金周"计划还是体现了"一刀切"的集权管制思维，因为休假本来是公民自己的事情，政府有什么必要将其和"五一"等法定假日绑在一起？即便是地方政府工作人员也可以在不影响地方工作整体协调的情况下自行选择长假时间，地方可以按其工作需要实行工作人员轮休制度，国营、地方或私营企业更是可以根据自身需要协调安排工人轮休。多元化的假期选择既保证了地方和全国工作的连续性，又消除了"黄金周"带来的种种压力和不便，同时让全国各地各行业的人民享受真正意义上的休假，还解除了某些企业职工对待遇不公（没有长假）的抱怨。而中央惟一需要做的，只是统一保障每一位公民所应享受的带薪假期的基本底线而已，岂不省心省事？

地方不宜制定互联网立法

虽然许多事情应该坚持地方多元，不宜全国"一刀切"，但是有些领域还是应该全国统一管理。互联网就是一个典型的例子。2009 年初，江苏省人大常委会通过了《徐州市计算机信息系统安全保护条例》，禁止擅自公开他人信息资料，违者将被处以最高 5000 元的罚款，情节严重的还将在半年内被停机或禁止上机。不少网民质疑这一地方立法限制了目前颇为流行的网络监督，为贪官污吏提供了一顶保护伞。其实条例通过的方式本身就让人感觉"怪怪"的：徐州是享有立法权的"较大市"，为什么自己的立法要让省人大越俎代庖呢？虽然这种做法在国内并不少见，它只能说明地方民主立法程序不完善。如果徐州市政府确实认为有必要禁止"人肉搜索"，就应该好好征求当地选民的意见，而不是让上级代议机构通过一部限制自己辖区内人民自由的立法。但不论是江苏省还是徐州市，都不应该涉足互联网立法。某些事情的性质本身就排除了地方立法干预的合理性和正当性，网络就是一个最典型的例子。

首先，我们都知道网络是一种全国性乃至全球性的公共物品，而民主责任制的一条基本原则是立法影响的范围必须和立法主体相适应，也就是说影响全国的立法应该由全国性立法机构来制定，影响地方的立法应该由地方立法机构制定。这是因为法律既保护我们的权利，也对我们施加义务；既为我们提供福利，也要求我们为福利买单，而民主的真谛就在于自治——我们自己决定付出多少成本来换取什么利益。如果权利和义务的对应链条发生脱节或错位，后果将是十分可怕的。在一个成熟的民主社会，当官也享受某些好处（看看奥巴马在美国的人气），但前提是执政者必须给人民带来好处；如果当官的只享受好处而用不着"为人民服务"，或更准确地说，没有选举给他们带来为人民服务的压力，那么各种贪污腐败、滥用职权、鱼肉百姓的现象就见怪不怪了。

即便政府是选举产生的，立法也能代表民意，权利和义务、利益和成本的链条还是会被打破的。关键问题是，哪个民意？全国立法机构代表了全国的民意，但是管了徐州地方的事情显然是不合适的，因为大多数全国人大代表对徐州根本不了解、没感觉，这样怎么可能制定出适合徐州地方需要的立法呢？江苏省人大常委会通过徐州市的信息保护条例，就是属于越权立法——"越权"这个概念不只是适用于下级行使了本该上级行使的职权，同样也适用于上级做了本该下级做的事情。当然，徐州管了全国的事情就更不合适了；假如徐州可以决定全国的预算分配，那还不得将国库搬到徐州来啊？这个例子听上去可笑，其实绝大多数地方保护主义立法都是这么来的。就和人一样，每个地方也都是理性自私的；如果任由某个地方决定影响全国的事情，那么结果必然是对这个地方有利、对全国其它地方不利。事实上，中国目前之所以地区发展不平衡、资源分配不均衡，和各地参与并确定中央决策的能力不平等有很大关系，某些强势省份对全国经济政策发挥着主导作用。总之，即便地方立法能代表地方民意，也代表不了全国的民意，因而无权代替全国立法机构作出影响全国的决策。

徐州市的网络立法保护谁呢、限制谁呢？不论条例如何规定，我想它只能保护徐州市的人民，也只能限制徐州市内的人。我不是说徐州地区以外的中国人就不需要保护，而是说这个问题似乎没有在全国范围内经过认真的讨论，因而不太清楚他们是否需要这种保护。即便需要，这种保护的作用也是极其有限的，因为徐州立法只能禁止徐州人或在徐州境内网址上进行"人肉搜索"的行为，而无法禁止或惩罚徐州以外的人或行为；否则，徐州立法显然构成了越权立法。更何况由于网络的高度流动性，许多限制性规定的可操作性都大有疑问。因此，即使徐州立法可以对权利保障发挥一点作用，这种保障的效率也是相当低的。正如已有人指出，这种保障是没有必要的，因为当事人的隐私权早已在民法中有所规定，完全可以在现有的民法框架中得到解决。

即便立法适用范围限于徐州境内，还是会产生一系列问题。一个最大的问题就是标准不统一：同样是"人肉搜索"，如果搜索了徐州人就要面临惩罚，如果搜索了其它地方的人——哪怕也是江苏人——就很可能不用承担任何法律责任；我在徐州"人肉搜索"要承担法律责任，在其它地方做完全同样的事情就不用承担或承担不同的法律责任。偌大一个中国有多少个像徐州这样的地方？可能出台多少部不同的网络立法？这样一来，我每次上网搜索前不仅要弄清自己所在地方的规定是什么，还要弄清被搜索者所在地方的规定，否则一不小心就可能给自己沾上法律责任。这样的规定不仅给全国各地的网民们带来捉摸不定的风险和恐惧，严重限制了网络交流，而且在全国网络立法这件本来整整齐齐的大衣上打上了一堆乱七八糟的补丁，必然使全国统一的法律体系变得支离破碎、杂乱无章。

这么说来，全国人大统一立法就能解决问题吗？对于网络这样的全国性公共物品来说，全国立法固然比地方立法更优越，但是即使如此也有必要注意立法方式。某些事情是不适合通过立法管制的，否则必然造成"一刀切"。"人肉搜索"听起来很可怕，其实就是将本来分散存放在网上的信息拼凑汇总起来，并通过高调公布吸引公众注意。应该承认，这种拼合行为虽然可能在某些人看来是侵犯隐私，但是和无中生有的诽谤还是有本质区别的，未必所有人在所有场合下都对其表示反感。事实上，确实有人可能不在乎"人肉搜索"，因为自己没做什么"亏心事"，甚至希望自己成为搜索对象，因为这是一夜成名的好机会。在这种情况下，显然没有必要绝对禁止"人肉搜索"。当然，立法可以保护人的隐私。如果当事人不愿意，应该有权拒绝搜索；但是如果当事人不反对，也没有什么理由禁止搜索。这表明立法应该将主动权交给被搜索者，并主要依赖司法程序解决这个问题。如果当事人认为自己的隐私受到侵犯，可以依据相关立法去法院告，而隐私权的界定属于法院的本行，即使在没有网络立法的现行法律框架下也应该完全能够胜任。如果不告，也就表明当事人认可了搜索行为，那我们的立法者还有什么好担忧的呢？

最后，并非所有当事人都有权拒绝搜索，诸如政府官员等特殊身份的人就没有这种权利。网民们最担心的是，无论全国统一还是地方分散立法都可能削弱网络监督的力度，而这种担心不无道理。不可否认的是，从孙志刚事件到"华南虎"打假、从公务员"考察"美国赌城到房产局长抽高价烟的曝光、从沈阳防空办"最搞笑大楼"到灾区北川采购豪华越野车的公示，中国近年来的社会进步离不开网络监督，甚至可以说"人肉搜索"功不可没。如果官员可以通过手中掌握的权力禁止并惩罚针对自己的搜索，那么目前有限的一点网络监督也将荡然无存，贪官污吏将更加肆无忌惮，贪污腐败将更加严重，"官逼民反"的群体性事件将更加普遍——总之，社会将更不和谐。因此，"人肉搜索"看上去可能产生纠纷、影响和气，其实不失为保障和谐的一种途径。事实上，立法在这里失去了最后的理由——保护隐私，因为官员是没有"隐私"的。不论是否能做到人民的"公仆"，掌握公权力的官员有义务接受公众的监督和检验，隐私权的法律保护不得不大打折扣。这不是说官员的个人隐私不重要，而是保证政府廉洁的公共利益太重要了。在这个意义上，隐私权的克减是为官所必须付出的正常代价；如果有人觉得有什么不平衡的话，就当作是权力和权利（隐私）的一种公平交易吧。

徐州市政府针对网友的质疑出面澄清，地方条例只是禁止侵犯普通个人隐私的行为，并不包括针对贪污腐败等行为的监督。这一点是值得肯定的，不过对言论自由和网络监督的基本尊重仍然改变不了越权立法的事实。

叁、法治国家何以实现

——宪法第 5 条需要制度保障

    法治显然是宪政的起点，依法治国是依宪治国的基础。自 1999 年修宪之后，法治国家理念早已成为中国社会共识。1982 年宪法第 5 条规定"实行依法治国，建设社会主义法治国家……一切法律、行政法规和地方性法规都不得同宪法相抵触。一切国家机关和武装力量、各政党和各社会团体、各企业事业组织都必须遵守宪法和法律。一切违反宪法和法律的行为，必须予以追究。任何组织或者个人都不得有超越宪法和法律的特权。"

    为了实现依宪治国的理念，宪法进一步规定了"一府两院"的行政和司法权力结构。第 105 条规定："地方各级人民政府是地方各级国家权力机关的执行机关，是地方各级国家行政机关。地方各级人民政府实行省长、市长、县长、区长、乡长、镇长负责制。"第 123、126 条分别规定"人民法院是国家的审判机关"；"人民法院依照法律规定独立行使审判权，不受行政机关、社会团体和个人的干涉。"

    要实现依法行政，首先需要明确依什么"法"。法治显然不是依恶法之治，而在一个民主监督机制尚不发达的国家，还确实可能存在诸多恶法。这些"法"虽然具有法的形式，但是不仅不具备良法的内在精神，而且也往往在实体上违背了宪法等上位法，甚至不符合法定立法程序，因而只能是徒具其表的恶法，其典型例子如限制私车活动、维护出租车垄断的地方规定和早已过时的看守所条例。有的措施则在法治发达国家不失为有效的执法手段，譬如形形色色的"钓鱼"执法，但是一拿到中国就走形变样。

　　要保证依法行政，不能没有独立公正的司法机构。自 1999 年以来，司法改革的方向就是法学界争论不休的话题。在此背景下，"宪法司法化"也浅尝辄止，宪法仍然不能成为法院判案的依据。司法改革何去何从、法院究竟是否应当以宪法作为最高依据，直接关系到中国改革的方向和成败。

上访还需依法处理

上访无疑是让每个地方政府头疼的事情，因为上面不胜其烦、怪罪下来，地方领导要担责任，因而地方绞尽脑汁"息访""截访""规范"上访，本是天经地义之事。总结起来，限制上访的招数无外乎软硬两种。软的一般是在各种重大会议、重大活动等敏感时期采用的"危机息访"措施，地方政府不惜代价"花钱买稳定"，采取"人盯人"、陪吃喝、塞"红包"甚至坐飞机免费旅游的方式，只要没人上访就是"胜利"；某地为了在非常时期"稳"住一名老上访户，每年单花在他一人身上的费用就达数万元。[1]钱花了，工作人员也辛苦了，只不过花的不是自己的钱，问题也依旧没有解决，甚或培养出几个"信访油子"看准了政府软肋，每到这个当口就出来要吃要喝，所以来年还得重新"演习"一遍。

当然，软的招数一般是在硬的试了不够灵、地方不得已的委曲求全之举。至于硬的招数，花样就更多了。各地每年花费大量人力物力、大路小路"围追堵截"，成本也不低，光数人来回省城、京城"接访"一次就动辄上万元。[2]对屡教不改的老上访户，还可以送进"学习班""法制培训班"甚至精神病院，江苏响水县的上访人就从"学习班"逃跑后在外流亡了 8 个月；或将进京上访的农民实施行政拘留，[3] 甚至以"扰乱社会秩序"为名定罪判刑。[4] 危机过后，

1　见"非正常息访的背后"，《半月谈》2009 年 6 月 23 日。

2　见"乡镇干部自曝信访内幕：'截访'一次花费数万"，《半月谈》2009 年 4 月 8 日。

3　"江门农民进京上访后被拘 10 天，被要求写保证"，《南方农村报》2009 年 5 月 16 日。

4　见"云南盐津县三人上访扰乱社会秩序被判刑"，《法制日报》2009 年 3 月 30 日。

这些"待遇"自然取消，只是问题依旧没有解决，明年还得再来一次。2009 年 11 月，深圳市的中级法院、检察院、公安局、司法局联合发布的《关于依法处理非正常上访行为的通知》，属于更可持续也更法治化的硬招。[5] 作为当年改革开放的窗口，深圳这几家单位"根据深圳市委 35 次常委会议有关精神"依法治市的愿望固然可嘉，只不过"依法处理"的方式和依据并不合法。

深圳市的《通知》将 14 种信访认定为"非正常上访"，并具体规定了法律后果：如果"非正常上访"人员经警告后再次上访，可予以行政拘留；如果拘留后再次进行非正常上访，可依照《劳动教养试行办法》予以劳动教养。问题在于，深圳依据的这个《办法》还是公安部 1983 年制定的，至今已经"试行"了四分之一世纪，其存在的合法性早已受到质疑。这是因为 2000 年施行的《立法法》第 8 条明确将"限制人身自由的强制措施或处罚"，作为只有全国人大（或常委会）立法才能规定的事项；如果没有人大立法规定，别说公安部的"试行办法"，就是国务院的法规也无权规定。早在 2003 年的孙志刚事件，法学界就不止一次上书全国人大常委会，要求审查当时收容遣送条例的合法性。收容遣送和劳教措施一样，都显然构成"限制人身自由的强制措施或处罚"，而且也都从来没有受到人大立法正式规定。结果当年国务院很快自动废除了收容遣送条例，而《劳动教养试行办法》则虽然也有学者上书要求审查废除，却雷打不动"试行"至今。

《试行办法》的合法性之所以有问题，不仅仅是因为其制定主体不符合《立法法》的规定，而且因为它确实相当严重地限制了极为基本的公民权利——人身自由，而决定程序却相当简单甚至草率。刑事审判当然也可能产生冤假错案，但是起诉过程至少是在法院进行的，被告至少在原则上可以得到程序公正、"罪刑法定""无

5　见"深圳规定多次'非正常上访'将被劳教，《广州日报》2009 年 11 月 12 日。

罪推定"、获得律师辩护的机会等一整套司法原则的保护，而这一套程序保护在《试行办法》中统统没有规定；负责审查批准劳教决定的劳教委员会由地方民政、公安、劳动等部门组成，委员会成员的资质和组成方式都不明确，审查批准程序的基本公正也没有制度保障。

反观劳教处罚的力度，却未必比针对一般犯罪的劳改更轻。虽然五十年代建立劳教制度的主要目的是对罪行轻微、不够刑事处分的人进行"强制性教育改造"，甚至是"安置就业"的一种方式，但劳教和劳改一样都是对当事人自由的剥夺。和劳改相比，劳教的期限未必更短，最长可以达到三年，在此期间表现不好的还可追加一年，而刑事犯罪的最低年限只有半年。云南盐津曾以"扰乱社会秩序"为由将两名上访人判刑一年，还是缓期两年执行。深圳将"非正常上访"纳入劳教范围之后，完全可能通过比刑事定罪"简便"得多的程序作出比刑罚严厉得多的处罚。

再看"正常"和"非正常"上访之间，究竟有没有一道很清晰和可操作的界限呢？在我看来，不仅"正常"和"非正常"之间界限模糊、弹性极大，而且"上访"这个词本身就不那么容易界定。究竟什么是"上访"呢？外地人到中南海、天安门向中央政府表达自己的愿望，就一定是《信访条例》定义的"上访"吗？公民本来就有宪法第35条规定的表达自由和第37条规定的人身自由，他们去哪里、干什么本来是政府不应随便干涉的，除非他们的行为产生了确实的、明显的、严重的社会危害。深圳《通知》规定的14种"非正常上访行为"中的第一种就是到北京的某些"政治敏感地区"和"省、市、区党政机关等非《信访条例》规定的信访场所"上访，但是只要没有产生实际的社会危害，公民的表达和行为自由为什么仅限于任何规定的场所呢？一个地方政府又有什么上位法依据对规定场所之外发生的上访行为实施劳教呢？

其实不论是否在规定场所，也不论是否构成"上访"，一旦产生可见的社会危害，任何行为都要承担法律责任，深圳完全没有必要制定《通知》专门针对"非正常上访"。《通知》禁止的 14 种上访行为中有的是针对方式，譬如"呼喊口号、打横幅、穿状衣、出示状纸、散发上访材料、静坐等方式扰乱公共秩序的行为"。这些方式本身是受宪法第 35 条保护的表达自由，"喊口号""打横幅"甚至"穿状衣""示状纸"有什么罪？限度是不能"扰乱公共秩序"，但是除非中国社会的神经已经衰弱到弱不禁风的地步，这些行为本身并不等于"扰乱公共秩序"，而只是其中的某些极端方式可能会扰乱秩序，譬如大白天在办公区或凌晨两点在居民区"喊口号"——还是那句话，只要没有产生常人可见的严重后果，不论什么表达方式都不构成"扰乱公共秩序"，因而也都不应该被认定为"非正常上访"。对于那些确实产生危害的行为，则不论是否构成上访，都可以依据《行政处罚法》甚至《刑法》处置，因而没有必要专门制定针对上访的措施。

　　《通知》规定的大多数"非正常"行为都产生明显的违法后果，譬如"阻挠干扰企事业单位生产、工作、教学、科研等正常活动""拦截、强登机动车辆，影响交通工具正常行驶或者堵塞道路、阻断交通""传播艾滋病等传染性疾病""非法携带枪支、弹药、管制器具和爆炸物品、剧毒物品、易燃易爆物品、放射性物品、传染性物品等危险物品""纠缠、侮辱、围攻、殴打国家机关工作人员""无理取闹、扰乱工作秩序""捏造、歪曲事实，诬告、陷害他人""故意损坏公私财物"。试问现行法律允许这些行为吗？既然所有这些行为都完全可以通过现有的正常的法律途径加以制止，又有什么必要出台一个地方规定专门打击界限相当任意的"非正常上访"呢？

　　惩罚"非正常上访"的《通知》赋予深圳市政府极难规范而极易滥用的权力，它很容易蜕化为地方官员打击报复某些和自己"过不去"的"上访钉子户"的方便工具。实施这个《通知》的后果很可能不是保护"公共秩序"，而只是保护了某些官员的个人形象；它所制止的很可能不是"非正常上访"，而恰恰是完全"正常"的上访。或许正是出于这个原因，《立法法》第 8 条没有授权行政部门或地方政府规定限制公民人身自由的措施，《信访条例》也没有规定劳教可以作为处罚违规信访的手段。恰好相反，《条例》规定的绝大多数法律义务及处罚都是针对违法处理（或不处理）上访请求的机关工作人员；第 47 条确实简略规定了针对违法上访的处罚措施，但只是授权公安机关"给予治安管理处罚"，或"构成犯罪的，依法追究刑事责任"。劳教是对公民人身自由的严重限制，其严重程度不亚于刑罚；没有国家上位法授权，地方政府不但显然无权增加刑名，也无权擅自将劳教作为限制公民自由的处罚措施。

深圳依法治市的愿望很好，不过要"依法处理"上访问题，最好还是先撤销这个显然违法的《通知》。

"黑车"究竟"黑"在哪里

　　如今中国的事情，非要出了人命才可能受关注。继成都唐福珍自焚抗拆之后，天津静海县部分运营电动和燃油三轮车主因对集中治理"非法运营"的措施不满，闯入京沪铁路线卧轨，被快速行驶的列车造成4死5伤。报道称，静海县之所以对非法运营电动和燃油三轮车展开集中整治，是因为这些"黑车"扰乱了出租运营市场，引起交通事故频发，给群众出行带来了"极大的交通隐患"。总之，报道似乎是想表明，禁止"黑车"是有充分理由的，而"黑车"车主既已违法在先，然后又试图以非理智行为要挟政府，即便死伤惨重也是咎由自取。不过按照这种逻辑，唐福珍之死也同样是"活该"，因为她的房子其实是一个"违章建筑"，按规定即便不给任何补偿也是可以强拆的；要严格依法论事的话，她的全部抵抗行为包括自焚都是"非法"的，最后因此丧命，又能怪谁呢？

　　如果大多数人不能接受这种逻辑，那么要怪的话最后就只能怪这个"法"了。我们之所以不认为唐福珍咎由自取，不只是出于对其命运的同情，而更在于对拆迁条例自身是否合法的根本质疑。当然，理论上，拆迁暴力直接来自执法人员，而未必归咎于拆迁条例，但如果条例授权下的拆迁产生了那么多的暴力冲突和社会悲剧，我们就不得不思考条例本身乃至整个城市发展模式的缺陷了。换言之，唐福珍的屋子是"违章建筑"并不足以为整个事件盖棺论定，我们还要进一步追问究竟违的什么章？犯的什么法？这些"章法"本身是否正当合法——是否符合宪法、法律等更高层次的法？如果拆迁条例在不符合宪法要求的"公共利益"和公正补偿的情况下就授权拆迁，那么条例本身就已违宪违法，或者用明代黄宗羲的话说是"非法之法"，当然不能被用来为公民的行为定性。

　　同样，地方整治"黑车"的措施也不仅仅因为某个规定将出租车垄断行业之外的运营车辆统统贴上"非法"的标签而自动合法；就和广东商贩并不因为被称为"走鬼"而成为"鬼"一样，"黑车"也不因为被地方政府规定贴上"非法"标签就"黑"，出租车垄断行业也不仅仅被贴上"合法"标签就"白"。法治国家的公民一定要养成一个习惯，那就是但凡有政府措施出台，首先不是拿这个规定衡量自己的行为是否"合法"，而是用宪法、法律等"更高的法"(Higher Law)去衡量这个规定本身是否合法。如果规定符合"更高的法"，那么它就是国家法律体系的正当组成部分，理应严格遵守；但是如果规定本身不合法，那么它至多是形式合法、实质违法的"恶法"，本来就不是有效的法，因而应该通过各种合法途径取消之，即便表面上不取消也不应再实施，通过执法"冷处理"使之名存实亡。记得二十年前，我们还经常打击"投机倒把"；按此逻辑，今天在各大城市经营的流动商贩应被统统取缔。但是时代不同了，中国进入市场经济之后，对"投机倒把"的禁令反而成了"非法之法"，因为它不正当地限制了公民的经济活动自由，因而即便这类规定还在纸上存在，也对商贩经营失去约束效力。

　　经济活动自由是市场经济的一个基本前提，并经过历次修宪而成为中国的基本宪法原则。1982 年宪法第 16、17 条规定，国有企业和集体经济组织"有独立进行经济活动的自主权"。但我理解，这种自由并不局限于国有或集体企业，而是适用于每一个公民，因为修正后的第 11 条规定"个体经济、私营经济等非公有制经济，是社会主义市场经济的重要组成部分"，因而也应该享有宪法为国有或集体企业保障的自由；否则，如果个人没有经济活动自由，那么中国经济体制的市场特征究竟体现在何处呢？我们的"市场经济"和计划经济的区别又体现在何处呢？市场经济的基本推定就是个体经济活动自由：自由是不需要理由的，对自由的限制则是需要理由的。如果有人将自己拥有的车辆用于载客或载货等商业目的，那么这种行为首先应被假定合法；"假定合法"并不等于"合法"，法律或规定还是可以限制或禁止的，但是不能为了限制而限制，而必须"师出有名"——确实为了公共利益而有必要限制，并不抵触上位法。因此，如果"黑车"运营行为受到禁止，我们首先要追究的不是"黑车"违法，而是禁止"黑车"的合法性与合理性。

我不是出租车行业专家，不清楚所谓的"黑车"运营究竟对地方公共利益造成了什么危害，但可以十分确定的是任何限制"黑车"的规定都必须为确凿的理由和具体的证据所支持。当年禁止"投机倒把"，想必也是言词凿凿；事实上，和"黑车"一样，"投机倒把"这几个响亮的贬义字本身已经将行为定性了，但是当年禁止"投机倒把"的规定有几条理由经得起今天检验呢？说"黑车"扰乱了"出租运营市场"，很可能只是打破出租车行业垄断的另一种表达；至于"交通事故频发"是否确实由黑车引起、"极大的交通隐患"究竟体现在哪里，也不应只听和出租车垄断利益有纠葛的地方政府一面之词，更不应该只言片语就能蒙混过关，而是必须摆出确切的证据来。没有事实和法理的支撑，静海县整治"黑车"的行动本身便涉嫌违宪，真正需要规范整治的恰恰是表面合法的垄断行业；"黑车"只不过是被抹黑的经济活动自由，而剥夺了这个自由和车主赖以谋生的手段，那么就和剥夺商贩崔英杰的活动自由或拆掉唐福珍的"违章建筑"一样，杀人、自焚、卧轨等形形色色的社会悲剧就不可避免了。

因此，黑白并不像看上去那么分明；但是孰黑孰白，倒确实是要弄清楚的。

看守所管理必须法治化

2008 年，当我看到辽宁葫芦岛市看守所发生死人事件的报道时，还曾经撰文对看守所里会死人表示惊讶，如今则早已见怪不怪了。短短一年内，媒体又报道了好几起类似事件，光是 2009 年造成全国关注的就有发生在云南晋宁县看守所的"躲猫猫"事件，还有人居然"做恶梦"死在了江西九江看守所，真是无奇不有。这些事件再次证明了孟德斯鸠的经典智慧——凡是在权力过分集中的地方，自由就消失了。为了保障基本人权，政府有必要实行分权制约，而且不仅有必要实行立法、行政、司法的"大分权"，在行政内部还有必要实行侦查、羁押、监狱等职能的"小分权"；否则，看守所不但死人、而且频繁死人确实不是什么新鲜事儿。

看守所是什么地方？很简单，看守所就是在司法判决前羁押犯罪嫌疑人的场所。那么看守所为什么会频繁出事呢？其实要弄清楚并不难，只要看看 1990 年颁布的《看守所条例》和公安部自 1991年起"试行"至今的《实施办法》便可略知一二。《条例》开门见山地规定："看守所是羁押依法被逮捕、刑事拘留的人犯的机关。"犯罪嫌疑人一到那里就成了"人犯"，可见这部《条例》一点也没有体现刑法学界近年一直提倡的无罪推定原则。我不清楚看守所的"人犯"和监狱里的"犯人"有什么区别，但是根据这个定位，看守所被赋予了比监狱更多的职能。至少监狱关的是"已决犯"，公安不再需要介入；看守所关的则是"未决犯"，侦破和审讯是公安的重头戏。看守所的任务除了武装看守和保障安全之外，还包括"对人犯进行教育，管理人犯的生活和卫生，保障侦查、起诉和审判工作的顺利进行"（第 3 条）；"看守所应当对人犯进行法制、道德以及必要的形势和劳动教育"（第 33 条），"组织人犯进行适当的劳动"

（第 34 条），"促使人犯遵守监规，如实讲清问题，积极检举揭发监内外的违法犯罪活动"（《实施办法》第 41 条），并根据"人犯"的表现给予奖惩。这样，集收押、侦破、教育、奖惩等诸项大权于一身，看守所的管理权自然膨胀得无边无际、无拘无束、无法无天，看守所里发生滥用权力、剥夺人权乃至致人死亡的事件也就不足为奇了。

看守所的定位混乱和权力集中不仅致使看守所自身管理无法得到法治化，而且还直接导致刑讯逼供屡禁不止。我原以为佘祥林等冤案引起两高出台一系列纠偏措施，便足以基本杜绝此前盛行的刑讯逼供和超期羁押现象，但是从当时的报道看，这种想法显然过分乐观了。2009 年 3 月，陕西丹凤县的 19 岁高中生徐梗荣在审讯中"由于外伤、疲劳等原因引发心跳骤停死亡"。刑讯逼供之所以在中央严令禁止的高压下仍屡禁不绝，一个重要原因正在于"人犯"被羁押在看守所，而看守所正是公安机关自己设置和掌控的单位。在拘留和逮捕期间，公安机关正是在自己控制的看守所内进行侦查和刑讯，而这是一个相当长的阶段。根据《刑事诉讼法》的规定，公安机关可以对符合条件的"现行犯或者重大嫌疑分子"进行拘留（第 69 条），拘留期限一般不超过 3 日，特殊情况可以申请延长到 7 日，对于"流窜作案、多次作案、结伙作案的重大嫌疑分子"可以申请延长至 30 日。接下来，公安机关如果认为有必要向检察院提请批捕。检察院批捕后，侦查羁押期限一般不超过两个月，但是如果"案情复杂"可以经上一级检察院批准延长一个月（第 124 条），对于符合特殊条件、期满而不能侦结的案件可以提请省一级检察院批准再延长两个月（第 126 条），对"可能判处十年有期徒刑以上刑罚"的犯罪嫌疑人可经省检察院批准最多延长到七个月（第 127 条）。

也就是说，即便不发生超期羁押，在起诉前的好几个月里，犯罪嫌疑人可以说一直被"捏"在公安部门手里；公安人员要什么时候提审就什么时候提审，要怎样审讯就怎样审讯。虽然《刑事诉讼法》规定了侦查和讯问程序，虽然修改后的《律师法》为保护犯罪嫌疑人的权利提供了更多便利，但是在缺乏外部监督的情况下，这些法律保护难以落实。既然在"自家地盘"上干什么都没人管，某些公安人员违法诉诸刑讯逼供的现象就在所难免了。

由此可见，要保护犯罪嫌疑人的基本权利、防止看守所内悲剧重演，根本之道在于看守所职能的重新定位及其相应的制度调整。首先，既然犯罪嫌疑人不是任何意义上的"犯人"或"人犯"，看守所应当剥离所有的教育、劳动、奖惩和侦破等繁杂职能——在司法审判之前，连收押人员是否犯罪都还没有定论，教育、奖惩又从何谈起？强制劳动岂不是剥夺了公民的基本人身自由？看守所的职能很简单，就是不适合取保候审或监视居住的犯罪嫌疑人的审前羁押场所；看守所的任务不是别的，就是看守犯罪嫌疑人并保障他们的安全，直到司法审判结束。当然，在羁押期间，公安机关仍然可以进行审讯，不过这是公安的事情，不是看守所的任务。一旦侦查、刑讯和羁押诸权合一，看守所就是公安局的后院，那么犯罪嫌疑人就仿佛被关在一个不见阳光的黑箱子，他们的基本人权当然很难得到保障；要保护犯罪嫌疑人的基本权利，羁押必须和侦查与审讯过程相分离。

在制度上，看守所职能的重新定位意味着看守所必须脱离和公安机关的隶属关系，羁押和侦察分离必然要求看守所和公安"分家"。在法治国家，看守所一般属于司法部门的管辖范围；也就是说，犯罪嫌疑人被拘捕之后很快就从警察手中转移到法院的控制范围。在英美国家，"人身释放令"(Writ of Habeas Corpus)是一项历史悠久的权利，犯罪嫌疑人有权上法院挑战拘留违反了正当程序。《欧洲人权公约》第 5 条规定："每一个被逮捕或拘留的人都应被迅速带到法官面前，并有权在合理时间内受到审讯或在审讯前暂时保释。"许多国家都要求警察必须在 72 甚至 48 小时内将犯罪嫌疑人移交给法院，例如德国《基本法》第 104 条第 3 款明确规定："因涉嫌犯罪而被暂时逮捕的任何人，都应在不超过逮捕的第二天即被送交法院。"因此，法治国家看守所实际上被"司法化"了。既然犯罪嫌疑人在羁押期间的审讯是在司法控制的领地上进行的，警察或检察官当然不可能在众目睽睽之下胡来。

中国法院或许没有管理看守所的能力和习惯，但是看守所完全可以模仿现有的监狱管理模式，从公安机关转移到司法部。不论司法部是不是管理看守所的最佳机构，实现羁押和侦查分离本身就是一个巨大的进步。毕竟，司法部和公安部并非一家；公安机关不能再在自家"后院"审讯，一切都得在"别人家里"进行，而司法部既然有义务负责看守所人员的安全，自然也不敢掉以轻心，随便允许刑讯逼供在自己的管辖范围内发生。具体措施很可能大同小异，譬如审讯室都会按上摄像头和透明玻璃，但是执行力度会大不一样（目前不少看守所的摄像头似乎特别不管用，经常在关键时候"失灵"）。正如孟德斯鸠所预见的，分权是对自由的有效保障；羁押和侦查的分离通过约束公安权力保护犯罪嫌疑人的基本权利，至少有助于防止刑讯逼供等屡禁不止的违法行为，使看守所管理走上法治化轨道。

当然，权利是有代价的；分权往往会降低效率，保护犯罪嫌疑人的权利很可能意味着给公安侦破带来麻烦。原来公安侦查和审讯就是在自己的单位上班，现在得和另一个部门打交道；原来想怎么破就怎么破的案件，在现在的侦查条件下可能破不了了。事实上，看守所本身的一大功能就是帮助公安机关"深挖余罪"，获得一般侦查手段得不到的犯罪证据，据说高达 1/4 左右的案件是在看守所里侦破的。一旦看守所改变职能定位并脱离公安管辖，至少很难再发挥侦破余罪的功能。这也许是一个我们不得不面对的价值选择：究竟是让公安更有效地侦查断案，还是给犯罪嫌疑人更多的人身保护？然而，刑事程序的法治化不只是国际惯例，而且也是中国自己的选择。难道沉默权和无罪推定就不会阻碍破案吗？难道收回死刑复核权就没有成本吗？大多数刑讯逼供和超期羁押不正是为了破案而实施的吗？但是我们仍然选择禁止刑讯逼供和超期羁押，仍然接受了沉默权和无罪推定原则，仍然收回了死刑复核权……权利确实是有代价的，但是我们并没有因为代价就放弃了权利——不是因为我们不在乎代价，而恰恰是因为我们看到放弃权利意味着更大的代价。

既然如此，看守所有什么理由例外呢？要防止"躲猫猫""做恶梦""由于外伤、疲劳等原因引发心跳骤停死亡"等形形色色的怪事重演，看守所除了法治化之外别无选择。

假如换一种方式"钓鱼"

　　2009 年发生在上海闵行的"钓鱼执法"受到社会一致声讨，法院已经在没有悬念甚至没有实质性辩论的情况下判决原告胜诉、"钓鱼"违法。稍后，深圳社保局又涉嫌"钓鱼"，执法人员假扮患者用他人就诊卡就医，并整治了 18 家不核卡的定点医院，使这个名词再次成为热闹的话题。[1] 一时间，"钓鱼执法"似乎成了违规执法的代名词。其实"钓鱼"未必一概违法，是否合法则要看钓的什么"鱼"和怎么"钓"的鱼。

　　要证明"钓鱼"可以合法并不难，不少法治国家都存在"钓鱼执法"现象。譬如美国不少地方规定只有成人才能进入色情影院，而这些影院只有在核查观众的身份证并确认其达到年龄之后才能放行。为了保证影院老板遵守规定，"钓鱼执法"就来了：警察雇几个未成年人去影院，如果影院为了牟利或出于疏忽不核查也不阻止，立刻就成了钩上之"鱼"。同样，几乎所有的州都规定只有达到法定年龄才能买酒；如果超市或酒店不核查身份年龄就任其把酒拿走，完全可能成为"钓鱼"对象。有时我们也在电影上看到女警察假扮妓女，勾引嫖客上钩；如果这一幕在中国上演，又不知会引发怎样的社会议论……无论是哪种情况，"钓鱼"确实只是一种正当的取证方式而已。

　　因此，"钓鱼"是可以合法的，而合法"钓鱼"有几个共同点。一是目的正当，也就是"钓鱼执法"确实是为了公共利益而执行合宪的法律或合法的规定。如果真实目的是为了警察自己敲诈勒索，那么动机显然不正；或所谓的"打击黑车"其实只是为了维护垄断

1　　参见"深圳'钓鱼'展现的法治意识和公众阴影"，《南方都市报》2009 年 11 月 20 日。

行业的既得利益，[2] 那么所执行的规定本身就违背了公共利益，因而虽然表面"合法"，其实只是黄宗羲所说的"非法之法"。如果属于这些情况，那么有关部门只是在"钓鱼"，而不是在执法，或即使执法所执行的也是侵犯公共利益的"非法之法"。由此衡量，上海"钓鱼"执法的目的首先成问题，"打击黑车"的正当性也大可商榷。

二是手段合理，也就是"钓鱼"作为一种执法手段必须能合理实现正当的法律目的。如果所采用的"钓鱼"方式并非有效的执法手段，真正的"鱼"钓不上来，甚至"钓"上来的都是合法良民，那么即便目的正当，也不可能通过这种方式实现。以上列举的雇用未成年人进入成人影院或去商场买酒都可以算是合理"钓鱼"，而闵行"钓鱼执法"之所以受到一致声讨，主要是因为这种方式不只是不合理，而实在是太恶劣了，简直就是在设局陷害还有善良之心的公民。当前中国的社会道德本来就已经是一种稀缺资源，很多人都害怕救人不成反被栽赃索赔而不愿意出手相助；在这种情况下政府再用这种方式"钓鱼"，引起社会质疑乃至谴责岂不很正常。不合理的"钓鱼"方式不仅不能促进正当的法律目的，反而是进一步损害公共利益的祸首。

三是手段必要，也就是"钓鱼"应仅限于不"钓鱼"就无法执法的少数情形，即便在法治国家也应少用慎用；只要可通过正常手段有效执法，就不应采取这种非常方式，尤其不得通过"钓鱼"诱导公民违法。这是因为"钓鱼"本身让政府扮演违法者的角色，通过违法的形式实现合法的目的，因而一不小心就可能"弄假成真"，为公权力的滥用创造机会。"钓鱼"对执法人员的素质要求很高，"钓者"必须能够拒绝"钓鱼"带来公权私用的腐败机会；如果这个条件满足不了，即便必要也不能采取这种手段，否则只能像闵行

2　譬如见邝子谦："'钓钩'背后是出租行业垄断作祟"，《中国青年报》2009 年 10 月 22 日。

"钓鱼"那样为害良民。因此，同样是"钓鱼"，在法治国家可能是有效执法手段，但是到了法治条件不成熟的国家就成了陷害公民的圈套，各地必须根据"国情"量力而行。也许闵行"钓鱼"的初衷并不错，但是之所以一用起来就出大错，都是因为决策者没有充分考虑执法素质这个基本"国情"。

在很多人看来，中国"国情"就是农民多、素质低，似乎永远停留在康梁那个"制度未立、民智未开"的年代，所以不适合照搬西式选举或司法独立之类的东西。我同意中国和任何国家一样都有自己"国情"，但是完全不同意这种自我贬低。恰好相反，我认为中国最基本的"国情"不是人民素质低，而是官员素质低和公权力不受有效控制，因而制度设计必须考虑这层因素。闵行钓的"鱼"本身就很说明问题：它选择的对象是生活在社会下层、背着违规黑锅因而只能默默辛苦谋生的"黑车"司机，而不是有权有势的政要、老板或哪怕是高级白领。掌握公权力的决策者当然不会钓自己的"鱼"，那些有足够实力和"钓者"讨价还价甚至称兄道弟的当然也不会成为"鱼"。这样一来，"钓鱼"成了一门相当有选择的艺术；弄不好，普罗大众的公共利益反而成了公权力钩上之"鱼"。

总之，"钓鱼"未必一概违法，具体情况须具体分析，譬如深圳"钓鱼"的性质似乎就和上海不同，是否合法仍有商榷余地。既然如此，公众也没有必要一概反对"钓鱼"。假如换一种方式"钓鱼"，假如钓的"鱼"不是小老百姓，而是像上海陈良宇、江宁周久耕、郑州逯军那样"雷人"的官员，社会不但不会反对，恐怕连鼓掌还来不及呢。

缓解危机无需"危机司法"

为了配合国家经济政策，最高法院在 2009 年 1 月出台了"暖企"司法政策，目的是维持企业稳定，通过灵活多样的方法帮助债务人度过目前的财务危机。在此基础上，广东省检察院公布了帮助企业解困的"十条意见"，要求"慎重"、宽大或"酌情暂缓办理"某些犯罪情节轻微的经济案件，监督纠正侦查机关对"涉企"案件违法冻结、查封、扣押款物、违法取证、刑讯逼供、滥用和随意变更强制措施等问题，做到"五个正确区分"和"六不准"，帮助当地企业度过经济"寒冬"。

危机时期需要危机政策，司法机构为缓解危机发挥一定作用，似乎无可非议甚至可以说是其职责所在。即便在法治发达国家，司法也不得不在危机的现实需要面前让步。最经典的例子就是美国"新政"。为了应对 1929 年爆发的"大萧条"，罗斯福总统和国会颁布了一系列缓解危机的法律，其中许多被最高法院判决违宪。虽然最高法院最后迫于形势改变了立场，但这种判法在当时不仅不能算错，甚至可以说是依宪判案的典范，因为按照宪法正当程序等条款的传统解释，不少改革措施确实"违宪"。在以后好几年中，最高法院和总统与国会一直相持不下，直到法院内部"换血"才改变了多数立场，最终在没有修宪的情况下修改了宪法解释，使之更符合社会发展的需要。在当前的经济危机中，或许也有必要相应调整司法政策，但是和立法与行政不同，司法毕竟有自己的特殊性，不能像墙上草那样随风摇摆。对于目前最高法院和地方司法政策的合理性与必要性，需要具体问题具体分析。

在我看来，"暖企"司法政策大致可以分为三类。第一类是实实在在的司法解释的正当调整，譬如最高法院要求对不属于恶意逃避债务的负债企业慎用强制执行措施；如果企业只是因为一时资金短缺确实无力还债，但仍处于正常经营状态并有发展前景，那么包括司法机构在内的有关部门有义务灵活适用法律，帮助企业度过经济危机造成的难关。这种做法仍然是在法律授权框架之内，因而本身就不违法；如果说有关立法在字面上得不出最高法院的变通解释，那只是因为立法者在制定立法的当时没有遇见上年底发生的经济危机所造成的困难，而司法只是在立法不能及时修正的情况下将自己放在立法者的位置上，临时代替立法者做出更适合社会需要的灵活解释。如果立法者自己有机会在同样的经济危机下重新考虑立法，也会做出同样的判断，而在中国各级人大仍然难以及时发挥有效作用的情况下，司法变通显得尤其有所必要。

第二类是司法政策超越法律授权范围的不正当调整，譬如在查办企业经营管理者和关键岗位工作人员的职务犯罪案件过程中，广东省高检要求检察机关"及时与主管部门或企业领导沟通"；如果这种"沟通"实际上就是指征求企业领导同意，那么就构成了对立法的违法延伸或篡改，因为《刑法》显然是没有这项要求的，经济犯罪是否存在也显然不取决于企业领导的看法。虽然司法有义务在危机时期临时变通，但是变通不是没有原则的，经济危机并不授权司法者违法；除非万不得已，司法仍然应该在法律规定的范围内运行，不应突破现有的法律框架。正因为我们希望保证司法的中立性和独立性，我们不能让司法者随意代替立法者立法，因为立法是要体现民意的，由一个通过选举代表民意的代议机构负责立法要比司法机构保险得多。即便在危机状态下，也不应该随意打破民主立法的基本原则。

以上两类其实只是这次"暖企"政策的例外，大多数政策属于第三类，也就是司法本来就应该履行的职责，和此次危机并没有直接关系。譬如广东高检要求对涉嫌犯罪但目前仍在营运的困难企业慎用查封、扣押、冻结等措施，对查办涉及企业的贪污贿赂犯罪则要严格把握法律政策界限。难道在平时就可以随意使用查封、冻结等非常措施吗？难道司法机构不应该在任何时候都准确把握法律界限吗？省高检规定的"五个区分"和"六不准"同样是平常时期的司法职责，譬如正确区分"经济纠纷与经济犯罪""合法收入与贪污受贿""资金合理流动与徇私舞弊造成国有资产流失""企业依法融资与非法吸收公众存款"等界限，难道这些不都是司法在处理日常经济案件中应该把持的基本标准吗？而对于受理涉及企业举报线索的案件，不准"随意冻结企业账号""随意查封企业账册""随意发表影响企业声誉的报道"或"随意抓走企业技术业务骨干"，显然也不只是适用于危机时期——难道在平时司法就能纵容"随意"吗？

由此可见，应对经济危机固然需要特别的危机应对政策，司法也可以在法律授权范围内做出有限变通，但是司法的主要任务还是将平时该做的工作做好。司法机关的主要职责在于依法判案，为市场经济发展提供良好的法治环境。在一般情况下，司法不宜直接介入立法政策，否则很可能适得其反。在特殊条件下，譬如国家遭遇严重的经济危机，司法确实应该配合国家的总体方针，但是为了防止司法任意性，这种类似紧急状态下的临时性措施还是在存在立法授权的情况下更为妥当。危机时期的政策变通是非常态的，因而具有不稳定性，而法治恰恰强调司法的常规性、确定性和稳定性。在非常时期，法律和政策可以做出灵活变通，司法也应该跟上社会需要，适当把握宽严尺度。但是司法的主要任务仍在于保证政府措施符合某些基本法治原则，而不是和立法与行政机关一样全面直接介入国家经济。在法治国家，司法的主要任务不在于配合立法和行政改革措施，而是从政治中立的立场独立审查有关措施的合法性与合理性。即便在危机时期，司法的主要任务依然是做好日常的司法工作，而不是代替立法者变通立法。

当然，某些"暖企"政策暴露了立法本身的不足。譬如广东高检的"意见"要求对涉嫌一般犯罪的企业高管或技术骨干，在确保刑事诉讼顺利进行的前提下可不采用拘留、逮捕等措施。如果刑事起诉可以正常进行，有什么必要采取拘留和逮捕措施？事实上，这项规定不仅适用于危机时期的企业高管，而且也应该在平常时期适用于不涉及人身伤害的一般案件被告。然而，根据《刑法》规定，这些限制人身自由的措施却成了几乎所有刑事起诉的正常前奏。在目前的危机形势下，固然有必要对企业高管网开一面，但是人性化的刑事诉讼程序显然不只是特殊人群在特殊时期的特权，而应该是普通人在平时就应该享受的普遍人权。这种根本意义上的法律进步当然不是司法政策的临时变通所能企及的。

我希望此次经济危机不只是让我们"头痛医头、脚痛医脚"，而是作为改革立法和司法体制的契机，更多地帮助我们看到并革除日常立法和司法体制中的弊病。中国企业和企业家平时就需要立法和司法的有效保护。不要等到危机来临之后，才想到要保护中国的中小企业及企业家。难道危机过后，司法就可以随意整治企业和企业家了吗？不论在平时还是危机时期，尊重法治原则的常规司法都是对中国经济发展的最有力支持；一旦危机来临，司法能做的其实很有限。总之，缓解危机不能指望这种运动式的危机司法。

司法改革的真问题

司法改革断断续续进行了十个年头，今天似乎走到了谁都不满意的地步。在法治国家，虽然官员腐败也偶有所闻，司法腐败还是十分鲜见的，但是在转型中国的改革过程中，不仅司法不公、司法腐败、"吃了原告吃被告"早已成了市井百姓耳熟能详的词语，而且腐败方式花样翻新、层出不穷。譬如一些地区的法官违规经营入股企业，竟雇佣职业经理人作为"替身经理"帮助打理。2009年"两会"期间，一位广东代表当场揭露某市副检察长到处滥用检察权为自己捞好处，被老百姓称为"打捞队长"。十年改革不能说没有成就，但是改革过程中确实出现了许多问题。问题是有目共睹的，但是对造成这些问题的根源却见仁见智，而不同的归责方式决定了不同的改革方向。

一种归责方式是将司法改革过程中出现的腐败现象简单归咎于司法改革本身，认为过去十年主张的司法职业化造成法官高高在上、照搬法条、脱离群众，致使司法判决不能"让人民满意"，主张法官"放下法槌、脱下法袍"，回到"田间地头"、深入群众办案。河南省高级法院就是推行"司法大众化"的急先锋，该院院长的一句名言是"你要穿法袍就和群众保持距离了"。据说河南法院改革的第一项措施是推行"马锡五审判"，以巡回审理、就地开庭、方便当事人诉讼为目标，同时重视调解和接访，"争创无赴京上访法院"。这类改革不乏新意，但基调是回到改革前的司法政治化状态，强调司法不仅不能独立，而且需要加强政治控制和监督。

另一种归责方式则针锋相对，认为司法不公和腐败恰恰是因为改革不到位造成的。司法公正的前提条件是法官作为中立裁判者的制度保障，而在权力干预无孔不入的制度环境下，司法腐败只是司法制度不健全的必然体现而已。十年司法改革确实产生了一些可见的成效，譬如警服换成了法袍，法官头上大盖帽不见了、审判桌上多了个法槌，但是说实话，改革的形式多于内容，不仅司法人员的思维和素质没有根本改变，而且司法系统内外的权力结构都基本保持原样，甚至因为司法改革引入法官的"三六九等"、业绩考评等制度而加剧了权力干预的制度化。现在走"回头路"不仅不能解决任何实质问题，而且将葬送本来已经举步维艰的法治进程。

其实两种主张都有各自的道理，而许多道理光说是说不清的，实践才是"检验真理的唯一标准"。不论我个人认同哪种主张，我都赞成放到实践中去试试。一方面，我认为司法职业化改革确实浅尝辄止、流于形式；在这种状况下将司法腐败的责任归咎于司法改革，显然是根据不足的——司法根本还没有职业化，职业化之弊从何谈起呢？因此，我主张建立"司法特区"，给司法职业化一个真正的机会；到那个时候再论司法职业化的利弊，应更有针对性和建设性。我想即便反对职业化的人士也应该赞成这种主张，因为既然你们坚信职业化有害无益，那就等着看"洋相"好了，到那个时候你们会有更实在的"子弹"，而不只是像现在这样放空炮。当然，司法大众化也完全可以有自己的"试验田"。我很高兴看到河南省似乎已经成了这块"试验田"，并期待若干年后它能为我们评价大众化的利弊提供实实在在的证据——如果河南试验确实可以被定性为"大众化"的话。

不过在此之前，仍有必要保证这场争论的焦点集中在司法改革的真问题而非假问题上。什么是中国司法改革的实质问题？实质问题显然不在于法袍或法槌这些外在形式。那些当初认为只要一穿上法袍、一拿起法槌，法治理念就从审判人心中油然而升的主张显然是太天真乐观了；假如那样，服装设计师和裁缝就能帮我们批量生产合格的法官。同样，"放下法槌、脱下法袍"也未必意味着法官就不"脱离群众"了；如果不健全的审判制度还是给审判者留下太大的腐败空间，那么即便我们的法官都成"两腿泥"也照样"吃完原告吃被告"。虽然某些外部条件的改善或许是必要的，我从来不认为司法职业化就是脱下警服和大盖帽，更不在于造起外表气势恢弘的豪华法院大楼。一位称职的法官当然不是不食人间烟火、只知道背法条的书呆子，当然可以在一定程度上"深入群众"、了解民情，因为如霍姆斯所说，法律的生命确实不在于逻辑，更不只是名词解释，而在于经验，在于具体的社会生活。司法职业化从来不是要免除法官熟悉社会、体察民情的义务，而是要将法治和公正的基本原则落实到具体的社会生活中去。

事实上，如果说马锡五模式的就地开庭、田间办案有什么好处的话，我看最大的好处就是保证各方当事人尤其是相对弱势的老百姓公开平等参与的机会。就地开庭也许可以节省一点成本、增加一点便利，但是这些好处似乎是极其有限的。如果法官可以像法律规定得那样处理案件，中国的诉讼成本其实并不高，我也不相信农民等弱势群体就没钱去法院打官司。问题是对他们来说，法院"门槛"太高，法院的"水太深"，他们看不见、听不到、摸不着的幕后交易太多，这样的官司他们确实打不起，更赢不了。如果我们的司法改革不能从制度解决这个问题，那么不妨试试就地开庭，这样至少可以把法官从深不可测的法庭上拉出来，到外面"晒晒太阳"，或许有助于减少幕后操作。不过如果这招不灵，法官还是当着双方的面说一套，背着某一方又做一套，或者不管各方怎么说，最后还得听领导，那么看上去再"草根"的审判（或调解）方式也无助于司法廉洁。

换言之，关键不在于审判或调解在哪里进行，或法官穿不穿制服，而在于审判程序是否能按照现代法治原则做到基本公正；如果不能保证程序公正，如果当事人缺乏参与审判的平等机会，无论哪种形式改革都不能防止司法腐败。因此，司法改革的真问题既不是法官究竟应该高高坐在堂上根据法条判决，还是下到田间和群众共同断案，也不是法官是否应该"脱下法袍、放下法槌"，而是如何实质性地落实审判程序公正。不错，程序公正看上去只是一个"形式"，但是落实程序有形式和实质之分。我认为继续纠缠于表面形式是徒劳无益的。司法职业化强调程序公正，但是程序公正显然不等于法袍、法槌这些外在形式，也不等于法官高高在上的表面权威；司法民主化侧重实体效果，但是这种效果显然也不可能在形式上反其道而行之就能实现。归根结底，如果我们不能保证当事人的平等机会，如果法官不能履行避免单方接触和幕后交易的基本职业规则，那么无论哪种形式主义改革都不可能实现司法廉洁与公正。

在司法大众化和职业化之争的背后，还隐藏着一个更为宏观的"普世价值"和"中国特色"的立场分歧。那些主张大众化的部分人士认为，司法职业化改革盲目崇拜西方主流模式，丢弃了中国过去几十年形成的据说行之有效的传统办法，主张抛弃"西方崇拜"，强化上级对下级的监督和指导。我不得不说，这种主张在本质上是要退回到人治时代，不仅违背了法治的基本规律，而且也是和三十年改革开放的基本精神背道而驰的。任何人都不能否认的是，崇尚法治不是崇洋媚外的结果，而是中国人民和政府在饱受人治和政治运动之苦后达成的一致共识。假如革命时代形成的某些政治传统确实如某些人主张的那样对于治理当代社会行之有效，那么中国当年为什么还要改革开放？为什么还要建立市场经济和法治国家？这种主张的根本错误在于将民主、法治、人权这些中国宪法明明白白规定了的东西作为"西方崇拜"，而将人治、政治控制、权力干预等中国宪法明确反对的东西作为"中国特色"。既然混淆了基本是非并早有前车之鉴，这种主张在中国的失败只是一个时间问题。

河南高院院长之所以主张"只能加强，不能削弱"上级对下级的监督指导，据说是因为"地方往往受到各种关系的干扰，上级的监督会使得下级法院判得更准确"。下级法院"受到各种关系的干扰"很可能是事实，但上级监督是否能排除干扰却是一个大大的问号。难道上级法院就一贯正确吗？难道上级不同样可能"受到各种关系的干扰"，只不过进入这个关系网的台阶更高了、有能耐"干扰"的人更少了而已？权力确实需要监督，但并非任何事情只要加上"监督"二字就变得清白乃至神圣起来，因为"监督"也是同样会被滥用的权力，有些腐败正是在监督过程中产生的。就拿那位"打捞队长"来说，他捞钱的资本正是他作为检察官所掌握的监督权。原来最高检察院为了预防职务犯罪，授权检察机关派人前期介入许多项目的招标投标的过程，而正是这种"全程监督"方便了甚至可以说造就了检察院中的某些贪官，就连那位本来和预防犯罪没有关系的"打捞队长"也来插一手。

由此可见，自上而下的监督虽不失为一种控权方式，但是绝非从源头上杜绝腐败的万全之策；完全依赖上级监督非但不能消除腐败，而且只能改换腐败形式并将产生新的更大的腐败。如果我们不能从制度上保证司法人员廉洁自律，只能依靠上级领导的个人品德、觉悟、能力和魄力，那么这不是从法治向人治的倒退又是什么呢？如果河南省的各级司法机构只能靠加强上级监督才能维持基本廉洁，最终整个司法系统的廉洁都维系在一两个领导身上，那么即便我们可以假定该省的高院院长不仅能够保持个人廉洁，而且也有能力有效监督省内每年成千上万的司法行为，这位院长过几年退休之后河南司法怎么办？如果这个问题的惟一答案就是"再找一个好院长"，那么这不是赤裸裸的人治又是什么呢？在这种司法监督模式下，我们难道没有理由为河南法治的前景担忧吗？如果正是这种忧虑让我们十年前就在宪法中明确加入"依法治国"和"法治国家"这样的基本共识，为什么十年后的今天反而有人出来公开质疑这个基本点甚至反其道而行之？

预防司法腐败的根本不在于自上而下的领导监督，而在于自下而上的社会监督。事实上，河南高院院长在这方面的作为值得大书一笔；我甚至现在就可以断言，到这位院长退休的时候，他会发现这才是真正值得骄傲的造福河南法治的制度遗产。据报道，除了法律规定不能公开的之外，河南高院的裁判文书已在 2008 年底全部对外公开，不少中院的判决书也已经公开，据说所有基层法院的判决书到下半年也都要上网公布。"阳光是最好的防腐剂"，审判和判决公开是防止腐败的最有效制度。"名不正，则言不顺"；如果判决有猫腻，那么任凭判决者巧舌如簧，判决书中必然会留下不能自圆其说的蛛丝马迹，而"人民的眼睛是雪亮的"，腐败判决必然逃不过社会大众和法学界的检验。这样，无需上级劳神，司法腐败通过正常的上诉和纠错过程就基本消除了。这才是保证司法公正和廉洁的长久之计。当然，在法治基础相当薄弱、人治依然相当严重的现实环境下，上级监督和指导可以发挥一定的作用，但是任何一位有远见的领导都不应以延续人治的方式行使权力，而是应该利用难得的机会建立推动法治进步的长效机制。公开判决乃至其中的反对意见是司法改革早已应该做也完全可以做的事情，不这么做只能算是各地法院领导的失职。

自 1999 年开始，司法改革虽然已进行多年，但是实质性改革尚未起步——换言之，现在正是地方司法试验大有可为之时。至于具体措施及其形式究竟利弊如何，一是需要时间检验，二是也未必存在统一的标准答案。调解也许能妥善解决河南大部分案件，但是北京、上海等省市的法院很可能还是得以判决为主，或至少发现调解并不具备绝对的天然优势；某些县城或乡镇的法官也许可以到田间地头和群众一起断案，但是大城市的法官很可能还得穿着法袍端坐在审判席上判案。因此，让我们不要再为穿不穿法袍、拿不拿法槌之类的表面形式争来争去，也不要总是用"西方崇拜""本土国情"之类的标签代替实质性论辩。河南高院正在推动的判决公开制度想必是河南乃至全国的法院一直都没有的，判决不公开难道不一直是"中国特色"吗？现在实行判决公开不正是典型的"西方崇拜"吗？这种贴标签、扣帽子的做法只能让我们回避司法改革的真问题，让我们的争论变得徒劳、无谓甚至扭曲、误导。

和经济改革一样，中国未来的司法改革仍然是"猫捉老鼠"的一场比赛。这场比赛曾经淘汰了计划经济，让我们发现了市场经济这只"好猫"；同样，各地司法试验的竞赛和淘汰也将帮助我们发现最适合中国或至少中国某个地方的法治模式。我最后只想强调，司法改革不仅需要解放思想，而且也需要建立客观、公正和公开的评价标准。任何改革的成效都不是改革者自己说了算的，人民永远是改革的最终决定者和推动者。经济改革是如此，司法改革也是一样；地方司法改革的成效显然不能只由当地高院院长说了算，而是应该在言论自由的环境下让全国的媒体、学者、当地的法官和老百姓等多方共同参与决定。在一个基本公正的评价体系下，中国司法改革虽然困难重重，但前景依然是光明的。

司法定位与改革走向

　　2008 年"法盲院长"上任以来，关于司法改革的"书生论剑"已经进行了一段时日，我的感觉是现在有必要"正本清源"，弄清楚我们究竟在争论什么。因为何兵教授等学者主张"司法民主化"，不过所谓的"民主化"似乎主要体现在陪审团制度上。以此逻辑推断，结论必然是美国司法体制是世界上最"民主"的，因为联邦宪法规定不仅刑事诉讼需要大陪审团审判，而且任何超过 20 美元的民事诉讼也可以选择陪审团审判，而陪审员是从一般公民当中随机选取，法律专业人士一概排除在外（除非是隐瞒身份混入"革命队伍"）。由这 6 位或 12 位平民百姓给出的判决结果岂不地地道道地体现了美国人民的"民意"？！但是将美国司法——尤其是联邦司法——和"民主"联系在一起，会让任何业内人士都感到震惊的。如果这就是民粹派所谓的"民主"，那甚至本人也可以算得上"民主阵营"的了，因为我虽然不主张在中国实行陪审制度，并非因为我认为这种制度本身不好，而是没法在中国实行而不走样。陪审制度看上去没啥，实际操作极其复杂，而如果一个连举报人都保护不了的国家实施了陪审团制度，只恐怕司法改革的下一个主题将不是法官腐败，而是陪审员腐败了。

　　因此，司法改革争论了半天，双方争论的似乎不是一个焦点。美国陪审团不是没有一丁点"民主"的味道，但是制度设计的初衷显然不是为了"司法民主化"，而是从司法分工的角度看，精通律法的法官对事实判断未必比贩夫走卒更高明，因而 6 个或 12 个"臭皮匠"完全可以抵过一个法律上的"诸葛亮"。然而，既然解释法律的大权仍然握在法官手中，自然没有人将陪审团和"民主"同日而语，司法改革之争也不应该落到陪审团算不算"民主"这类话语陷阱中去。还有人说司法民主化就是通过民意选择道德过硬的法官，似乎司法职业化根本无视法官道德。但这显然是一个"稻草人"，因为没有人反对这种道德正确的立场。谁都想让好人做法官，强调人性自私的人又何尝不是如此。不是说道德不重要，而是过去半个多世纪的惨痛经历提醒我们制度的重要性：如果制度不完善，再廉洁的法官也难以抵御权钱色的诱惑。我认为，司法改革之争要有意义，就不应该再扎这类只能混淆视听、模糊焦点的"稻草人"。

司法民主化和职业化之争的焦点首先在于对司法的定位，而司法定位决定司法改革的走向。就和登山首先要知道目标和现在的位置一样，我们至少要弄清司法的目标以及不同性质的障碍，才可能找到司法改革的适当路径。现在看来，两种立场其实并非完全相悖，主张职业化的未必反对法官公选等某些"民主化"措施，也不反对在政治和司法体制整体改革不可行的现状下尝试一些技术改良，尽管我认为诸如当庭宣判、临时分案之类的技巧至多只能防止某些笨拙无能的律师或法官违规，而根本无法控制大案要案的腐败；主张大众化的似乎也同样赞成司法的去政治化，但是他们的问题正是在于不够重视政治与法治过程的根本区别，以至往往将司法定位于一个政治化角色，因而所主张的改革策略也常常与其初衷背道而驰，恰恰为权力介入和干预司法创造更多机会。因此，虽然司法定位问题最简单，因为它有一个各国普遍认同的"正确"答案，无非就是依法判案，但是在这个问题上还不能不多说几句。

在所有法治国家的权力结构当中，司法是最简单也最低调的一个，即便在司法相对能动的美国也不例外。在某种意义上，司法可以说是整个政府结构中的一个"异数"：所有其它机构都参与政治，即便相对中立的行政机构也不能幸免，惟独司法在原则上独立于政治之外，甚至可以说是独立于政府之外。这是因为统治的大部分任务都是通过政治完成的：选民得首先选举代表自己利益的立法者，多数议员得通过利益妥协制定大致代表多数人利益的立法，行政首长在执法过程中还行使有限的政策自由裁量……所有这些都是"政治"，但是政治之后还需要法治：法律制定了、政策出台了，现在需要如实地贯彻落实，而监督实施恰是法院的任务。没有这一环，法治就没了，因为虽然法律和政策都体现了选民意志，但是在它们落到具体争议之后，各方从自己利益出发还是会对法律提出见仁见智的理解，而法院的任务就是以政治中立的方式依法判案；假如法院也参与政治，成为争议的某一方，法官俨然是立法者，将立法者预先制定的法律撇在一边，用自己的个人利益或主观立场代替法律的判断，那么哪里还有什么民主、法治和公正呢？事实上，即便是立法者乃至人民自己都没有权利在具体事件发生后临时立法并破坏溯及力原则，否则确实要"法将不法"了。

虽然问题这么简单，但是民粹派恰恰在司法定位上犯了常识性错误。不错，公正司法一般确实会"让人民满意"，但那只是依法判案的结果，因为通过民主政治过程制定的法律一般是让多数人满意的。民粹派误将效果当目标，认为司法的目的就是"让人民满意"。这是极其危险的，因为"让人民满意"是一个政治口号，司法大众化的后果必然是司法政治化，而政治化的司法不可能给我们带来半点法治。事实上，即便公正的司法也未必"让人民满意"——如果法律本身不能让多数人满意，那么法院显然无权曲解法律，达到"让人民满意"的效果。强求司法"让人民满意"从根本上混淆了政治过程和司法过程，将人大应该完成而没有完成的任务强加在司法头上，结果必然是民主和法治两败俱伤。因此，依法判案不等于"让人民满意"。至于民粹派列举的一些司法不能"让人民满意"的例子，其实也就是司法没有依法判案。在澄清这个基本混淆之后，民粹派的主张和职业化主张并没有本质区别：两者的追求目标都是依法判案，只不过实现这个目标的手段各有侧重而已。

由此可见，司法的基本定位是很简单的：司法本身只是一种政治中立的工具，用来实施体现政治意志的法律。所有法治国家都要求司法本身保持政治中立，至今还没有任何一个例外；通常列举的所谓"民主的例外"——无论是新加坡、日本还是香港，在这里一个都不成立。当然，有人会提出，发达国家的法院也是政治化的——看看美国最高法院，法官在总统大选等政治问题上不也是按"党性"投票的吗？不错，和政治司法化一样，司法政治化作为一种现象是存在的，但是不要忘记，这种现象并非作为原则而被接受，而恰恰是作为对中立原则的背离而遭到普遍指责；况且我们不要夸大这些案件的影响和数量：在绝大多数一般法律案件中，司法判决是严守政治中立底线的。当然，某些国家的法官是通过政治过程产生的，譬如美国有些州的法官就是通过选举产生的，但是不要忘记法官任命的政治过程止于选举，选举过后法官还是照旧在不受干预的情况下依法判案；何况法官选举的政治化程度也不能和议员或总统选举相提并论，司法素质等非政治因素仍然是选拔法官的主要考虑因素。事实上，中国法院负责人根据宪法规定也是由人大选举产生的，但是这并不意味着人大可以在完成选举后继续随意干预司法过程，而一度成为争议的所谓人大"个案监督"也早已受到否定。时至今日，我不相信还有人会坚持司法是政治权力的"刀把子"，也不相信中国会是各国普遍验证的法治规律之例外。如果有人坚持惟独中国特殊，可以通过司法政治化而实现法治，那么就请履行起码的举证义务，用事实说明中国究竟"特殊"在哪里。如果无凭无据，那么学者就不要只凭自己的想象和激情跟着瞎起哄了。

司法的非政治化定位决定了基本的改革走向。要切实维护司法公正，中央就有必要充分重视政治和司法适当分工的必要性，有意识维护司法的政治中立，下决心推动司法制度改革，至少可以在某些不敏感的领域先改起来。譬如我们看不到任何理由再延续法院财政受制于地方行政的现状，中央完全有能力保证各地法院财政独立，司法预算可以按上年度适当增幅直接提交地方人大批准；当然，人大有人大的问题，但是这总比法院财政完全掌握在财政局手里的好。对于财政能力不足的地方，中央或省更应该直接拨款满足必要的法院开支；虽然高薪未必养廉，但是低薪几乎必然导致腐败。两年前曾报道宁夏某县的副检察长被指派去卖西瓜、种枣树、摘枸杞或承担招商引资任务，估计法院处境也好不了多少；处在这种生存状态下，无论法官个人的道德境界如何高尚，指望司法廉洁显然是不现实的。我们也看不到任何理由再延续法院内部的"三流九等"制，这么做不仅损害法官的独立人格，而且对于法院管理和监督也没有助益；每个法官在人格和地位上都应该是基本平等的，都不应该在权力和待遇上受制于人，除非违背了基本的职业操守。

可以理解的是，司法改革之所以十年后争议再起，是因为定位于职业化的改革路径遭遇无所不在的权力障碍，致使某些领导和学者"另辟蹊径"，指望"司法民主化"给司法改革带来新的活力和希望。但是如果这条"蹊径"已经被几乎所有国家的经验或教训证明是一条歧路乃至死路，那么我们还不如不试这些新路；否则，除了转移改革焦点、浪费改革资源、错过改革时机并给司法改革带来更多的失望之外，恐怕达不到更好的效果。职业化改革之路很难走，但是我们似乎没有别的选择，而且即便从近十年走过的路看，这条路也未必走不通。事实上，既然政治和司法之间存在职能上的基本分界，司法改革对于政治体制的触动应极为有限，而十年前之所以首先启动司法改革，也正是因为司法改革是继经济改革之后敏感度最低的地带。即便改革过程可能涉及少数敏感问题，中央也完全可以通过改革三十年来行之有效的地区试点模式，选择上海、广东等法院素质相对较高的地方作为试点，首先启动司法改革并静观其变，成功的地方试验可以进一步在全国范围内推广。

每个人当然有权保持自己的观点和立场，但是我们的资源很有限，中国司法需要改革的方面也很多，因而我是希望不同立场的学者可以就司法改革的基本定位形成共识，把主要精力放在一些实质性的策略分歧上。也许这样更有利于推动本来便已举步维艰的司法改革。

李庄案折射的法治问题

在 2010 年 1 月天则所组织的研讨会上，盛洪教授说到合法性的来源问题。其实虽然法学家认为正当程序就是合法，社会未必这么看，大众眼里的合法性未必需要正当程序，李庄案的社会反应就体现了这种倾向。现在中国地方正出现两种治理模式，一个是"重庆模式"，一个也许可以称之为"广东模式"。"文革"以后，从改革开放到现在，主流保守派（或称"稳健派"）恢复了"文革"前的执政状态，但是随着核心领导权威的下降，领导层又出现了多元派系竞争的格局。虽然地方还不敢公开和中央叫板，但是不仅地方自主权一贯很大，而且个别地方已经开始通过治理模式创新争取民意为自己创造政绩，而不是被动依靠中央提拔。重庆就是这样一个例子，它所用的手段和"文革"有些类似，而且已经开始奏效。"打黑"似乎受到我们国家绝大多数人的拥护，至于程序是不是正当合法，在他们看不成为非常重要的问题。

我给《新闻周刊》写过一篇文章，认为李庄案凸显了中国法治三个方面的缺陷，第一个就是关于法官和法院的现状。改革开放二三十年以来，尤其是司法改革近十年以来，大家似乎都认为咱们的法治进步了，但是像这类案件又不断提醒我们，这种进步实在是很有限的，或者在一些根本的地方没有进步，近两三年还出现了退步。我想这个是不用多说的。尤其像中国司法判决书，它的弊病从判决书上就能读出毛病。李庄一审判决书打印出来一共七页，但是里面的说理一句都没有，七页判决书全部都是事实认定。因此，在中国的司法判决当中，事实认定尤其重要，事实认定如果程序出了错，当然不行。李庄案说明，司法改革十年改来改去都是形式、皮毛的东西。，司法改革确实改掉了警服、肩章、大盖帽，法官也像西方法官一样手里拿着法槌，但是法官脑子里的思维没有改掉。法院的权力结构，不论是外部的还是内部的，也都没有变，法官的独立性没有得到提高，所以凡是在遭遇一些敏感案例、我们需要法官发挥作用的时候，恰恰都发挥不了作用。

第二个方面是关于律师群体。李庄并不是关于律师群体的典型案件，但是它多少也反映出点问题，首先就是律师群体的公信力比较低，也许我的"打击面"太广了。其实我认为律师在中国是非常重要的，中国近年来取得的进步都和律师分不开，但是同时我们也不能忽视，作为整个群体，律师目前在中国的整体素质不高，律师整体队伍不容乐观。我这个意思并不是怪中国的律师没有达到西方的水准，我们的司法规则就是这样，法院判决书就是这样，你指望律师能干吗呢？但是既然司法体制、司法规则（或潜规则）一时改不了，我只能一厢情愿地希望律师素质自行提高，进而对法官检察官形成一种压力。客观地说，律师的素质上不去，法官也感受不到改进的压力，这样整个法律共同体的素质就很令人担忧了。

第三个方面，体现我们民众法律意识还是薄弱。其实我对中国社会的尤其对于网民的素质期望不高，他们如果素质一般，本来就很正常。而且我认为，中国网民的整体素质还是相当不错的，包括法律素质也是不错的，甚至不比我们的法院领导差。最高法院新院长 2008 年上任后，次年又发表一篇讲话，重申党和政府在司法判决中的作用。那篇讲话一出来，我看到绝大多数的网民都是持质疑态度：如果说党和政府说了算，那要法律干什么？所以我对中国网民的法律意识还是持比较乐观的态度。当然这只是总体上信任，在某些情形下目前民意还是不可信的。它的不可信主要是因为这是长期宣传教育灌输造成的结果，凡是比较敏感的问题，凡是在我们国家只能听到经过高度过滤的单方面的声音，大多数人的主张就不可信了。比如你谈到国家统一的问题、族群关系问题、台海关系问题，这个时候网民过于情绪化。

还有一类就像李庄案或刘涌案这样的打击黑社会所提出的问

题，网民意见也容易出现偏激。这个原因是多方面的。一方面，大家刚才强调中国文化可能就有这个特点，但这种文化又是怎么造成的？我认为制度发挥了很大的作用。归根结底，西方社会对正当程序的要求是自由民主的自然结果。我想人的本性都是比较天真的，一般都会轻易接受一个所谓"正确"的版本，譬如李庄确实造假了，所有人都说他造假，连他自己都承认造假，那还能假吗？但是历史上的冤假错案实在太多了，中国本身的历史记载已经罄竹难书，譬如刚才有人提到刘少奇，"文革"时期有多少这类冤案？在身边这种情况发生太多之后，如果允许自由思考、自由讨论，不同声音多了，你自然会打个问号。我们迟早会明白，我们的道德直觉是不可靠的，尤其是在政府主导下形成的某些结论是不可信的，所以我们才需要正当程序，需要让犯罪嫌疑人在没有压力的情况下把真话说出来。这就进化到了一种比较复杂的公民思维。在这种情况下，公民作为一个主体在主动思考，而不是被动接受某个结论；一旦我们开始动脑子思考自己关心的问题，我们就不那么轻信了，譬如我们在商场购物总是货比三家，很少会轻信商贩一面之词的。但是在我们国家，绝大多数公民接受的都是一边倒的信息，所以才长期形成一种轻信或幼稚的文化，而这种文化显然是不适合正当程序发展的。

其实还有一些其它原因也不能忽视，比如我这次去加拿大教书，教那些孩子中国法，课堂上有个学生提出过一个很有意思的理论。他认为人的原始本性当中有一种迫害型心态，社会需要找到一个牺牲品；迫害这个牺牲品是不公正的，但是这么做可以释放社会张力。我觉得这对于当今中国社会是很有启示的，李庄案或刘涌案或许就体现了这种心态。在这种文化思维下，什么是正当、什么是正义其实不是那么重要，更重要是能够达到"平民愤"的目的。在一个郁闷的社会中，实现这种功能对于社会情绪稳定尤其重要。很多人可能都会觉得中国是一个相当郁闷的社会，不仅人和自然资源关系紧张，而且很多以权枉法、以钱枉法的事情，即便在严格控制新闻报道的情况下也是屡见不鲜的。在这样的一个社会，民众就需要找到撒气口；不管你是不是"黑律师"，反正就把脏水往你身上泼，最后你这个人究竟怎么样，很可能是十年二十年以后才能弄清楚的问题。至于现在，它仿佛让我们在达到某种情绪"高潮"之后又恢复了平静。不管是否公正，泄愤的功能是实现了。我们对贪官的治理在很大程度上就是抱着这种看热闹的心态，不是说这种心态一定有什么错，但是它不能帮助我们真正解决问题；不仅没有帮助，也不仅会让我们忽视造成问题的根源，而且会像李庄案这样给我们制造出更多的问题来。

说来说去，我是觉得李庄案所体现出来的问题是深层次的。在我看来，中国司法改革的前途实在是不容乐观。法官和律师的素质锁定在目前这种状态，社会整体上又是这种心态，目前还看不到什么办法解开这个巨大的死结。这个死结是司法"民主化"无法解开的，因为人民不是什么时候都靠得住。所以说司法改革还得向前走，老老实实在职业化方向上推进。

让民意压力推动司法公正

2009 年 5 月，湖北巴东女服务员邓玉娇刺死官员一案引起强烈反响。据《广州日报》报道，该案案情一波三折、扑朔迷离。先是传说邓玉娇精神抑郁、个性冲动，在遭到官员推搡和人民币击打后便奋起杀人，有关方面甚至出奇主动地对她做了"精神鉴定"。然而，她的代理律师夏霖却传出了一个完全不同的版本：邓玉娇不仅"状态良好、思维敏捷"，而且声称杀人前曾遭到性侵犯。可就在次日，可以决定性侵指控是否成立的关键证据却"离奇被毁"，邓母又声明"解雇"为女儿积极维权的律师。这一切都让人怀疑，案件的真实情节和官员的真实死因一直被一种强大的力量遮掩着。弄不好，那个官员之死会和促发瓮安事件的李树芬之死、云南"躲猫猫"事件中的李荞明之死等一系列死亡事件一样不明不白，而邓玉娇究竟是愤激杀人还是正当防卫也就无从证实了。

当一开始报道酒店女服务员杀死官员的时候，我们似乎面临着又一场"民意审判"：邓玉娇虽然杀人，但是在"仇官""仇富"的大多数网民心目中，她不仅行为可以原谅，而且是一位"替天行道""为民除害"的"巾帼英雄"，因而根本不应该以杀人罪起诉她。然而，如果邓玉娇确系过激杀人，我们如何对待这种民意呢？如果按照最高法院关于司法尊重民意的最新指示，在一边倒的网络民意面前，刑法岂不是应该让步吗？民意和法律的对立似乎给我们出了一道难题：服从民意，就意味着损害法治；服从法律，则不过是应验了"窃钩者诛"的老话而已，因为民意之所以反叛法律，正是因为法律对邓玉娇这样的弱势者显得尤其好用，而对于官员和富商却常常无可奈何。

然而，案情的发展让我们走出了民意和法治对立的困局。在邓玉娇的代理律师爆出和官方版本不同的内情之后，民意关注的已经不是邓玉娇是否应该以杀人罪遭到起诉，而是杀人事件的真相。其实在绝大多数情况下，民意并不要求一个特定的结果，而只是要求事件获得基本公正的处理。李树芬之死之所以促发了瓮安事件，正是因为当地公安局的死因鉴定缺乏基本说服力和公信力；局外人当然无从得知真实死因是什么，也不可能要求有关方面提供一个特定的版本才表示满足，但是公众有权利拒绝接受不可信的鉴定，并要求有关方面通过公开透明的程序提供一个值得信任的版本。这显然是公民知情权的题中之意。

当然，公众的信或不信本身也涉及主观判断，但这种判断并不是实体结论，而只是根据常理作出的可信度推测。如果有关方面在死因说明上做了手脚，往往会留下不能自圆其说的蛛丝马迹，从而引来普遍的公众质疑。无论是李树芬的"自杀""躲猫猫"的致命还是邓玉娇的"抑郁杀人"，都让人感到难以置信，而离奇的故事背后确实深藏着不可告人的猫腻。在所有这些案件中，有关方面只是在强大的民意压力下才被迫揭示事件的部分真相。

在当今中国，民意压力对于保证调查、取证和审判公正发挥着不可替代的作用。在法治国家，这些都是法院或检察机构应该做的份内事，公众一般无需劳神。但是在一个权力高度集中的国家，公正面临着无所不在的障碍。近年来发生的无数事件一而再、再而三地验证了一个基本常理，那就是绝对权力导致绝对腐败。本来一个简简单单的刑事案件，但是一旦公检法都听命于地方某个"一把手"，而这个人或少数几个人或因为切身利益、或因为官官相护、或为了地方形象等诸多"难言之隐"，一手遮天、掩盖真相，案件就得不到基本公正的处理。在目前的权力结构中，法院或检察院根本无法抵制干预、保持公正，而如果没有强大的民意压力，所有这些案件从调查到审判都不可能公正进行。

邓玉娇案件让我们看到，民意是没有必要和法律对立的；恰好相反，民意可以是推动法治进步的力量。在绝大多数情况下，民意所要求的结果也正是法律所要求的结果，依法审判是体现民意的最可靠保障，而在"依法"出于种种原因得不到保障的情况下，民意就成为迫使司法回归公正的中坚力量。至少，人民有权知道事件真相；也只有满足人民的知情权，民意才可能做出理性判断。理性的民意不能无视法律，更不能违背法律，但是完全可以通过各种舆论渠道表达政府依法办事的正当要求，进而成为推动中国法治进步的强大动力与压力。

司法判决如何 "让人民满意"

　　自刘涌案、许霆案之后，邓玉娇案又成为一个 "民意审判" 的典型例子。不论民意或媒体对这些判决究竟产生了什么样的作用，一个共同的现象值得思考：司法判决下来，结果也许是大家都期待也都能接受的，但是许多人尤其是网民还是不信任司法，甚至可以说司法公信力不升反降。因此，表面上让人满意的判决结果非但没有达到息事宁人的预期目的，更没有提高民意对司法的信任。

一、简单的民意审判是不能让人民满意的

　　这种现象不是网民过激，不是网民与政府之间简单的对立情绪造成的，而是因为长期以来司法受干预，给人们造成了司法判决不公的印象。当然，我并不是说在邓玉娇案中一定发生了这种情况，但是该案的一些迹象让人们产生怀疑，而政府又没有给予一个很明确的解释。其实，大家不是对结果有一个很强烈的要求，邓玉娇就应该被判决无罪，别的结果一律不接受。人们只是要想知道案件真相。如果说邓玉娇确实在比较轻微的侮辱下就采取了过激行为，她就应该承担一定的法律责任，很多网民也都会接受这个结果。

　　根本原因在于，司法本身没有力量去抵制来自权力的干预，公众普遍认为判决早点内定了。就像邓玉娇案，司法判决下来，结果也许是大家都期待的、都能接受，但是大家还是不信任，因为结果可能不是司法本身判出来的。如果真的可以做到舆论公开报道，司法公开、透明，人们就容易接受结果。当然我不排除这种可能性，对某些案件网民心中有一个明确的结果期待，像许霆案。但是在很多情况下，网民们并不是像某些专家所想的那样，就是想民意审判，

不服从法院那套。相反，他们确实期待案件能够得到一个公正的审判，可是他们对审判过程不信任，而这恰恰凸显了司法改革的必要性。如果没有职业化改革，司法不能够做到独立和公正，即使判决的结果和大家心目当中期待的并没有两样，但是大家还是瞧不起司法判决。

从更注重结果到更注重程序，从这个意义上说，和许霆案比较起来，邓玉娇案里网民很明显进步了。当然，我不是说网民在许霆案中表现是错的，有时候立法可能已经过时，或者司法裁量权过大，这时候确实有必要借鉴一下普通老百姓的看法。有时候有些平民对法律表示一些蔑视可能是天然的。强势群体不需要违法，有权有势为什么要违法，完全可以做个守法的公民啊。小偷一般都是穷人，这些人可能会得到老百姓的同情，这是有可能的。许霆案就产生了这方面的民意。到了邓玉娇案，民意反而是希望司法过程能够做得更加公开透明，让人民信服。

有人说，网民的声音只是一种情绪的发泄。但问题是，这种情绪往往背后能够折射出更深层次的问题。我认为有很多的情绪表达得是比较到位的，很多比较极端的表达虽然看上去非理性的，仔细分析会发现，背后其实有一种宪法意识。比如，对政府的一种不信任，事实上我觉得这反而是网民成熟的一种表现。在美国，总统说一句话，马上骂声一片，根本没有什么顾忌。你说这是一种非理性吗？可能是有非理性成分在其中，但是如果说一个社会像某些国家那样，领袖说一句话，大家都在那儿歌功颂德，举手欢呼，这反而是一种非理性的表现，完全是长期洗脑、灌输的结果，人们失去了起码的判断能力。所以，要一分为二地看待网络现象。一方面表达方式有一些过激，其实这种过激本身就是正常的，社会普通的凡夫俗子怎么去表达？就是那个样子，并不表明就是中国网民素质低，全世界、包括发达国家都差不多。即便他们有时候对于某些问题会产生某些不是很理性的判断，也往往是长期宣传教育的结果。作为学者要去深入考察原因，不是简单说是非理性。我主张对对网民给予客观的、宽容的理解。大多数网民认同法治理念，他们所表达的愤慨绝大多数情况下不是针对法律，而恰恰是针对法律不能得到真正的独立、公正的运行，针对那种有选择的执法。

经济观察报：许多人认为，如果不是我们这些无数的人据理力争的话，很有可能是另外一种结果。就像邓玉娇案，如果说当初网民不对该案予以关注的话，最后很有可能是一种完全不同的结果。

一些学者也在强调民意对司法的作用，但是按照民意判了，公众还是不信任判决，反而觉得判决是不可信的。这恰恰说明，简单的民意审判是不能让人民满意的。要真正让人民信任司法，最后还是不得不提高司法人员和司法判决本身的素质。要让司法取信于民很简单，首先要做到司法公开、司法透明，愿意来旁听就来旁听，只要不是故意捏造、撒谎，愿意报道就报道，司法根据法律和事实严谨地去推理，如果能够做到这些，最后得出的结论就能够让大家接受，网民不会不信任司法。

二、借助民意推动司法改革

因此，我从来不认为民意是一种阻碍，我认为民意至少 99% 是赞成司法公正的，他们希望中国的司法能够更加得到信任。绝大多数案件当中，他们希望司法能够按照法律去判，哪怕法律适用比较复杂，比较晦涩，一般老百姓理解起来有困难，只要法院能够让他们信任，他们完全愿意信任司法。但是因为司法改革实在不到位，导致司法过程无法让人民信任，而不是单纯结果让他们满意。

在经过一些理性的讨论之后，大多数人民是赞成司法职业化改革的。因为只有真正提高司法的素质，社会才能信任司法判决。大部分民众支持司法公正，而不是相反，更不是主张纯粹以民意来取代法律。司法的职业化改革不向前走，永远得不到民众的信任，受损最大的是司法本身。所有法治国家，也就是司法公信力比较高的国家都得这么做，中国没有理由不这么做。要寻找现行体制和司法体制的兼容空间，应该让司法有更多的自主权，让法官成为真正的法官。1999 年实行司法改革的时候我很受鼓舞，就因为"要做真正的法官"这句话。十年过去了没有达到这个要求，所以应该一直往前走，让司法得到更多的信任。另外，应该信息公开，让网民正反双方的观点充分地表达。其实，对于一些基本政策，甚至大政方针的判断，普通老百姓不比专家弱。不要低估普通民众的判断能力，也不要高估学者的判断能力，其实很多事情就是一种价值判断，是一个要和不要的问题。如果正反双方的观点都得到充分表达之后，我觉得完全可以信任。前提是民众必须拥有充分的信息，不能扭曲，不能有选择方面让民众看到一部分事实，把其他的都遮挡起来。

权力不干预了，司法就公正了？当然不是这么简单。司法改革的一个很大的困惑就是，如何保证权力不干预？在监督力度很可能减小的情况下，还能够保持司法相对清廉而不会发生全面腐败？所以我认为，司法改革需要制定一套比较谨慎的方案，按照现在的模式是没有前景的。难以建立人们对司法的信任。经过了好几十年，我们对司法信任了吗？反而是越来越不信任，改革开放以来司法腐败呈上升的趋势。我认为不能被归结于改革，恰恰是在改革大环境下司法改革滞后的后果。当然不能司法照搬某国的模式，但是我们至少要明确改革的方向，目标确定后不能再走回头路。往回走是没有前途，要往前走。一夜之间不可能实现法治，怎么办？在维持一部分监督的情况下，让法官逐渐地提升素质，培养独立人格，最后具备法治国家法官的素质，这样就可以通过渐进的方式实现司法公正的目的。目前这方面我们做得比较欠缺，没有什么很实质性的措施推动司法改革往前走。

我并不是绝对地反对司法大众化、民主化，比如说落实陪审员制度，但是这只是一个枝节方面的改进，它并不能够取代司法职业化改革。没有司法职业化改革，光是靠几个陪审员，能让我们法院实现司法公正吗？只是让法院按照民意审判，判决就能够让人们信任吗？邓玉娇案体现得非常清楚。所以司法改革还是离不开职业化的方向，不能偏离职业化的方向。

三、通过司法改革树立司法的公信力

毋庸讳言，公众对司法的不信任确实存在，现在存在着一个严重的司法信任危机。司法普遍得不到公众信任，恰好说明了司法职业化改革应该继续推进，因为司法改革的一个初衷就是要通过制度保障实现司法公正。说实话，司法改革多年但是成就有限。司法不能避免权力干预，没有实质性的制度改革，导致司法腐败现象很多。我不认为中国法官的素质一定比我们普通人更低，通过考试的人至少在法律知识上肯定要比普通人高得多。至于道德素质，就一定比我们普通人差吗？如果不能说他们更高的话，也不能说他们更低。为什么给人产生这种印象：这些人进了法院之后就很容易腐败呢？是因为他们接触到各种各样权力资源，有腐败的机会，目前没有有效的办法去遏制。当然，根本原因在于，司法本身没有力量去抵制来自权力的干预。

如果说司法改革最后能够做到这一点，对中国社会可以说是非常有利的。一个公正的司法不仅本身得到大多数人的信任，同时给政府带来了信任，如果大家能信任司法，老百姓会觉得政府体系中至少还有一个机构是可以信任的。西方国家老百姓对政府的不信任也是很严重，有时候甚至超过 50%，美国布什政府的民意调查支持率一直很低，甚至 70% 的民众不信任，为什么社会仍然安定？关键就是司法维持着一定的公正性。如果司法跟着政府跑，政府说什么就是什么，这很可怕，政府和社会之间就没有一个缓冲地带。我们现在就缺失这样的缓冲地带。政府和民众之间不能存在那么尖锐的对立，彼此之间要有一个基本的相互信任。法院或者说法官可以给我们带来这种信任。所以说我一直在主张司法跟政府之间要有一定程度的分工，要有一定的分离，不能紧紧地结合在一起，什么事情都听政府领导。让司法保持一个相对超然中立的地位。

　　让司法保持一个相对超然中立的地位，人们即使不完全信任行政，但是信任司法，这就表示对整个政府还有一种信任。但是这几年司法改革受到各种因素干扰。可怕的是，大家什么都不信了。这不是很危险吗？这样很容易造成民意的极端化，跟政府唱反调的人站出来，一呼百应，不管他是左的还是右的，只要他说的跟政府不一样大家就买他的账。这种情况很危险。

　　包括法学家对待像邓玉娇这样的案件，不一定非要表达对结论的认同，学者的作用主要是在于指出法院判决说理是不是充分的，整个处理案件过程当中是不是能够保证公开透明，法院只要能够达到这个要求，咱们就没有太多别的话语权。类似的案件必须按照类似的办法判。如果这种判决是不可复制的，网民就会不断从一个案例奔向另一个案例，在一个案子上集中发声，试图以此来影响司法。最终结果很可能就是一种非理性的民意审判，大家完全把目光集中在结果上面。一个根本性的缺失，就是我们没有一套制度性的东西来处理这些事情。这很难让公众心平气和地期待着下一个结果：没问题，下一个肯定是这样判的。整个社会失去了可预期性，明天什么事都可能发生，一切都有可能。

　　目前似乎只有依靠民意审判才能获得满意的判决，这恰恰是没有制度或者制度扭曲的必然结果。知识分子可以做的一件事情，就是适当地引导人们从纯粹对结果的关注走向对制度的关注，要解决源头性的问题，就必须要把关注的目光投向制度建设，更加关注我们的选举制度、司法制度、行政问责制，如果制度设计好了，我们就看不到有那么多事情了。如果做不到这一点，我们以只能做出被动消极的反应，被动应付。只有进行司法改革，通过司法改革树立司法的公信力，否则社会公正的最后屏障就越弱。本文发表之时，司法改革已进行十年，这条路却依然任重道远。

法院无权回避宪法

　　司法改革和司法审查是相互联系的两个方面，因为一个独立性欠缺的法院没有勇气依法审判，更不可能依宪审判。2001 年，最高法院对齐玉苓案的批复正是发生在司法职业化改革的大背景下。这一批复首次直接引用宪法第 46 条规定的受教育权作为法律依据，引起了法学界和社会的热烈讨论。随着司法改革的转向，齐玉苓案引发的"宪法司法化"也半途而废。2008 年底，最高法院公告停止了齐玉苓案批复的法律效力。

　　长期以来，由于法院一直回避宪法问题，导致人们误以为宪法没有法律效力。虽然几乎人人都知道宪法是"根本大法"、具有"最高法律效力"，但是似乎很少有人真正当回事，因为人们不禁会问：既然不能作为判案的法律依据，宪法的"最高法律效力"究竟体现在什么地方？或更直白一点，宪法到底"有什么用"呢？齐玉苓案打破了这种尴尬，最高法院当年的批复至少让人们看到了一线希望，表明宪法还是可以"有用"的。如果没有后续补救措施，这一批复的简单失效将向社会传递一个错误信息：宪法还是"没用"，至少在法院是如此。

　　法院对宪法问题的回避始于最高法院的批复本身。1955 年，最高法院判决宪法不能被用来给罪犯论罪科刑。1986 年，最高法院又判决宪法不能适用于普通民事关系。其实这两个批复本身都没有错：宪法的基本功能在于保障个人权利，当然不能作为惩罚个人的法律依据；宪法的基本功能在于规定政府义务、限制政府权力，因而民事关系中的普通私人不能作为宪法诉讼的被告。然而，如果由此得出法院不能适用宪法的结论，显然是大错特错了。1982 年宪法前言明确规定，宪法是"国家的根本法，具有最高的法律效力"，而法院是保障法治的最后一关；如果宪法进不了法院的大门，依宪治国就将失去最后一道屏障。

虽然宪法不能适用于普通民事关系，更不能作为定罪判刑的法律依据，但还是有许多其它法律诉讼离不开宪法。且不说别的，宪法所规定的许多基本权利是一般法律中没有的。譬如我们就没有哪个法律规定了一般平等权，甚至连反就业歧视等特殊平等权也没有相关规定。如果不适用宪法第 33 条规定的"公民在法律面前一律平等"，又不存在其它的相关法律依据，试问公民平等权如何得到法院保障？事实上，齐玉苓案之所以适用宪法受教育权，也正是因为缺乏适当的一般法律依据：事件发生在 1990 年，而《教育法》是1995 年才通过的，显然不能以溯及既往的方式运用齐案；在没有一般法律依据的情况下，宪法受教育权就越发体现出其价值。当然，齐案的批复并非没有问题；问题就在于法院将宪法直接适用于民事被告，但是该案毕竟还有共同行政被告，而对它们是可以也应该适用宪法的。

当今除了没有成文宪法的英国等极少数国家，绝大多数法治国家的司法机构都可以将宪法作为判案依据，甚至有权依据宪法判决立法违宪。当然，中国目前实行人大制度，全国人大是最高权力机关，因而法院未必有权审查人大立法的合宪性，但是这并不意味着法院无权审查人大法律以下的其它法律规范的合宪性。如果行政法规和规章、地方性法规和规章以及大大小小的"红头文件"和宪法发生抵触，公民的宪法权利受到侵害，法院是否可以视而不见、避而不谈宪法问题？不错，宪法规定全国人大常委会是解释宪法和法律的最高机构，但是宪法和法律并没有任何规定禁止法院适用宪法，只不过法院的宪法解释必须服从人大解释而已。事实上，自 1982年宪法颁布以来，人大常委会至今从未行使过释宪权，而各级各地政府在拆迁、征地、歧视或侵犯人身权等方面违宪违法的现象屡禁不绝。事实本身表明，如果各级法院不能出来挺身维护宪法，那么宪法是"国家的根本法，具有最高的法律效力"就成了一句空话。

　　法院不仅可以依据和解释宪法，而且也没有权力回避宪法问题。1982 年宪法前言还规定："一切国家机关……都必须以宪法为根本的活动准则，并且负有维护宪法尊严、保证宪法实施的职责。"既然如此，任何国家机关都有义务理解并解释宪法，而法院尤其责无旁贷。既然宪法是"根本法"并具有最高"法律效力"，既然实施包括宪法在内的法律是司法职责必不可少的一部分，是否依宪判案就不是一个法院可以自由选择的问题。

肆、"中国模式"不能漠视私有财产

——宪法第 10—13 条的合理解读

作为一部社会主义宪法，1982 年宪法特意在"总纲"部分规定了土地所有制。其中第 10 条规定："城市的土地属于国家所有。农村和城市郊区的土地，除由法律规定属于国家所有的以外，属于集体所有；宅基地和自留地、自留山，也属于集体所有。国家为了公共利益的需要，可以依照法律规定对土地实行征收或者征用并给予补偿。任何组织或者个人不得侵占、买卖或者以其他形式非法转让土地。土地的使用权可以依照法律的规定转让。"

近年来，对城市土地"国家所有"和农村土地"集体所有"的误读产生了严重的社会现实问题。城市土地"国有化"被认为一夜之间剥夺了城市居民的土地所有权，"国家所有"很快蜕变为"政府所有"，政府可以随时"收回"土地所有权并强行拆迁居民的房屋。农村土地的使用权则受到极大限制，被认为只有经过政府征收、变为"国家所有"才能进入土地市场交易；这种理解不仅极大贬损了农地价值，而且造成城市化必须经过政府征收的误解。在公正补偿原则没有确立的情况下，地方政府的"土地财政"和 GDP "政绩"考核压力将全国各地都变成强征强拆的"大工地"，China 也被戏称为"拆哪儿"。征收拆迁成为拉动 GDP 增长的主要动力，也成为"中国模式"的代名词。

中国式"发展"固然是对宪法第 10 条的误读，但同样也是对其紧邻的财产权规定的漠视。继 2004 年修宪之后，宪法体现了保护一般财产权的精神。第 12 条规定了"公共财产神圣不可侵犯"，第 13 条则明确规定："公民的合法的私有财产不受侵犯。国家依照法律规定保护公民的私有财产权和继承权。国家为了公共利益的需要，可以依照法律规定对公民的私有财产实行征收或者征用并给予补偿。"如果能够正视宪法对公有土地和私有财产的保障，严格要求征收必须具备"公共利益"并给予公正补偿，那么"中国模式"将会是人性化得多的一道风景。

宪法管饭吗？

要说私有财产在中国近几十年的演化，就得从"大跃进"和"人民公社"运动造成的饥荒说起。或许是因为历史上一直没有解决基本温饱，中国人特别在乎吃饭。以前见面打招呼不是问你好，而是"吃饭了吗"；现在许多事情也是在餐桌上摆平的，吃饭无论是对于官员、老板还是小老百姓都仍然是最重要的一件事。话虽这么说，不过吃饭能和宪法扯上什么关系？宪法可是根本大法，管天管地管国家，还管得着小老百姓吃饭吗？两者看上去风马牛不相及，但是不仅有关系，关系还不小。一个国家的宪法落实得好不好，不但关系到我们那碗饭吃得好不好，有时候甚至还决定了我们有没有饭吃。

话说半个多世纪前，河南那个地方首先发生了饥荒。据记载，当时信阳那里断粮了，村里男女老少一个接一个饿死，最后那一个地方就饿死了百万人，具体情形不是今天所能想象的。其实"信阳事件"只是"三年自然灾害"的一个缩影，那时全国各地都饿死人，只不过首先在信阳开始而后来发展得尤为惨烈而已。但是单就信阳这一起事件便足以说明，宪法对老百姓的吃饭是如何重要。

从哪里开始呢？就从离老百姓最近的口粮开始吧。家里饿死人，当然是因为没饭吃。为什么没吃的呢？是因为那年收成尤其差吗？和上一年1958年相比，59年的雨水确实吝啬了一点，老天少落了几滴泪，但是这点自然灾害和今天的旱涝相比并不算什么，完全不足以造成这么大的灾难。当然，当时正在"搞运动"，农村里大伙也砸锅炼铁、热火朝天，就是忘了播种、耕耘、收割，不少粮食还烂在了田里。究竟损失多少不得而知，但是就从当时河南领导用堆起来的麦穗放出的"亩产万斤"的"卫星"来看，这一点也不宜夸大，更何况国家还有存粮。据亲历者说，即便在饥荒最严重的时候，不少地方的粮仓居然还是"满满的"。那么为什么不开仓赈灾呢？这就把我们带到了第一个宪法问题：中央和地方关系。

地方官员之所以不开仓，并非因为见死不救，而是因为粮仓是国家设立的，开仓是要经过上级批准的，地方官员擅自动了粮仓轻则免职降级，重则要杀头的。你没看过电视剧《雍正王朝》里的那个"父母官"，为了拯救地方黎民来不及向皇帝汇报就开仓赈灾，冒了多大的风险、下了多大的决心？人非圣贤，我们不能指望河南的官员个个也像他那样置自己的乌纱帽乃至人头于度外。如果来不及向上汇报，或出于种种原因不愿或不敢汇报，那么我们就看到了满满的粮仓和路有饿孚这两种极不协调的景象。

事实上，粮仓之所以满，是因为当年征粮尤其多；粮仓满了，公粮多了，农民家中的口粮就缺了。之所以征粮多，不是因为哪个领导干部不顾平民百姓的死活，而是因为中央和地方的数字沟通出了问题；那么大的饥荒归根结底，竟然就出在这么一个看似不起眼的技术环节上。1958 年雨水充沛，中国获得了一个喜气洋洋的大丰收；粮食产量高，征购量当然相应增加。1959 年天变了，收成不好了，但是征粮没变；不仅没变，而且数量进一步增加。为什么不降反增呢？答案可能想不到——是因为地方官员和大队干部浮夸虚报；亩产明明只有二三百斤，却上报千斤甚至数千斤。当时在信阳地区的 9 个常委中，竟有 8 个都同意把全区粮食总产量从 20 多亿斤夸大成 70 多亿斤；全国各地莫不如此，只不过未必如河南"胆大"而已。中央则全然不知，还误以为形势依然一片大好，又是一个"特大丰收年"，便依照全国各地汇总来的虚报数字确定征购数，在粮食大幅减产的情况下将征购量增加了近 15% 之多，而这一切都是地方虚报惹的祸。

如果当时的地方官员闯祸之后可以像今天某些官员那样阳奉阴违，玩一次"上有政策、下有对策"的躲猫猫游戏，私下里拖延中央规定的粮食征购任务，那倒也能一时避免大规模饥荒的发生；

可惜当时的官员落实此类政策还尤其积极，可以说是不择手段、不遗余力，而信阳地区最积极的莫过于地委第一书记路宪文。这个路宪文用今天的话来说，就是一个"工作态度认真，但不够注意方式方法的同志"。农民要活命，不愿意交征购粮，他就指示指挥各县委并动用民兵，挨家挨户搜查农民"隐瞒"和"私藏"的粮食。在"反瞒产"过程中，信阳地区逮捕了一万多人，其中七百多人死在拘留所和监狱。最后，征购任务圆满完成了，农民维持生计的口粮也就没了。

不要以为路宪文们有多么罪恶，其实他们也不过是理性自私的正常人；换一个人在他们的位置上，也完全可能做出同样的事。无论是浮夸虚报粮食产量还是凶神恶煞强征口粮，他们只是在自上而下的政治体制当中自觉或不自觉地使自己的利益最大化。想当年，"跃进风"刮得正盛，这些地方官只不过不敢"煞风景"、跟着瞎起哄而已。事实上，在举国浮夸的大环境下，不仅个人很难洁身自好，而且实话实说也难有什么好下场，只有和中央保持步调一致才能获得升迁的机会，因为决定官员命运的"政绩"首先就在于中央推行的政策落实得如何。试想，如果中央考察地方官员的重要指标就是当地粮食产量，如果别的地方粮食都在连年"增产"，唯独你这个地方今年减产，那你这个官究竟还想不想当了？彭德怀后来的遭遇证明，在一个自上而下的集权体制中，下级是没有权力说"不"的。省级干部顺着中央领导的基调，县市级干部顺着省级领导的基调……这样层层下达，从中央到地方全部高度一致，没有一个地方敢对浮夸发出一丁点反对的声音。

中央确定了"超英赶美""大跃进"的基调，省级干部就会提供年年增产的数据；省级数据哪里来？从县市级来，而县市级干部揣摩省级领导乃至中央的意图，自然会报出他们需要的数据……中央拿到虚报的数字，必然制订出虚高的目标。这样从上到下，全国各地各级不由自主地形成了一个浮夸共同体。中央粮食征购政策既定，地方各级便不遗余力执行，否则中央问罪省，省问罪县市……

谁都担当不起完不成账面任务的责任，由此灾难性的政策又逐级得到落实。因此，不要怪各地的路宪文们媚上欺下的狰狞面目，因为在这个自上而下的体制内，他们的行为自有其内在的逻辑；要怪就怪这样的治国模式，因为是它造就了不理性的农业政策，又确保如此不理性的政策在全国上下几乎没有阻力地得到全面推行。

当然，要说没有一点阻力也不是事实，因为饿死那么多人那，哪能一点声息都没有？官员抢夺活命的口粮，农民当然要反抗，但是在自上而下的体制中，面对政府的强势，处在最底层的个人反抗必然是微弱无力的。就连身为国防部长的"彭大将军"为民请命、直言犯上，也免不了遭撤职和批判的下场，何况一介小民？在缺乏制度性支持的情况下，他们的抗争除了遭遇打击报复之外，不可能产生什么实质效果。

然而，这种状态当然是和宪政精神背道而驰的。和现行宪法类似，当时有效的 1954 年宪法也规定了主权在民原则以及落实这一民主原则的人大制度。因此，宪法不仅没有规定自上而下的集权体制；恰好相反，它规定了一个自下而上的民主体制，让人民通过选举人大代表、再由人大选举并监督各级官员来行使自己的权利。如果这个宪法基本制度得到落实，如果信阳地区的选民真正行使了宪法赋予的民主权利，选举真正代表自己利益的人大代表，再由地方人大选举产生当地"一把手"，路宪文之流即便当选还敢对自己的父老乡亲为所欲为吗？按照宪法规定，一旦当地选民对领导干部不满意，即便当选也可以通过给人大施压将他罢免了，不然就罢免不称职的人大代表。再说既然决定路宪文命运的不是上级领导而是地方人大代表，他又何必要做那么多伤天害理、对不起自己的乡亲也对不起自己选票的事情？一旦权力的走向从自上而下变成自下而上，官员计较的切身利益就发生了结构性变化，而利益决定了他的行为。

最后，既然这个国家的大政方针最终都是由选民自己决定的，他们为什么会在乎今年亩产多少斤或 GDP 增长百分之几呢？只要自己的日子过好就行了，要那份虚荣有啥用？信阳地委还有必要虚报粮食产量吗？中央还会因为地方虚报而制订虚高的粮食征购计划吗？即便中央政策不合理，地方还会盲目附和、积极执行吗？只要落实基层民主这一项宪法制度，便足以防止大饥荒的发生。

关于宪法和吃饭的故事还没有讲完，但仅此即足以证明，宪法当然是管饭的。

拆迁条例不是悲剧根源

2009 年，在上海被拆迁户用燃烧弹对抗拆迁之后，成都被拆迁户以自焚身亡表达抗议，再次将《城市房屋拆迁管理条例》的合法性乃至合宪性推向社会舆论的风口浪尖。我们可以从道义上同情被拆迁户，可以谴责拆迁大军（不论是开发商还是城管）不近人情、暴力执法，甚至可以指责拆迁条例本身违法违宪，但是各地频发拆迁悲剧的根源其实并不在此；拆迁只不过是执行政府和开发商联合制定的城市规划方案的最后一步，拆迁悲剧的种子早在决策阶段就已埋下。

综观全国各地的暴力拆迁过程，直接原因无非是拆迁许可来得太容易，只要开发商把当地政府搞定就成了，许多地方的被拆迁户直到政府贴出限期搬迁通知才知道自己的房子要拆了。被拆迁户完全不知情，当然不可能参与拆迁决策过程。在这种情况下，拆迁许可来得尤其快，因为政府和开发商悄悄就把安置补偿标准给定了，当然是往低里定；由此产生了巨大的利润空间，开发商有钱赚，政府也有钱赚，拆迁成了两厢情愿的事情，拆迁许可能不快吗？这是为什么中国当前征地尤其多、拆迁尤其多，因为征地和拆迁就等于赚钱，只不过赚的都是被征地户和被拆迁户的钱。等到一切内定了再来通知被拆迁户，他们当然有人不接受如此决定的安置补偿。这样的拆迁过程能不产生"钉子户"吗？能不出现暴力拆迁、暴力抗法产生的拆迁悲剧吗？

因此，拆迁悲剧的根源不在拆迁条例，而在于整个城市规划和拆迁决策过程；换言之，只要市民仍然被排除在拆迁规划过程之外，只要拆迁对于政府和开发商来说还是一门利用公权无本生利的行当，那么无论如何修改条例，拆迁都文明不起来。要让拆迁文明、让城市规划理性，首先要保证拆迁没有钱赚；没钱赚或至少没那么容易赚，政府和开发商也就不会那么"热心"拆迁了。有时想想某些地方领导的逻辑是挺可笑的：没钱赚？那谁干呀！他们在潜意识里早已将拆迁与发展划等号，早已将地方 GDP 增长和自己的"政绩"与仕途联系在一起，以至根本想不到也许不拆才更有利于当地人民安居乐业。

如何让拆迁没钱赚呢？拆迁显然是一种财产征收行为，而世界上大多数国家的宪法都要求征收给予"公正补偿"，也就是按照财产的"公平市价"标准给予补偿；要拆的房子在当地市场上值多少钱，政府或开发商就得给被拆迁户补偿多少钱，付不出这个成本就不能拆，否则强拆必然酿成社会悲剧。拆迁悲剧的制度根源首先在于我们没有从宪法或法律上保证公正补偿。2004 年宪法修正案确实规定征收必须给予"补偿"，但没有说明必须是"公正补偿"；2007年颁布的《物权法》在补偿标准上也没有任何进步，以至为各地以低于市价标准拆迁并酿成暴力冲突埋下伏笔。要防止悲剧重演，首先必须从宪法和法律上确立并落实公正补偿原则。

有了这个原则，地方政府和开发商就会自觉执行吗？当然不会，因为这等于堵死了他们一条最主要的财路。既然拆迁成本落在了被拆迁户身上，任何理性的决策过程都必须有他们的实质性参与，公平市价补偿只是在利益相关者的广泛参与和监督下不得已而达成的妥协。只有事先征求市民对拆迁方案和补偿标准的意见并获得他们的同意，拆迁才可能理性进行下去。然而，目前有哪个地方的拆迁事前征求市民意见呢？没有市民参与，拆迁决策乃至整个城市规划就成了政府和开发商的内部交易，由此产生的土地腐败自不必说；更重要的是，公正补偿成为一纸空文，各地拆迁引发的各种悲剧就不可避免了。因此，和谐拆迁必须满足的第二个制度保障是有效的市民参与。

如果双方产生争议，或者政府与开发商不履行事先承诺的补偿协议，或者个别被拆迁户漫天要价、无理取闹怎么办？这时就需要第三个制度保障，也就是中立估算和公正司法。因为公平市价不是哪边权力大或声音高就能说了算，而是可以根据客观程式准确估算出来的，因而一旦出现争议甚至在出现争议之前，就应该请中立的资产评估机构进行测算，最后通过公正的司法裁判一锤定音。到那个时候，不仅政府和开发商必须履行符合公正原则的补偿协议，而且被拆迁户也得服从大多数市民同意并获得司法认可的拆迁方案。但是到那个时候，我想那些暴力抗法的"钉子户"也早已自动消失了吧。

　　要防止拆迁悲剧重演，至少必须满足以上三个制度条件：公正补偿、市民参与以及独立而公正的争议裁判机制；不满足这些条件，则无论如何修改拆迁条例，暴力拆迁只会屡禁不止。

如何修改拆迁条例

2009 年底，成都被拆迁户唐福珍以自焚身亡表达抗议之后，国务院很快启动了拆迁条例的修改程序。然而，拆迁条例本身并不是造成各地拆迁悲剧的首恶之源；强制拆迁只不过是执行政府和开发商联合制定的城市规划方案的最后一步，而拆迁悲剧的种子早在决策阶段就已埋下。拆迁条例确实存在授权地方政府和开发商权力过大、拆迁决策程序过分简易等问题，但是这些只不过反映了我们没有在宪法和法律上确立公民参与、公正补偿等基本制度的习惯思维而已，正是这些制度的缺失才是造成拆迁悲剧的根源。如果不从根本上解决问题，那么无论如何修改拆迁条例都制止不了拆迁悲剧。

要从根本上解决拆迁问题，必须利用修改拆迁条例的契机建立以下基本制度。首先，新条例必须体现公民参与原则。城市是市民而不是政府的城市；城市规划和拆迁不应该由政府和开发商单方面说了算，而理应由生于斯、长于斯、命运和城市休戚相关的广大市民决定。目前之所以全国各地有那么多不愿搬迁甚至暴力抗拒的"钉子户"，直接原因是拆迁补偿太低；拆迁补偿之所以过低，根本原因是利益受到严重影响的被拆迁户们没有任何机会参与拆迁及补偿方案的决策过程。地方政府和开发商关起门来悄悄就把拆迁地段和补偿标准给定了，被拆迁户则往往等到政府贴出限期搬迁告示才知道自己的房子要拆了，其中有人对拆迁补偿不满并拒绝搬迁岂不是很正常吗？如果拆迁决策缺乏市民广泛、事前和知情参与，必然会发生"钉子户"、暴力拆迁、暴力抗拒等社会冲突。目前上海、成都等各地发生的拆迁冲突足以体现公民参与缺失的严重后果，而广州番禺的垃圾处理决策模式则足以彰显公民参与对社会和谐的巨大积极意义。

要从源头上防止拆迁悲剧重演，必须保证利益受到影响的广大市民有效参与拆迁决策过程。新条例有必要规定地方城市规划公开透明，地方政府在形成拆迁意向之后必须第一时间公布于众，广泛征求意见并就拆迁地点、范围、安置方式、补偿标准以及不同替代方案组织听证。为了保证公民有效参与和政府理性规划，从公布意向到做出决定至少需要经过两年时间；这个过程将为政府广泛了解舆情民意打下基础，许多非理性的规划方案将被淘汰出局，而真正有助于城市发展的方案必然为大多数市民所接受，因而大大减小了拆迁阻力。只有及时有效的公民参与才能消除拆迁冲突的制度源泉，并保证拆迁决策真正符合宪法要求的"公共利益"和城市发展的实际需要。

其次，市民关注的主要问题无疑是补偿标准，而拆迁补偿方案必须以"公平市价"(fair market value)为原则。在原则上，要拆的房子在当地市场上值多少钱，政府或开发商就得给被拆迁户补偿多少钱，付不出这个钱就不能拆。目前世界上大多数国家的宪法都明确要求征收给予"公正补偿"(just compensation)，中国 2004 年宪法修正案也规定征收必须给予"补偿"，但没有说明必须是"公正补偿"；2007 年颁布的《物权法》在补偿标准上也没有进步，以至为各地以低于市价标准拆迁并酿成暴力冲突埋下伏笔。没有公正补偿为基础，拆迁成为地方政府低价征收、高价转卖的无本生财之道，因而各地政府尤其热衷于各种"开发""改造"，名义上是为了城市建设和发展，实际上则不仅是为了给自己添加政绩，也是为地方财政添加收入。然而，地方政府和开发商发财是以压低补偿为前提的，"城市建设"和"发展规划"的代价最终是由被拆迁户承担的；这样的"建设"或"发展"强制推行开来，不产生拆迁悲剧才怪呢。

公正补偿看上去是一项决策事后的要求，其实在一开始就对政府拆迁规划就有所约束。没有这项要求，政府和开发商还尤其喜欢打城市中心繁华地段的主意，因为反正不必按公平市价付钱，征收地段越贵意味着赚钱越多，何乐不为？一旦要求公正补偿，"黄金地段"意味着天价补偿，即便政府还有兴趣"开发""改造"也要掂量一下库里的"银子"，拆迁选点也就要格外精打细算了。当然，公平市价不是一成不变的，也会随着市场行情涨落，譬如政府公布拆迁意向很可能导致当地房价上涨，但是这类技术问题是可以解决的；至于"公平市价"究竟是指原始房价还是受人为推动的预期房价，抑或是两者之间的某个均价，完全可以在官民互动博弈中决定。

最后，如果双方产生争议，如果政府与开发商不履行事先承诺的补偿协议，或者个别被拆迁户漫天要价、无理取闹，便有必要建立中立估算机构和司法裁判机制。因为公平市价不是哪边权力大或声音高就能说了算，而是可以根据客观程式准确估算出来的，因而一旦出现争议甚至在出现争议之前，就应该请中立的资产评估机构进行测算，最后通过公正的司法裁判一锤定音。到那个时候，不仅政府和开发商必须履行符合公正原则的补偿协议，而且被拆迁户也得服从大多数市民同意并获得司法认可的拆迁方案。但我相信，到那个时候，绝大多数"钉子户"也早已自动消失了。

综上，要防止拆迁悲剧重演，拆迁条例的修改必须确立三个基本制度：市民参与、公正补偿以及独立而公正的争议裁判机制。只有在以上三个方面有所作为，新条例才不会辜负社会期望。

"拆迁条例"究竟要改什么

　　虽然成都被拆迁户唐福珍的自焚悲剧其实是农村"拆违"引起，并不适用城市拆迁条例，但是就从条例授权的强制拆迁已经造成不计其数的社会冲突和悲剧来看，拆迁条例确实到了非改不可的时候。国务院法制办负责人已经表示，将以《征收与拆迁补偿条例》取代拆迁条例。只不过拆迁的作用只是强制执行预先制订的城市规划，并非造成拆迁悲剧的根本原因。就和收容遣送是实施户籍制度的手段、城管是实施有关市容、卫生等城市治理的手段一样，拆迁只是政府完成市镇规划的手段；这个地方按既定规划要拆迁改造，而"钉子户"限期不搬、劝说无果，那么政府只有强制执行——就这么简单。事实上，哪个国家都得执法，哪个政府都得有执法权，甚至可以说哪个国家都有拆迁——只要是政府主导的城市改造，能没拆迁吗？至于网上流传的国外"最牛钉子户"逍遥多年、"违章建筑"巍然不倒，不过是开发商或政府出于恻隐之心而没有出手的个别例外，要采取行动是完全可以的；如果美国"钉子户"限期不搬，那么政府照样会强制"拆迁"，或许出手还比中国更快更猛，暴力抗法的"钉子户"肯定被送进监狱。那为什么人家拆迁就没有发生我们这里的冲突和悲剧呢？或更准确地问，为什么人家就没有我们那么多"钉子户"呢？

　　这些问题显然不是简单修改乃至废除一个拆迁条例就能解决得了的，或者说要从根子上解决问题，条例的修改必须触动更深层次的制度。固然，各地拆迁悲剧大都是由拆迁暴力引起的，但是拆迁条例本身显然没有授权这种暴力。在法律上，拆迁条例的主要问题是让拆迁"吃掉"了征收和其它所有程序。令人吃惊的是，这么多年来竟找不到一部直接规范拆迁的上位法。宪法规定了征收必须

"给予补偿"，但是没有说明是什么样的"补偿"；《物权法》第42条基本上只是复述了宪法规定："为了公共利益的需要，依照法律规定的权限和程序可以征收集体所有的土地和单位、个人的房屋及其他不动产……征收单位、个人的房屋及其他不动产，应当依法给予拆迁补偿"，但是既没有说明依据哪个"法律规定的权限和程序"，也没有规定按照什么标准"给予拆迁补偿"。事实上，拆迁条例第四条也要求"拆迁人应当依照本条例的规定，对被拆迁人给予补偿、安置"。要说拆迁条例违法或违宪，主要是因为条例意义上的"拆迁"实质上是财产征收而非单纯的执法过程，而条例没有要求宪法规定的"公共利益"就授权剥夺公民私产。然而，即便拆迁条例变成了《征收与拆迁补偿条例》，拆迁必须以征收作为前置程序，这样就能解决问题吗？经过征收程序的农村征地发生了那么多事，足以告诉我们问题的症结并不在于此。拆迁之所以在中国造成了那么多罪恶，过错不只是在于一部条例，而在于这部条例所要实现的城市发展规划及其所折射的中国式发展模式。

当今中国城乡之所以有那么多拆迁，而拆迁又造成那么多暴力，根本原因在于中国长期实行的政府主导发展模式。近三十年来，中国 GDP 高增长的经济成就是有目共睹的，但是这种发展模式的后果与代价也是显而易见的。中国经济发展的贡献主要来自两个方面，一是改革开放释放了巨大的市场活力，二是政府主动推进城市化、城市改造和基础设施建设。政府主导模式固然可以为市场经济发展打下一定物质基础，但在根本上是违背市场经济逻辑的；用政治力量发展经济不仅带有市场之外的成本，挤压市场力量的发展空间，而且也为政府寻租创造巨大机会。这是为什么市场经济的发展模式总是民营经济占主动和优先地位，政府的作用则是消极和第二位的，主要限于纠正市场自身的某些缺陷，譬如调控宏观经济、促进社会公平、提供基本福利、保护资源环境、保障食品安全等。如果政府该做的事情没有做好，却去主动介入经济发展，那么我们就看到了中国今天的发展代价：不仅食品安全没人监管、生态环境没人保护、贫困家庭没人照顾、社会保障体制落后、贫富差距不断拉大，而且权钱交易盛行、公权滥用严重，而整个社会也被带入非理性发展的歧途。因此，修改拆迁条例不只是要改其中某些程序和规则，更重要的是改革违背市场规律的政府主导发展模式。

在目前自上而下的政绩体制中，地方 GDP 一直是衡量官员表现的主要标准，而农村城市化和城市拆迁改造自然是提升地方 GDP 的捷径。仅此一项便足以解释中国的地方官员为什么总是对拆迁、征地、基础建设项目如此热衷，而对于执行那些项目又表现得如此急切。更何况在缺乏宪法约束和民主监督的情况下，所有这些项目都有大量"油水"；征地和拆迁意味着政府可以收取土地转让金，或通过低价征收、高价转让和开发商分享征收利润，不仅为地方提供源源不断的财政收入，而且也成为官员个人"灰色收入"的来源——今天有哪个贪官不和"开发""批地""修路"发生点关系？一旦征地拆迁和地方官员的仕途财路划上等号，那么我们的农村必然会以"大跃进"的速度城市化，而我们的城市则永远是一个不太平的大工地。在规划方案没有市民参与、拆迁补偿又得不到宪法保障的情况下，我们见证了公权力和私权力最糟糕的合作方式：开发商替政府赚钱，政府则授权开发商拆迁，让他们拿着公权力的"尚方宝剑"作为压低补偿的砝码；失去生计的被拆迁户不得不铤而走险、激烈抵抗，而急不可待的政府或开发商必然会动用合法或不合法的公权力强制拆迁……不打破政府主导的发展模式，拆迁或征地悲剧就必然是土地财政和"政绩工程"的衍生物。

在我看来，中国是没有理由延续这种社会代价巨大的发展模式的。近一二十年经济确实增长很快，但是人民的幸福指数却难说提高了多少。食品丰富了，但是也变得不安全了；商品充足了，但是资源耗竭了，环境恶化了；老百姓的钱更多了，但是被上涨更快的房价、物价、学费等等抵消了……让我们还是把属于政府的还给政府，把属于市场的还给市场；政府应该先把自己该做的事做好，而不要直接插手应该由人民自己通过自愿交易完成的事情。中国的城市化和城市改造一定需要政府主导吗？没有政府主动征地，中国农村是不是就不能现代化？没有政府积极规划和拆迁，中国城市是不是就不能改变面貌？我认为不是这样。不要忘记，今天城市的许多房子之所以要拆，正是因为计划经济时代单位这个"小政府"造的房子太破旧，城市居民的住房质量还是在住房商品化之后才得到实质性改善的。我们为什么不能让城市居民和开发商自愿协商开发小区呢？为什么不能让开发商和农民自愿协商自然而然地实现城市化呢？没有政府主动干预，中国的城市化和城市改造不仅会进行下去，而且会正常、理性与和平得多。政府可以审批（譬如为了控制耕地）、可以监管（譬如为了保障建筑质量）、可以裁判（为了解决私人争议），但是政府不能也没有必要直接成为城市化或城市改造的"推手"，否则被拆迁户自焚之类的场景就会不断重现在中国各地。要从根本上避免悲剧重演，必须重新定位政府在社会发展中的职能。

当然，在自上而下体制不变的环境下，各地政府是闲不住的；要消除政府的拆迁和征地冲动，必须遏制"政绩工程"和土地财政。要遏制"政绩工程"，至少要让城乡规划从自上而下转变为自下而上的过程。毕竟，城市是市民的城市，农村也是农民的农村；中国城乡发展规划必须由城乡的主人说了算，政府不能越俎代庖，不能想拆哪里就拆哪里、想征哪块地就征哪块地。宪法第 10 条规定"城市的土地属于国家所有"，但是"国家所有"显然是指全民所有而非"政府所有"，政府只不过是土地的管理者而非所有人。即便土地的全民所有权太大太空，土地的使用权是具体的，人民对如何使用自己生活的那片土地有发言权；附着在土地上的房屋更是属于人民所有，人民显然对如何处置自己的财产有发言权。作为管理者的政府无权以土地所有者自居，什么时候想征就征、想拆就拆，并强迫土地使用权和房屋的主人搬走。财产征收（也就是拆迁）必须符合宪法规定的"公共利益"，而官员"政绩"显然不等于影响百姓生活的公共利益。政府官员在乎"政绩"和 GDP，但是老百姓并不在乎这些；他们只希望住在一个安全、无污染、有保障的地方，而不用担心失去自己的房子或土地。要保证征收和拆迁确实符合"公共利益"，而中国城乡得到符合基本理性和人性的发展，就必须由当地老百姓参与规划。

我注意到，拆迁条例修改草案尝试将"公共利益"区别于"商业开发"。这种界定固然必要，但是在实践过程中颇难把握。这主要是因为"公共利益"不是一个严格的法律概念，很难通过一张清单罗列清楚，或者即便制订这样的清单执行起来还是会扯皮，因而即便美国、德国等法治国家的法院也基本上放弃了公益界定，而将其留给地方民主政治过程处理。"公共利益"是一个政治概念，征收是否符合公益未必存在客观标准，而主要取决于当地人民是否满意，因而自然离不开地方民主参与。因此，与其将关注焦点集中在界定"公共利益"，不如完善保护"公共利益"的民主决策机制。政府规划过程应按照《信息公开条例》的要求做到公开透明，征地、拆迁以及安置补偿方案必须及时公布，并广泛征求当地人民尤其是拟拆迁地区居民的意见。如果还是像现在这样政府关起门来规划、和开发商悄悄分红，等一切都内定了再通知被拆迁户限期搬迁、否则就诉诸各种强制手段，那么不仅无法避免大量幕后黑色交易，而且也无法防止层出不穷的拆迁或征地悲剧。广州番禺经验告诉我们，连垃圾处理方式都需要有效的公民参与才能得到理性解决，否则会出大问题，更何况和人的基本生存攸关的拆迁或征地呢？

断绝土地财政则要从两方面入手。第一，在保证地方民主监督的基础上，中央有必要下放部分财税立法权，使地方政府可以通过正常的征税过程满足正当的财政需求。1994 年实行分税制后，中央财政收入得到保障，但是某些地方财政却遭遇困难，从而在客观上加剧了土地财政趋势。如果不改变税收立法的中央集权体制，那么至少需要重新划分中央与地方税源，使地方财政足以承担正当的地方公益事业，同时进一步精简地方机构，尽可能减少地方冗员和挥霍浪费。当然，在自下而上民主机制不能确立的情况下，第一点实际上是很难做到的。第二也是更重要的，只有落实"公正补偿"原则，才能防止拆迁或征地成为地方政府生财之道。如果政府必须按照公平市价给予补偿，如果被征收的土地或房屋在市场上值多少政府就必须补偿多少，征地或拆迁成本很高、在原则上不再是赚钱的行当，那么地方政府也就不会那么热心征收了。中国城乡得以在自愿自主基础上按照市场规律稳步发展，各地自然也就不会出现那么多拆迁或征地悲剧了。

在此基础上，可以比较拆迁条例的三种修改方案。一是在现有拆迁条例上小修小补，旨在完善拆迁必须经过的行政程序，但是这种方案显然不足以解决中国拆迁或征地出现的问题。二是索性像当年废止收容遣送办法那样废除整个拆迁制度，以一种更为人性化的执法模式取而代之。其实作为正常的执法手段，本来是没有必要专门规定拆迁或收容遣送的，而我们之所以需要专门的拆迁条例和收容遣送办法，正是为了执行国家的特殊使命——城乡发展和户籍制度，以至于拆迁和收容遣送成了地方政府的常规职业。如果目的已经失去了正当性，那么手段自然也应跟着废除；"皮之不存，毛将焉附？"我们之所以废止收容遣送制度，最终是因为户籍制度本身不正当；现在政府主导的城乡发展模式已经对中国社会产生了如此严重的后果，其正当性已经受到如此严重的质疑，是否还有必要保留拆迁作为特殊的执法制度呢？我认为，如果中国确实可以在短时间削弱政府主导作用、走向真正的市场发展模式，那就没有理由不废除拆迁概念；但是如果一时达不到这个目标，如果政府主导的规划、征地、拆迁仍然是中国社会发展的引擎，那么简单废除拆迁不但不能改善现状，而且还会因为公权力进一步失序而加剧政府主导模式的恶果。在这种情况下，为了有效规范征地和拆迁领域的公权力，目前仍有必要保留但是从根本上修改拆迁制度。这就是第三种方案。

不论是取代还是修改拆迁条例，新的法律方案必须建立在重新认识并建构中国发展模式的基础上。城市改造和城市化过程应该主要由市场力量带动，由私人各方通过自愿交易达成协议进行；开发商应该和居民而非政府直接打交道，如果居民不同意开发方案就只能作罢，根本谈不上"拆迁"。政府的角色应限于仲裁者而非当事人，征地和拆迁应成为中国社会凤毛麟角的稀罕事，而不是政府乐此不疲的家常便饭。在这个前提下，如果确实还需要动用公权力征收或拆迁，则必须满足如下基本条件。第一，程序重心必须从目前关注的拆迁前置到城乡规划和征收。拆迁只是整个程序的最后一步，而公民参与必须被提前到第一步；拆迁程序应被归并为征收程序的一部分，作为决策程序完成之后才能启动的执法步骤。程序改革的重中之中正在于保障公民对整个规划决策过程的有效参与，公民参与的范围包括城乡区划、开发选址、改造方式、征收补偿标准等事项。第二，城乡规划方案必须符合公共利益和公正补偿的基本原则。事实上，公民参与是保证公共利益和公正补偿的第一道屏障，而公平市价的补偿标准也迫使政府按市场规律办事，以资源利用最优的方式发展中国城乡。最后，公民参与过程中出现的争议应通过民主和法治机制加以解决，尤其是安置补偿标准应经过独立和中立的评估机构审核，最终可经过司法裁判确认。

这样的程序看上去相当费事，但这也正是其目的所在：征收和拆迁以性命攸关的方式影响着人民的生存和生活，政府决策能草率吗？如果新法规定的程序如此麻烦，以至地方政府不胜其烦、最终放弃，而整个中国社会也可以按照市场规律和自身需要正常发展，而不是继续在政府主导下"被发展"，那么唐福珍事件对中国社会进步的推动作用甚或超越当年的孙志刚事件。

公平市价才是公正补偿

据《新京报》2009 年 6 月 17 日报道，"北京拆迁补偿将全面参照市场价。"如果这一规定得到有效落实，无论对于保障公民财产权、控制政府权力、遏制官员腐败还是优化社会资源配置、促进社会和谐都将具有积极意义。

不可否认的是，伴随着城市化和城市改造的进程，征地和拆迁成为产生社会矛盾的主要源头，征地和拆迁纠纷占了每年上访数量的大头。各地政府之所以热衷于征地和拆迁，除了发展和改造的政绩带动效应之外，主要是因为土地买卖的巨大差价使得征地成为无本万利的交易和地方政府的主要财源。如果政府卖给开发商的基本上是市场价，那么发给被征收者或被拆迁户的则一般远低于市场价；有的地方在执行过程中故意压低、克扣补偿，有的地方则规定的补偿标准本身过低。贱买贵卖，政府的"圈地冲动"由此产生。

由于补偿不到位，被征收者和被拆迁户的基本生计得不到保障，造成大量集体上访和群体性事件。同时，由于征收成本过低，政府在决定过程中并不精打细算，因而往往也不珍惜通过征收获得的资源。近年来，各种"开发区"被闲置、荒置的事例并不少见，造成稀缺社会资源的极大浪费。事实上，由于政府强制征收扭曲了土地使用权交易的市场规律，社会资源浪费可以说是必然后果，而这种浪费因为政府的利益驱动而变本加厉。最后，征地收入不仅进入了地方政府的金库，而且也部分进了官员个人的腰包，目前揭发出来的各路贪官污吏大都和征地或拆迁有染。由此可见，不按市价补偿的征地权会产生何其可怕的后果。

对于征地或拆迁补偿，中国宪法和法律并非没有规范，但是规范不够清晰和刚性。2004 年，"人权""私有财产"和"补偿"等概念首次入宪，但是修正案并没有明确规定补偿数额必须"公正"。《物权法》在起草审议过程中一度引入"合理补偿"概念，但是这一概念弹性过大，而且最终也没有采纳，而是沿用了传统的"依法补偿"原则，而法律所规定的补偿标准显然未必达到按市价计算的公正补偿，由此便造成了上述种种后果。

反观法治国家，宪法一般都规定征收必须给予"公正补偿"(just compensation)；在司法实践过程中，这就意味着按照"公平市场价值"(equitable market value)的补偿。原则上，这块地或房屋在市场上值多少钱，政府就得付给被征收者多少钱，然后向开发商收多少钱；以同样价格买进卖出，征地给政府带来的净利润是零。既然赚不到钱，何必那么起劲征地呢？因此，一旦实现公正补偿，政府就失去"圈地冲动"了。其实如果买者愿买、卖者愿卖，居民和开发商自愿达成协议，本来就没政府的事。城市化和城市改造完全可以让市场发挥更大的引擎作用，政府只是在城市规划过程中发挥次要的辅助作用；即便政府直接参与，也必须遵循公平交易的市场原则，按公平市价给足补偿。

当然，补偿金额高了，征收和拆迁成本就大了。譬如在北京西城区西长安街的拆迁中，市场评估确定的补偿基础价格高达 3 万/建筑平米。这岂不是意味着黄金地段拆不起、搬不动了吗？这个问题其实不难回答。如果拆迁后重建的资源效率确实比以后高，那么即便拆迁成本很高，重建后也可以很快收回投资，因而没有理由不提供公正补偿。反之，如果拆迁得不偿失，以致政府无力支付"天价补偿"或找不到一个愿意支付天价的开发商，那显然意味着不该拆迁，至少不该拆迁那个地方；如果确实需要一块地开发什么项目，那就只能选择在价格更低廉的地方。市场的作用正是通过价格机制自动实现社会资源的最佳配置——总不能拆了市中心盖个猪圈吧？但是如果政府强制行为打破了市场规律，那么最后效果在本质上如出一辙。

至于公正补偿是否会进一步带动房价上涨，我作为外行无权猜测，但可以说的是房价控制总不应该建立在剥夺财产权和浪费社会资源的基础上；如果公正补偿确实意味着房价或地价上涨，那只能说是社会发展不得不付出的代价。况且在目前房价中征地收入占了相当部分，因而如果补偿到位将削减政府的"圈地冲动"，更多的城市开发取决于当事人自愿，从而省却了政府征收的中间成本，那么房价是否会显著上升还是一个未知数。

一旦确定了市价补偿原则，还有诸多技术问题需要解决——如何定义"市价"（尤其是开发通常会使地价升值，因而究竟补偿哪个"市价"——开发前、开发后还是某个中间值？）、如何保障市价估值客观准确、如何保证估值程序公开透明……虽然细节决定成败，但毕竟还在其次，首先必须将原则确定下来。北京此次领全国之先明确了公正补偿这个大原则，落实并发展了模糊抽象的宪法补偿要求，并在社会公正上迈进了一大步，值得全国各地效仿；而北京本身也不应将公正补偿局限于城市拆迁，而是应该将其平等适用于农地征收等所有性质类似的政府行为中去。

有偿无偿都得给个说法

2009 年 3 月，《土地管理法》修改意见稿对住宅到达 70 期限后的土地使用权改变了说法，从原来的"无偿自动续期"变成"按照国家有关规定自动续期"，从而给有偿续期"留了一手"。许多人都认为这是制度上的退步，国土资源部官员也被迫出来表示是否有偿尚无定论。也有人认为这是目前制度下的最佳选择，至少明晰了住宅使用权的界定。我认为这个问题其实没有一个正确答案，而两种论点也都没有什么根据。

明晰产权论是可笑的，因为无偿续期本来是一种简单而明确的制度安排，就像银行的自动转存，到时候继续住着就是；有偿续期则打开了一个潘多拉盒子，"有偿"究竟是多少、交一次钱管多少年、以后还交不交、交多少一概统统不知，按现在的情形也不可能准确预料。在这种情况下，请问有偿续期如何能"明确产权"呢？在我看来，它只能使原本模糊不清的国有土地所有权和使用权更加不明晰、更加不确定。当然，这未必意味着有偿续期一定是"制度上的退步"；土地使用权当然还是可以收费的，不过前提是政府可以拿出像样的理由，说明为什么要收费、收的钱要拿去干什么。换言之，无论续期有偿无偿，政府都得给一个能站得住脚的说法。

不错，1982 年宪法第 10 条确实规定了"城市的土地属于国家所有"，但"国家"是什么？"国家"当然包含政府，但是显然不能和"政府"划等号。简言之，"国家"是人民和政府的综合体；构成国家的主体是人民，政府只是代表人民行使权力而已。这在宪法第 2 条中说得很清楚。事实上，宪法第 9 条规定："自然资源都属于国家所有，即全民所有"，可见城市土地在性质上也是属于"全民所有"，而不是政府所有；人民才是拥有土地的主体，政府只是代表人民管理土地使用权而已。问题当然是在于"人民"只是一个虚构的概念，在一般情况下是不具备行动能力的。这样，属于人民的土地所有权实际上旁落到管理土地的政府手上，管理者成为事实上的所有者，从而衍生出中国土地上的许多悲喜剧来。

既然政府实际上控制着土地，那还有什么好说的？但是不论现实如何，道理总还是要说的，而且中国人强调"名正言顺"；既然宪法规定了土地是全民所有，而不是政府自己想动就动的私家财产，对土地使用权续期收费必须"师出有名"。在我看来，有偿续期和征收物业税属于同样性质的行为，而是否征税、征多少税显然是应该交给人民及其代议机构讨论的公共话题；政府当然是可以征税的，只不过征税必须具备人民可以接受的正当理由，没有理由的征税显然是不正当的征收行为。既然如此，有偿续期也必须具备正当理由，否则人民无论在道义上还是法律上都没有义务对使用本来就属于自己的财产交费。

事实上，既然政府替人民打点这块土地，即便无偿续期也要给个理由；如果确实能保证"取之于民、用之于民"，政府收了土地使用费之后会投入对社会更有利的公益事业，进而增加社会财富和公共福利，无偿续期岂不是反而让人民自己损失了吗？当然，在不能保证税费开支不花在"三公"和楼堂馆所等政府"自肥"项目的情况下，人民对任何新增税费的第一反应是表示反对也属于自然之理。由此可见，无偿续期或许应该作为土地全民所有制的初步推定；要改变这个推定，政府得拿出正当理由，而且这个理由不能是一般的、笼统的、模糊的，而必须是具体的、清楚的、令人信服的。

总之，大家且别忙着给有偿无偿下结论，先让政府给个说法；如果连政府自己都还不知道呢，那么最好是在和人民对话的过程中把这个问题弄清楚。

用人均收入取代 GDP

2009 年 9 月 7 日，媒体报道了国家统计局发布的最新报告，报道标题是"人均国民收入 2770 美元"。这当然是一个可喜的进步，尤其是报道的关注点从传统的国内生产总值转移到"人均收入"。于是我带着兴奋查阅了长达 8 个网页的统计报告，可让我失望的是这只是统计局引用世界银行资料的短短一句话，而不是自己算出来的数字。报告还是以"国民经济综合实力"开篇，到第六篇才谈到"人民生活"并分别列举了城镇和农村居民收入，但就是没有给出中国总体的"人均收入"。这说明统计局还是不重视这个概念，至少它在政府眼里仍然远不如 GDP 重要，因而虽然媒体将"人均国民收入"作为标题，但是这个从世界银行拿到的数字和整篇报告并没有什么关系。

其实我早在比较中国和外国地方财政时就发现，我们对 GDP 的情有独钟是颇有些"中国特色"的，因为美国等许多国家很少用 GDP 说事，"地方 GDP"似乎更是闻所未闻的概念；他们的统计一般都用地方人均收入和公务行业薪水，而我们则很少关注这些概念。事实上，我查遍了国家统计局每年发布的《中国统计年鉴》，仍然查不到中国人均收入这个数字，但是从媒体报道的方式来看，普罗大众真正关心的是人均收入而不是 GDP，而 GDP 及其增长速度至今仍然是评价各级政府政绩的主要标准。

人均收入和人均 GDP 并不是一个概念，前者只是后者的一部分，而且在中国还不占大头。不同的计算方法得出中国人均收入占 GDP 的比重不等，有 40% 甚至更低的。既然没有统计局的权威数据，世界银行的计算口径也未必和国内统一，我这个非经济专业的就不在此冒险了，但是一个共识是中国人均收入占 GDP 比重远低于美国等国。究其原因，是因为一个地方的 GDP 涉及工资、消费、投资、出口等多方面，而中国的工资和消费水平一直偏低，工资增长速度赶不上 GDP 和政府财政收入的增长，以至收入占 GDP 的比重不升反降。

这和市场经济的发展方向是背道而驰的，因为市场经济意味着藏富于民，人民掌握着更多的可支配收入和财富，通过消费和供给的市场交易促进国内产值的增长，因而工资收入占 GDP 的比重必然相当高；相反，计划经济则主要依赖政府投资生产资料或基础建设来拉动 GDP 增长，政府或国有企业占有大部分社会财富，再加上劳工组织无力在行政主导模式下为劳动者争取权益，个人收入占 GDP 的比重必然很低。中国改革之路虽然是从计划到市场，但是由于市场改革仍然带有相当大的政府主导成分，经济增长在很大程度上依赖出口和各级政府对基础建设的投资，低工资成为这种增长模式的标志。

当然，对于中国这样的发展中国家，政府对经济增长发挥更大的主导作用是正常甚至必要的，但是三十年的改革历程也让我们看到了这种增长模式的诸多弊端。地方政府对 GDP 的片面追求不仅压缩了收入增长空间，而且造成了大量重复建设、资源浪费和环境破坏；一旦成为政府官员的政绩，GDP 增长不仅未必等同于社会财富增长，而且可能成为社会畸形发展的代名词。要将各级政府在 GDP 的盲目竞赛中悬崖勒马，有必要改变衡量政绩的标准；如果在改革初期提出将 GDP 增长和政府绩效挂钩的建议具有一定的积极意义，那么今天这种考核体制已经流弊尽显，应该及早将考核指标从 GDP 变换为人均收入。只有能够最大程度地促进地方人均收入的政府，才是值得肯定的好政府。

不错，人均收入并非人民幸福指数的全部衡量；它既不能直接体现基础设施或社会治安，也未必能反映生态环境的优劣，但它毕竟是人民福祉的最直接和最重要衡量。长期以来，我们的政府工作报告一直标榜 GDP 和财政收入的迅速增长，但是这些指标和人民福祉之间究竟是什么关系却不容易说清楚；至少，我从未看见任何发达国家炫耀政府财政收入并将其作为社会发展的积极指标。为了发展真正的市场经济，让人民自己对经济发展发挥更大的推动作用并从中得到应有的回报，还是将我们的评价体制和统计思维更重视人均收入的好。

伍、人权保障是宪政目的

——宪法第 33 条重在落实

2004 年修宪不仅明确提出"私有财产"概念，而且也首次将普遍"人权"纳入共和国宪法的视野。宪法第 33 条现在明确规定："国家尊重和保障人权。"为了履行人权保障的承诺，国务院发布了《国家人权行动计划》，但是该计划承诺的多项保障仍有待实施。尤其是虽然全国人大常委会已经批准《经济、社会和文化权利国际公约》，但是弱势群体的生存权仍然未能得到基本保障。

事实上，要履行人权保障的宪法承诺，国家未必需要去做太多事情。在大多数情况下，政府自己要谨慎克制，避免侵犯公民的基本自由和权利，同时恪守平等原则，平等对待不同人群。宪法第 33 条同时规定："公民在法律面前一律平等。"但是时至今日，歧视广大农民的户籍制度仍然健在，城乡二元体制对农村竖立的座座藩篱仍未拆除，落实宪法第 33 条的承诺依然任重道远。

平等权的一个重要方面是教育公平，青少年是这个国家的未来希望。1982 年宪法第 46 条规定："公民有受教育的权利和义务"，但是不仅各地基础教育投入和实力极不均衡，而且大学招生更是明确为各省配置录取名额，旨在保证本地考生的录取比例。譬如北京大学为北京市考生划拨的招生指标占当地考生比例是全国平均数的 50 倍，不禁产生了"北大究竟是中国的北大，还是北京市的北大"之疑问，京外名校对当地考生的地方保护和对外地考生的排斥歧视更为严重。要落实宪法第 33 条，不能不首先取消招生指标制度，实行统一考试、公平录取。

让人权行动起来

2009 年 4 月，国务院发布了《国家人权行动计划》，向世人展示了中央政府推进中国人权发展的意愿和决心。在内容上，《计划》的覆盖面十分广泛。从积极的经济、社会与文化权利到消极的公民与政治权力，从针对弱势群体的权利保障到全社会的人权教育，《计划》不仅涵盖了《世界人权公约》的主要权利，而且丰富和细化了中国 1982 年宪法第二章的人权内涵，并针对中国现实需要提出了具体的努力方案（如汶川地震后的人权保障）。《计划》表明，中国人权在内容上已经和世界基本接轨。

更重要的是，《计划》并不是一本单纯的人权宣言书，而是一份相当具体的"行动"方案。近年来，中国公民和政府的人权意识迅速提高；2004 年人权入宪，标志着尊重与保障人权已经成为中国社会的广泛共识。然而，虽然意识是行动的前提，人权最终必须落实在行动上，否则规定得再好也只是一个门面，广大人民并不能享受其实惠。在这个意义上，《计划》难能可贵地表达了中央政府推进人权的行动意愿。如果人权可以真正"行动"起来，则无疑是国家之幸、社稷之幸、万民之幸。

人权行动的主体是谁？《计划》的标题表明，行动主体是"国家"。从上下文看，这里的"国家"主要是指中央领导下的各级政府。虽然没有规定具体的实施机制和问责标准，《计划》规定了各级政府尊重、保护和改善人权的具体义务，其中规定的所有公民权利当然都意味着政府责任。因此，《计划》的性质是为全国各地规定相对统一的权利底线，由各级政府在中央领导、监督和推动下努力实施。如果能够得到落实，《计划》代表了一种全新的治理模式，形成了中国执政方式改革的未来走向。

事实上，规定和落实基本人权应成为中央政府的主要任务。长期以来，中国一直是一个自上而下的行政国家，中央是推动社会变革的主要动力。但是三十年改革开放打破了传统模式，大量权力下放到地方。中央放权增进了地方经济活力，并为地方自治留下了充分空间。然而，放权并非意味着放任不管；否则，地方政府自行其是不仅将造成严重的地域歧视和保护主义，而且将造成"上有政策、下有对策""政令不出中南海"等见怪不怪的现象，使宪法和中央法律对公民权利的保护流于形式。

如果中央既不能什么都管，也不能放任地方自由，那么究竟应该管什么？《计划》提供了一个和传统模式不同的答案——中央将工作重点放在规定和保障公民的基本人权。其实在一个"以人为本"的社会，公民权利保障理应构成各级政府的全部要务。在这个意义上，《计划》只是转换了一个视角，从权利保障的视角重新看待中国政府职能，而中央的主要职能或许并非直接领导地方政府实施具体权利，而是为全国各地的公民规定一条相对统一的权利底线，并通过有效的方式监督实施之。当然，《计划》只是规定了09—10年的中国人权底线。随着中国人权的不断发展，这个底线也会"水涨船高"，公民所享受的公共服务水平应逐年上升，公权力滥用对公民权利所造成的侵害则应连年减少，因而标准应该日趋严格。地方政府当然也没有必要拘泥于《计划》所规定的基本标准，而是尽管可以做得比中央底线做得更好。

既然人权重在行动，《计划》的实施机制就成为决定人权是否能行动起来的关键。《计划》没有明确说明实施方案，因而尤其有必要进一步探讨。当然，中央可以通过政党控制人事任免等手段追究地方责任，但是我们毕竟只有一个国务院、一位总理和人数相当有限的中央部门工作人员；尤其在政府机构精简的大环境下，中央的资源实际上相当有限，无法亲自一一监督并有效防止各地各级官员的滥用权力乃至贪污腐败。因此，要落实《计划》规定的人权目标，仅依靠传统的组织控制是不够的，否则就不可能突破"上有政策、下有对策”的传统宿命，《计划》也将成为行动不起来的纸面文字。

　　其实落实《计划》并不难，答案就在《计划》中。如果中央落实《计划》的能力有限，那么不妨依靠人民监督各级政府兑现《计划》中的承诺。毕竟，既然人权保障的受益者是广大公民，《计划》的落实必然离不开公民的有效参与。除了经济、社会和文化权利之外，《计划》还规定了公民与政治权利，其中包括公民的参与权、知情权、表达权和监督权。这些权利不仅自身是极其重要的，而且它们的保障也是落实《计划》中其它权利的必要前提。试想，如果公民不知道每年五万多亿的政府开支花在哪里，如何能保证纳税人的钱不是用在"三公"或豪华楼堂馆所，而是花在医疗保险、贫困救助、义务教育、环境保护等真正需要投入的地方？又如何实现"学有所教、劳有所得、病有所医、老有所养、住有所居"的理想目标呢？如果人民不能自由表达自己的遭遇，那么中央如何发现并整治地方官员的贪污腐败、违法征地或刑讯逼供？又如何保障公民的人身权、财产权乃至生存权不受侵犯呢？如果人民不能通过规范的选举选出真正代表自己利益的代表，通过代表决定适合自己需要的立法和政策，进而产生和监督执行政策的官员，那么如何保证政府官员对人民负责？又如何保证各级政府只做《计划》要求的事情，而不做《计划》禁止的事情呢？

　　因此，虽然《计划》所涵盖的都是国家亟需保障的基本人权，人民的参与权、知情权和表达权却是重中之重。有了人民的参与，中央会发现《计划》的落实是何等轻松。人民选举为自己办实事的代表，决定真正符合地方需要的政策，地方政府自然会关注义务教育、社会保障、安全健康、环境保护等关系当地百姓生活的公共利益，而违法征地等侵害当地百姓利益的行为及其引发的集体上访和群体性事件自然大量减少。有了人民和人大代表的监督，政府官员自然不敢贪污腐败、违法乱纪、滥用权力，自下而上的选举也将从根本上断绝买官卖官的腐败链。人民参与的公共财政本身将保证人民的税钱最有效地用于促进当地经济和社会发展，而人民的知情监督将保证政府开支远离挥霍浪费。如果地方仍然偶尔发生违法或贪腐事件，那么人民的自由表达和新闻监督也可以让中央在第一时间了解地方的真实情况并及时采取行动，而用不着等到民怨沸腾直至产生群体性事件。

当然，人权的落实还离不开司法保障。如果经济、社会和文化权利主要依赖行政的积极推动，那么公民的人身权、财产权以及参与权、知情权和表达权等政治权利则更多取决于司法的消极保护。因此，虽然《计划》规定的义务主要针对各级行政机关，但是《计划》的落实也对司法体制提出适当的要求。如果不能保证司法公正，《计划》的落实还是取决于行政的自觉自愿，那么人权还是难以得到有效的法律保护。

总之，要让人权行动起来，我们不仅要有良好的目标，而且需要有效的手段。《计划》或许是中国人权行动的起步，而其进度将取决于落实《计划》的立法、行政和司法机制。最重要的是，人民并非被动的受益者，《计划》的落实最终离不开人民作为行动主体的有效参与。

生存保障，政府有责

　　基本人权重在落实，而要实现人权保障，政府不仅要有所不为，而且在必要的情况下必须有所作为。2009 年，重庆南岸区长生镇的租赁户周传艳在家中死亡多日却无人知晓，留下三岁和一岁两个女儿守在身边不断喊饿。[1] 死者丈夫和家中打不通电话已有六日，可见母亲从那时起就已经失去了料理能力。在这长达一周时间内，两个孩子滴米未进，生存状况令人不敢想象。在死者床头木框和窗户下方的墙壁上，记者看到了或深或浅的抓痕；大女儿的指甲缝里也全都是墙灰和木屑，可见是极度饥饿后抓墙或抓门时留下的。一岁小女儿则沾上尸体渗水，已染上肺炎。即便在悲剧频仍乃至司空见惯的今天，这种场景仍然令许多网友震撼落泪。

　　悲剧哪个国家都有，即便在发达国家也会偶然发生人死在家中数日的事件，但是这类事件近年来在中国实在太频繁了。就在以上事件发生后的一天，一位清洁工因高强度、长时间连续工作一个月，在此期间没有休息过一天，终于某日长眠不起。[2] 这些事件折射出中国社会底层的生存状态：他们拿着马克思当年所说的"生存底线工资"，不得不长时间从事高强度劳动才能勉强养家糊口，缺乏适当的休息和医疗保障，甚至连简单的"生理再生产"也满足不了，长此以往逐渐耗竭了生理资本。进城的农民工更是遭到"原子化"，不能融入正常的城市社区生活，成为一个个单打独斗的"游魂"。在城市这个陌生的"自然丛林"面前，他们中间必然有人力不从心，

1　范永松、黄艳春、钱波："母亲家中身亡，小姐妹躺臂弯里守尸 3 天"，《重庆晚报》2009 年 3 月 3 日。

2　何剑辉："56 岁清洁工每天干活 13 小时，睡梦中离世"，《信息时报》2009 年 3 月 4 日。

最后发生以上悲剧实属"正常"、在所难免。

不错，要避免类似的悲剧重演，城市社区应该发挥更大的作用，主动接纳农民工家庭。事实上，目前已有 2000 多人前去医院看望那两个孩子，反映出当地居民有愧疚和补救之心。然而，让我们不要忘记政府的作用。我们建立并供养政府，显然不只在于政府不能为非，而是要让它为社会保证一个符合基本人道的生活；显然不在于像这次事件中的地方政府那样只管理外来人员的户口登记，而是要让它为生活在社区的每一个人提供基本的公共服务。当然，政府的资源、能力和作用都是有限的，显然无法保证每家每户的基本健康和安全，但是政府建立的体制性保障将极大减少此类悲剧的发生。

如果当地政府可以通过财政维持比较有效的免费医疗，允许低收入居民和农民工以相对低廉的成本看病和体检，那么这次事件中的母亲或许可以及早发现自己的病因；如果当地政府可以允许农民工的孩子进当地的幼儿园，那么那个已满三岁的大女儿很可能得到幼儿园老师的帮助……我们还可以假设许许多多地方政府该做而没有做的事情，而任何这类作为都有助于为社会弱势群体保障一个基本体面的生存底线，使这个社会的生活更加人性化。因此，当这种悲剧发生之后，我的第一反应仍然是：政府失职了。

当然，未必只是地方政府失职了。公民健康与安全的制度性保障不是天上掉下的免费馅饼，而是需要大量的资金投入，贫困地区的地方政府必然无能为力，因而只有依靠上级和中央政府的转移性支付。纳税人每年给各级政府总共上交高达五万亿元的税，因而中国政府是不缺钱的，关键是这些钱应该怎么花。本文落笔之时，中国正在召开"两会"，全国人大承载着决定国家预算的重要职责。我认为，我们早就该好好反思自己的税钱该花在什么地方了。

别让"奥运专道"成为特权车道

人权当然是指普罗百姓的权利，而不是少数官员的特权，但是中国的特权现象尤其严重。至今记忆犹新的是奥运期间限行，某天轮到我的车上路，清晨兴冲冲开车出门，原以为必然一路畅通无阻，因为奥运期间私车分单双号出行，车流量至少减半。可没想到，北五环的万泉河路却比以往任何时候都更拥堵。再一看，原来是左道被划为"奥运专用车道"，一般的车都不让进。这条路本来就不宽，遇到入口处就剩两条道。现在又堵上一条，原先三条道上的车都往一条道上挤，能不堵吗？但见"奥运专道"空空荡荡，剩下那条道则浩浩荡荡，排满了大小车辆，反差何其大也。偶尔有一两辆高档车在"奥运专道"上旁若无人地飞驰而过，想必是哪个位高权重的机构或个人的座驾，无需和平民百姓一样遵守奥运规则。

奥运临近，全国尤其是北京固然要做好充分准备，普通百姓在日常生活中为此付出些许代价也自然在情理之中。但是即便在奥运的头号任务面前，有关部门还是应该"以人为本"、统筹安排，兼顾老百姓日常生活的需要，避免增添不必要的负担和不便。譬如以"奥运专道"为例，虽然保证奥运车辆畅行的必要性是显而易见的，但是否有必要禁止一般车辆进入奥运专道？可以想见，这些专道的利用率一般是很低的。如果在奥运期间有专门车辆通行，完全可以采取和"110""120"等特殊车辆优先通行同样的规则，或如果确实在特殊情况下有必要，至多可以在特定线路上提前安排警力，保证奥运专道畅行无阻。

在整个奥运期间禁止一般车辆进入奥运专道不仅是没有必要的，而且极大加重了原本已经不堪重负的北京交通负担，以致虽然规定单双号轮流出行，不少地方的交通负荷仍不降反升。据报道，北京市在二环、四环、五环及市区主要道路规定了总长度达 285 公里的奥运专用车道；无通行权的车辆如擅自占用，将被处以 200 元罚款。这种简单化的规定只能是人为增加奥运期间的交通堵塞，并使奥运专道成为少数车辆的特权车道。我们不知道获得"通行权"的标准是什么，但是可以肯定一般车辆是不可能获得这种权利的；除了奥运专车之外，只有特殊渠道的人或机构才能享有这种特权，而这恐怕不是设置奥运专道的本意。

奥运专道使我联想起在北京经常遇到的特别交通管制。记得有一次也是在万泉河路上，我和家人赶火车，恰好遇到不知是哪一位国内领导还是外国政要巡游，警察硬是让高速公路上所有车辆都停下来，静候那位大人驾到。一等至少十多分钟，路上车辆越积越多，颇有水泄不通之势。情急之下，我们只好从出租车上卸下大小行李，准备大路不走走小路，但是小路上也没能等到车。过了好一会儿，那位大人和随行终于大驾光临，不过两三辆车；呼啸而过之后，车流才缓缓启动，我们赶紧又上了原来那辆出租车。如此折腾又为哪般？

我在京外还没有机会遇到过这等壮观的场面，大概是"够级别"的官员不够多的缘故。但在北京，平日遭遇交通管制几乎已成家常便饭，只是不如那一次印象深刻而已。多数时候，也是像奥运专道那样专门由警察空出一条车道，临时供领导专车使用。这种做法显然增加了一般交通的负荷，但是除了造成"如临大敌"的场景之外，究竟给领导的工作带来多大便利？而这种现象之所以成为京城的常态，恐怕主要还是特权意识在起作用。

既然今天都在提倡"人文奥运"，至少奥运应多体现一点"以人为本"的精神，少一点特权意识的标志。

户籍制度是户口造假的制度根源

　　长期以来，城乡二元体制与户籍制度不仅歧视了广大农民的基本权利，而且也造成户籍造假等种种社会怪像。据报道，有四名犯罪嫌疑人合谋用过期的人事局介绍信、虚假的高校派遣证、无效的公司户籍申报等材料，在三年中为 91 人成功办理了北京市户口，因而被控告犯有买卖国家机关证件罪。[1] 我不是刑法专家，不能肯定这项罪名是否能在诉讼中成立，但至少有两点是可以肯定的。一是形形色色的户口造假现象之所以存在，完全是起因于近年来广为诟病、迟早要退出历史舞台的户籍制度；二是户籍制度及其造成的制度性地区差异一日不改，户口造假现象便一日不止。我相信此次报道的事件绝不是第一起户口造假，也不会是最后一起，更不局限于北京一个地方。

　　户口造假不是没有一点成本。本案的造假者从这些造假户口中总共获得过一百多万元，可见利用这些户口进京的平均每人至少得付出一万多元。但是和进京的好处相比，这点成本算得了什么？谁不知道北京是中国的政治、文化中心？谁不知道北京的整体生活水平高、各种资源和机会多？就从北京大学毕业生的第一选择是出国深造、第二选择留北京工作这个普遍事实，就知道北京是"天子脚下"人人想去的地方。和绝大多数城市相比（更不用说农村），在北京不仅可以享受更好的就业机会、更高的平均薪水、总体上更舒适的生活，而且也能享受更优质的公共服务，无论是医疗、养老、交通、市容、卫生还是教育。户籍在北京的孩子不仅可以享受平均水平比其它地方高得多的基础教育，而且高考时北京高校对本地考生

1　"3 份假材料办下 91 北京户口"，《新京报》2009 年 2 月 13 日。

在录取标准上还有巨大优惠，而北京恰恰集中了全国最多的知名学府。

　　北京有那么多的好处，难怪在那么多人眼里有那么大的诱惑。然而，在北京工作和生活的前提条件是有北京市户口。只是人在北京并不意味着什么，譬如那些农民工可以在北京打拼几十年，但是按照现在的制度设计，他们到老了还得回到户籍所在地；因为他们没有北京户口，所以不能享受医疗保险、失业救济、退休待遇等福利保障，也没有资格在北京买经济适用房；他们的子女在北京不能免费接受义务教育，不失为权宜之计的民工子弟学校还被叫停了。这样，等到他们不能卖力挣钱的时候，他们还租着北京的房子干什么？长期以来，报考北京公务员的基本条件之一就是具备北京户口，直到前两年才有所放松；即便在北京上学的大学生毕业后到其它地方工作，一旦户口转出了北京，那么除非再通过考研、工作调动、配偶随迁等极有限的途径将户口转回北京，回北京长期工作的前景是很渺茫的。在不能通过合法途径留北京的情况下，某些人打起户口造假的主意就不足为怪了。事实上，屡禁不止、源源不断的"高考移民""高中移民"乃至"初中移民"也不过是高明一点的户口造假形式而已。

　　那些花钱办假户口的人无非是为了获得孩子上学、买经济适用房等北京资源的资格，他们或许是有错的；那些帮助造假的人利用这些人的心理违规操作、从中牟利，他们或许是有罪的。然而，真正的"原罪"不在这些人身上，而在于目前正在改革中的户籍制度。谁都知道户籍制度的不公正，在此无庸赘述了，而正是户籍制度造成了全国各地如此巨大的差异，让北京等少数大城市集中了如此不成比例的优势资源，让趋之若鹜的进京者不择手段获得北京户口，也为户口造假者创造了一点和制度本身的不公正相比或许不算什么的寻租机会。事实上，户口造假甚至可以被认为是打破户籍制度的一种方式，而任何破坏现行制度的方式自然是违法的。这些人是否构成违法或许并非困难的法理问题，真正应该让法官感到为难的是，如果制度本身是不正当的，那么究竟应如何裁判不正当制度所造成的犯罪？

如果不从根本上改革户籍制度，让公民的医疗、住房、受教育、社会保障等本应受到宪法平等保护的实质性权利和户籍脱钩，就无法杜绝全国各地形形色色的户口造假现象。用刑法打击区区几个造假者，或许一时能起点"杀鸡敬猴"的作用，但是"人往高处走，水往低处流"；不消除制度人为造成的资源和机会差异，恐怕挡不住为这些资源和机会所诱惑的浩荡大军。

中国高等教育的"有教有类"

作为计划经济的最后堡垒，中国当今最大的户籍歧视是大学招生指标制度。和两千多年前孔子"有教无类"的伟大理念相比，今天中国的大学招生制度可以说是"有教有类"，而其中一个最大的"类"就是高考招生过程无所不在中的地方保护主义。从默默无闻的众多专科院校到北大、清华这样的"国内一流"，每一所高校都对"当地子弟"给予巨大的优惠录取待遇，估计除了民办学校之外没有例外的。复旦、浙大、南京大学等国内名校录取的本省市考生更是超过录取总量的一半，以至教育部后来不得不专门下文将本地录取比例限制在 50%。清华、北大还算好，录取北京地区考生的比例只略超过录取总量的百分之十，但是即使这个比例也远远超过了北京占全国大约 1.5% 的人口比例（考生人数比例也不会相差太远）。

造成这个结果的原因是当地考生的考试成绩或"素质"普遍比别的地方高吗？当然不是，否则就无法解释为什么上海高校不录取更多的被北大录取的"高素质"北京学生，或北京高校不录取更多的被复旦录取的"高素质"上海学生。这个原因当然就是高考地方保护主义，也就是各大高校都对本地考生降低录取标准，对外地考生则规定高低不等但是都比本地高得多的门槛。很多人拿各省"自主命题"来说事：上海和北京和全国各地的考卷都不一样，"平等"又从和谈起呢？但是一旦看到高校在本省实行"自主命题"前后对本地考生一以贯之、雷打不动的录取比例，会让你立刻明白"自主命题"充其量不过是遮掩地方保护主义的烟幕而已。据说"自主命题"可以促进地方"素质教育"，这个问题林先生已经谈得足够多，在此无庸赘述。看看江苏"自主命题"的结果是让南京的高考状元进不了"一本"院校，我不得不对主张这种"素质教育"及其"自主”衡量标准的效果和目的都打上大大的问号。

而没有疑问的是，高考地方保护主义必然损害农村考生接受高等教育的机会。这是一个极为简单的道理：中国的高等教育资源分配是极为不均衡的，绝大多数的"985""211"等知名大学集中在北京、上海等大城市，农村则没有一所大学。这种格局的结果就是高等教育资源和地区的大城市数量成正比，和农村数量成反比：一个省的农业比例越高、农民身份的考生越多、经济越不发达，知名大学就越少，反之亦然。看一眼中国版图，这是不难发现的结论。这样一来，如果大学都照顾本地考生、歧视外地考生，那么经济不发达地区的考生就必然吃亏。事实上，即使在同一个省，城市和农村考生也往往面临不同待遇，譬如山东大学对济南和青岛考生的录取标准就比山东其它地区更低。在本质上，高考地方保护主义就是大城市所垄断的大学对城市考生的特殊照顾。

奇怪的是，大多数人似乎对这种昭然若揭的歧视听之任之，甚至以为理所当然（"素质论"如果不是刻意编造出来的正当化理由，就是这种自以为是的产物）。每年"两会"的时候都有代表提出高考平等，但是声音过于微弱。关键在于，那些该发表意见的人——也就是教育机会受到歧视的广大农村考生——没有公开发表意见，至少我们没有听到。其实也不奇怪，因为在城市主导的格局下，农村的声音必然被淹没，甚至根本发不出来。不要忘记，我们的各大媒体也都在城市，他们必须考虑城市居民的感受。如果南都报呼吁高考平等，广东人首先就可能不高兴：如果广东最好的中山大学不能特别照顾广东考生，那么广东利益就显然受损了。我在北大给学生讲高考平等，可以明显感到台下的不服、不满和抵触，当时立刻产生了一种"找错对象"的感觉，因为台下相当部分的学生都是高考地方保护主义的受益者，他们当然不乐意听到我对高考地方保护的批评，因为这种批评意味着质疑他们进入北大的资格，尽管我本来没有那层意思。事实上，即便我是在中山大学、南京大学或复旦大学做同样的讲座，也会造成同样的效果。我立刻意识到自己或许不应该站在那里讲那个话题，而是应该去农村，去所有受到高考歧视的地方；在那儿，高考平等会有众多的支持者。

当然，即便是广州这样的城市也是高考地方保护主义的受害者，因为中国毕竟不只有中山大学，而且也有清华、北大等众多知名学府；如果这些大学都对广东考生和本地考生平等对待，广东究竟是得是失？问题在于，在缺乏中央协调的情况下，各地高校都陷于不能自拔的"囚徒困境"之中。几乎所有城市都是高考地方保护主义的既得利益者，即便那些受北京、上海歧视的城市（如广州）也是如此。如果中山大学的一视同仁不能换取清华、北大的平等录取待遇，那么广东单方面推进高考平等显然只能损害当地利益；全国各地都这么认为，所以高考地方保护主义才成为当今中国无一例外的"铁律"。要超越这个"囚徒困境"，大概只有靠中央统一实施宪法平等原则，而不是像现在这样任由地方"自主命题"。

不错，地方在许多方面都应该有自主权，但是地方自主不能超越宪法平等的底线。高考地方保护主义就是一个公然违背平等的例子。我们不应该熟视无睹，让这个违反平等的"类"继续存在下去。

高校招生指标有违宪法平等原则

中国高等教育资源的地区分布极不均衡，加上各大高校招生的标准不统一、录取名额分配不公平，导致不同地区的考生接受高等教育的机会严重不平等。首先，高等教育资源主要集中在大城市，譬如接受国家 985、211 项目重点资助的院校大都集中在北京、上海等直辖市或省会城市，边远地区尤其是农村则没有一所大学。集中在大城市的高校对户籍在本地的考生降低录取标准、实行特殊照顾，于是就形成了高等教育领域中普遍存在的地方保护主义现象。各大高校通行的做法是采用招生指标制度，也就是对不同地区规定了一定的录取名额。譬如北大对全国不同地区都设置了比例，而对北京市分配的名额大约占全部录取指标的 15%，远高于北京地区考生占全国考生人数的比例。其实北大、清华虽然存在地方保护主义，但在全国各大重点院校中还是做得最好的。诸如复旦、南京、浙江等大学也是教育部直属的重点高校，而对本地考生的录取比例还要高得多，因而地方保护主义也严重得多。虽然北京、上海等 16 个省市实行"自主命题"，因而高考已经失去了统一标准，但是这并没有改变招生指标制度的实质。

分析以上问题的出发点是宪法平等原则。1982 年宪法第 33 条规定："公民在法律面前一律平等。"这句话是什么意思呢？它当然不只是意味着我们在"法律"上是平等的，而是指全国性的公共资源应该在全国范围内获得公平分配，不应该根据性别、种族、年龄或居住地等不相关因素而进行任意歧视。高等教育显然是一项关系个人前途的重要国家资源，因而也同样适用宪法平等原则。不过虽然听起来很简单，如何界定平等与歧视却不容易，不平等未必就意味着歧视。换言之，如果能拿得出在宪法上站得住脚的理由，为不平等提供正当依据，那么这种不平等就不是歧视；但是如果说拿不出站得住的理由，那么这种不平等恐怕就只能算歧视了。

高校招生的指标分配是否存在地域歧视，其实涉及好几个层次的问题。首先，并非所有的高等教育资源都被认定为全国性资源，因而平等原则不一定适用于所有的高校。譬如北京理工大学、北京工业大学、北京体育大学都是属于北京当地的院校，这些学校本身是由北京市建立的，每年的财政资助主要是来自于市政府。既然主要由当地人民和政府供养，这些地方院校不一定要对全国一视同仁，而可以对当地考生有所倾斜。当然，由于各地教育资源本身就不平等，北京、上海等大城市的地方高校比其它地方多得多，因而我认为地方院校不能无限制地照顾本地，也要在一定程度上符合宪法平等原则。从国家这个角度考虑，中央应该更加关注高等教育资源在各地的均衡分布，加大边远贫困地区的教育建设投入。

对于北大、清华、复旦、浙大、南大这类部属重点院校，教育资源属于全民所有，因而完全适用平等原则。我们经常听到"北大是中国的北大，不是北京人的北大"的呼声，就反映人们对全国教育资源公平分配的诉求。不过即便对于这些高校，问题也不是截然分明的，因为北大不仅是对北京市本地，而且也对西藏、新疆等少数民族地区和海南、陕西等边远地区给予特殊照顾，而这是两类不同性质的措施。对少数民族和边远地区的特殊照顾应该能找到适当理由，譬如因为西藏地区教育不很发达，有必要保证足够数量的西藏考生能够进入北大学习。这样不仅有助于保证不同地区的均衡发展，同时也有助于促进国家统一、族群团结和北大校园的族群多元化。

如果说北大对少数民族地区的特殊照顾是有正当理由的，那么对北京本地的照顾是否有理由呢？不论分数线是否统一，我们知道北京考生的录取标准要比山东、河南、四川等绝大部分省份的标准都要低。对于这种不平等标准，我们显然不能再适用西藏、新疆等少数民族地区的理由。对本地保护主义提出的一个通常理由是大城市考生的素质比较高，而分数未必能全面衡量考生素质，所以不能完全以分取人，"高分低能"也是一个相当普遍的现象。另外，虽然北大不只是北京人的北大，但是北京市对北大也有不少投入，比如说北京市有一块地就免费提供给北大。当然，这些理由未必站得住脚。北京市对北大有投入不假，但是北大对北京显然也有回报，光是"品牌效应"就难以用金钱衡量，更不用说给北京市带来的实实在在经济和就业机会。至于"素质"是一个比较成问题的词儿，缺乏普遍接受的衡量标准，因而未必能够成立。更何况北京等大城市的考生之所以"素质"比较高，正是因为他们已经拥有比其它地方优越得多的基础教育，在这种情况下再对他们降低录取标准似乎难以令人信服。如果拿不出理由的话，我们就只能认定这种地方保护主义措施构成了宪法不允许的歧视。

因此，对于少数民族和边远贫困地区的适当照顾，一般认为是没有问题的，问题在于究竟怎么做才能真正让优惠政策落到实处，究竟应该照顾谁——少数民族地区的少数民族考生、少数民族地区的汉族还是一般地区的少数民族？照顾标准应该是什么——地区、身份还是实际受教育水平？在此且不多论。对于本地考生的特殊照顾，则一般认为构成了地域歧视，问题在于如何实现平等。在原则上，同一所高校在全国各地的录取标准应该统一，少数民族和边远贫困地区适当例外。其实我们的研究生录取基本上就是这样的，它把全国大致分为 A、B、C 类地区，对于相对落后的 C 类地区考生是照顾的，对于相对发达的 A 类地区则反而提高了录取标准。高考完全可以借鉴这种制度。

不过虽然标准统一是一个大目标，实现这个目标的手段却不只一个，而是至少存在两套不同类型的方案。一套方案是实行分省命题之前的"全国一张卷"，通过统一考试保证统一标准。但是严格来说，标准统一和"全国一张卷"并不是完全一回事，因为标准统一只是要求同一所高校对不同地区采用统一考试标准，因而在原则上需要对各地考生采用同一张考卷，但是不同学校可以采用自己的考卷。目前的研究生考试基本上是这种方式，北大法学硕士和博士专业考试都是北大自己的卷子，清华也有清华自己的卷子，但是全国各地来考北大、清华的考生面对的是同一张卷子。当然，本科生考试人数多、工作量大，这么做很不经济，因而有人提出一些折衷方案，譬如全国部属院校举行高校联考，地方院校则可以有自己的考试。总之，这些方案都值得考虑。即便实行"全国一张卷"，过去的经验也证明并非不可行，而关于各省自主命题的许多理由其实未必都经得起推敲。

另一种方案是中国政法大学一度试行过的各地区同比例招生方案，对不同省市的考生采用大致同样的录取比例。这种做法仍然维持指标制度，因而也带有地区指标所不可避免的缺点，但是它的最大好处在于可操作性强，而且可以直接适用于现在的制度，而并不要求统一考试。不管目前全国有几张卷子，反正各大高校得保证各个地区基本同样的录取比例。其实我认为这两类方案未必总是相互排斥的，因为如果可以假定各省的考生素质大致差不多，那么考试结果应该是各省相差不大。

最后我想强调的是，在高等教育机会平等问题上，我们不能忽略中央的作用。改革开放以来，一个大趋势就是放权，中央把很多的权力都下放到地方。在高等教育领域，我觉得中央下放了某些不该放的权力，所以才造成我们的高校招生地方化。有些权利确实应该放，但是应该直接下放给高校，让高校有更多的自主权。但是该管的事情，中央、教育部还得管起来。我指的主要是录取标准的全国平等，教育部要主导形成一个统一的平等的录取标准。同时要限制高校对于本地的照顾，因为现在全国各地陷入了一种"囚徒困境"，各地都迫不得已要保护自己的考生、歧视外地考生。山东大学必须要照顾本地的考生，因为北京对山东的学生的门槛是很高的，否则别人歧视你，你再不保护自己就成傻子了，也会受到地方政府包括当地居民的强烈抗议。因此，高校是很为难的，它们即使想平等也不敢这么做。如果教育部能够下一个统一的命令，譬如各大高校对本地的照顾不能超过 30%——这个目标其实是可以实现的，那么各地高校就不承担这个压力了，地方要怪只能怪教育部。所以，这件事情必须由中央来做。即使在维持目前体制的情况下，教育部也至少应逐年降低部属高校本地录取的比例。目前教育部规定的比例是 50%，但是一所全国性高校中一半学生都是本地人，比例显然太高了。教育部应该有一个明确的方案，逐步将本地录取比例降低到 10%以内。

高校招生的地区指标和录取标准

2002 年全国大规模实行"分省命题"之后，高考分数线失去了统一标准和地区可比性，大学招生的地区歧视似乎堂而皇之起来。有读者认为我比较北京和两广录取线比较欠妥，因为两地的总分计算标准不同，北京用的是"原始分"，两广等沿海地区用的是"标准分"，而且有些地区用的试卷不同，因而表面分数并没有可比性，北京和某些地区之间的录取标准差异不如表面分数显示得那么巨大。也许问题并不像看上去那么严重，但这显然不是说就没有问题。北京和两广录取线差异没有二、三百分，但是即便折合成同一度量衡之后，百来分还是有的，而这仍然是一个巨大差异。既然如此，我仍然坚持原先对宪法平等原则的分析思路以及取消招生指标制度的基本建议。你可以将考分按不同的满分标准折来折去，但最后的底线还是：各地的录取标准是不同的。否则，各大高校精心设计的地方录取线的意义何在呢？为什么还会不时发生"高考移民"呢？假如对于北京的某所高校来说，海南的录取标准和全国其它地方是相同的，还会有人专门为了高考千里迢迢跑到海南"卧薪尝胆"数年吗？

2006 年，清华大学取消了一位青海籍"高考移民"的学籍。对于考生来说，这真是一个悲剧。我们可以怪他的父母或任何替他策划"移民"的人，也可以支持或反对清华的决定，但是我们为什么不质问一下：究竟是什么诱惑他们这么做？这已经不单纯是一个平等和公正的问题，也是一个社会效率问题。全国上下那么多有条件的家庭不惜巨大代价远赴他乡，消耗巨大的社会资源，而这么做不为别的，也不会创造任何社会财富，就是为了利用现行招生制度中的缺陷为子女创造高等教育的机会！

　　还有读者指出，某些地区的考题和其它地区不同，因而不能单纯用考分来衡量。但如果是这样，岂不反映了更大的问题吗？试问在目前情况下，除了考分之外，我们还有什么标准能相对公正和非任意地衡量各地考生的水平？如果考卷不一样，如何保证一个地区的考题和其它地区相比不会在难易程度上相差许多？除了更任意和不确定之外，考题的差异和考分的差异有什么实质性区别？

　　至于个别读者认为废除地区指标的提议是在提倡"绝对平等"或"平均主义"，显然是对教育平等的误读，在此无须赘述。事实上，按照考分而不是拈阄等概率均等的方法进行录取，已经不可能是原始意义上的"绝对平等"。更何况在录取标准平等这个普遍原则下，还是允许特定差异。在《华东政法学院学报》2006 年第 2 期的一篇文章中，我曾为北大小语种专业优惠男生的录取标准做了有条件的辩护。男女考生在一般情况下应该受到平等对待，即使要区别对待可能也应该优惠女生来纠正"重男轻女"传统给她们造成的相对劣势，但在特殊情况下（譬如该专业男生特少）可能允许录取政策向男生倾斜。如果区别对待的理由在宪法上站得住脚，那么它并不违反宪法平等原则。与此类似，有些读者顾虑完全平等的录取标准可能会造成许多高校的大门向少数民族关闭。但是如果族群的多样化是一种值得追求的目标（许多国家都这么认为），那么只要方式适当，大学可以为少数民族考生降低录取标准。然而，这不意味着大学也有同样理由为全国所有的省市都规定不同的录取标准，因为适合新疆、西藏或宁夏的理由并不适合江苏、广东或湖南；北大可能有理由要求校园内有一定数量的藏族学生，但并没有同样的理由要求存在一定数量的上海或湖北学生，或来自这些地方的学生不得超过任何人为确定的比例。为了照顾各种各样的特殊情况，平等可以有例外，但是例外不应吃掉或磨灭规则，否则我们的社会必然会为此付出代价。

　　高考招生的录取标准涉及一些相当复杂的现实因素，我无意使之简单化，而只是坚持我们在考虑现实的时候不要将一些原则完全抛诸脑后。宪法平等原则显然不要求绝对平等，但它确实要求任何区别对待必须具备我们社会可以普遍接受的理由。事实上，即使在误解了某些地方差异程度的情况下，我也并没有得出北大的录取线必然违宪的结论；如果能提出合宪的确切理由，学生在答这一题的时候还是可以得高分。宪法平等的真谛在于，任何区别对待都必须摆到桌面上来，录取政策的制定者必须为此提供合理性论证。有人说录取标准的地方差异是为了照顾教育不发达的贫困地区，但真是这样吗？这是（折合后的）实际数据所告诉我们的吗？即使是这样，难道甘肃就没有相对富裕和教育发达的地区，北京就不存在相对贫困和教育落后的地区？在这个意义上，招生指标制度在将原本简单的标准问题复杂化的同时，也将复杂的现实问题简单化了，而这么做似乎并不能解决真正需要解决的现实问题（如为贫困家庭提供平等的高等教育机会）。如果地域在一般情况下不是一个足够相关和准确的指标，如果普遍意义上的地域区别对待提不出足够令人信服的理由，那么国家宪法就没有它的容身之地。

在我看来，招生指标颇让人回味起困难时期的粮票、油票、肉票等等的配给制。在市场经济的大环境下，这个计划经济的残余应该退出历史舞台了。我是反对一味将教育产业化的，但是在高等教育的准入条件这个问题上，引入自由、公平、竞争这些市场化概念是大有裨益的。不论招生指标最后产生什么程度的录取线差异，我都看不出它有什么正当理由在今天继续存在。

高考招生的各省为政

　　记得几年前，高考招生分数线还是各大媒体的热点话题之一。近年来，这个话题似乎销声匿迹了。是因为问题得到解决了吗？不是，根据北大近年公布的录取分数线，各省分数线还是参差不齐。是因为情况有所好转、录取标准更平等了吗？我们目前只能说："不知道"，因为现在全国各省都实行"自主命题"，各省考试都是本省出的考题，因而各省考生的高考分数已经失去了可比性。从表面上看，2009 年北大的录取分数线似乎比往年更"平等"了，但是这个表面说明不了任何问题。2004 年，北大在北京地区的文理科分数线是全国最低的；五年之后，北大在北京的录取分数线却要比上海、天津等地区高出不少。这说明北大在北京的录取标准比上海和天津等地更高吗？当然不是。如果各地考生面临的是完全不同的卷子，比较考分又有什么意义？！

　　因此，如果前两年我们还可以用录取分数线来衡量地区不平等程度，现在的录取分数线只是一个"烟幕"而已。同样的录取分数线并不能说明录取标准的平等，不同的录取分数线也不能说明录取标准不平等，因为在理论上，北京的最高分可以不如上海的最低分，或北京的最低分也可以比上海的最高分还强，现在这些都变得"说不清楚"。在失去了一个统一的衡量标准之后，我们的高考招生就落到了这种不明不白、不清不楚的状况。在毫无意义的录取分数线面前，我们似乎真不知该说什么是好。

　　然而，这种"不清不楚"掩盖不了问题的实质，而实质就是高考招生的各省"配额制度"。北大对北京、上海、天津等各地录取分数线的划定，无非就是按照北大给这些地区分配的录取名额以及这些地区报考北大的考生人数与分数决定的。某地区在配额范围内的最后一名考生的总分，就是这个地区的录取分数线；放宽地区配额，录取线自然下降，反之亦然。至于北京、上海、天津以及全国各省的北大配额究竟应该是多少，也是一个没法说清楚的问题。如果你去问高校招生的主管部门，得到的答案一般是"我们往年在这个地区就大致招这么多"。至于为什么往年招这么多，为什么今年一定要和往年差不多，没有什么道理可讲，他们也确实不知道。但有一点可以知道的是，高考招生的配额制没有变，而且我们也有理由相信，各个高校在各省招生的实际名额分配也大致没有变。

事实上，高考招生的问题比总体配额更复杂，因为某地区的总配额是要分解为各专业的。这样一分解之后，北大在很多地区的很多专业都可能完全不招生——配额为零。如果北大今年在你那里不招你要报考的专业，那么无论你考了多高的分，哪怕你是当地的状元都别想进北大，除非你放弃自己感兴趣的专业。这就是高考配额制所带来的后果。

不幸的是，这种状况绝非限于一所高校、一个地区。全国各省、各大高校都已陷入同样的"囚徒困境"。如果北大要照顾北京市民的子女，那么复旦也要照顾上海市民的子女，南大同样要照顾江苏省、南京市居民的子女，等等。所有这些都似乎成了不证自明的"天理"，各省也就天经地义地相互仿效，纷纷施行据说体现"地方特色"的"自主命题"。且不说别的，各省一套自己的考题，全国没有统一的衡量标准，至少让本地高校对本地的特殊照顾少一点非议。一些名校成天叫喊着打造"国际一流"，生源却已萎缩为一个地区，言行反差何其之大！

看来我们的各大高校和教育机构都忘了街头百姓的一句话："北大不是北京人的北大！"同样的，复旦也不是上海人的复旦，南大不是江苏人的南大。它们都同属于一个中国，都同样担当着传承和复兴中华文明的使命。事实上，无论是公立还是私立的，大学是一个国家的不同思想和文化碰撞、交流、融合的大都会，因而它们的职责显然不只是教育本地子女，而是按照统一的标准吸收和培养来自各地的英才，再把他们输送到全国各地去。在道义上，它们有义务为各地考生提供一个公平的起跑线；在法律上，至少国立大学有义务遵守"公民在法律面前一律平等"的宪法原则。无论当地政府为高校做出了什么样的贡献，至少直属教育部的各大名校对各地考生的录取标准应该是统一的。

　　历史未必总是进步的。回想 20 年前，全国一张卷子；不论当时各地录取标准如何，我们总还有一个统一的标准。现在各省"自主命题"消磨了全国统一的衡量标准，使得招生指标制度的不合理和不公平看起来不那么显眼，使得质疑者一时无话可说，但是这些掩盖不了违背平等原则的实质，因而笔者还是忍不住要说一句：高考招生的各省为政是 100％违宪的！

谁有权决定高考加分？

虽然北京等省市取消了"三模三电"的高考加分项目，但浙江还是保留了航模加分。结果 2009 年绍兴一中 19 名参加航模测试的考生中，13 名都是当地高官子弟，其余 6 名是教师子女。[1] 这一备受争议的结局表明，如果让地方自行确定标准，那么高考加分便难免成为当地既得利益的囊中之物。如果我们不想完全取消高考加分，因为某些加分（如体育或艺术）确系必要，那么就需要回答一个问题：究竟应由谁来决定高考加分的标准？

这个问题本来可以很简单——由民意决定就是了，大多数人认可的加分标准即便未必尽然合理，也势必大差不离，断然不致使高考加分成为既得利益的奶酪。问题是现实中的民意往往说了不算，而且民意本身也确实可能出现见仁见智的分歧，结果众说纷纭、莫衷一是。因此，高考加分标准还是离不开政府决策——当然，应该是符合民意的政府决策。但不论如何，在目前状况下，我认为最适当的决策者还是教育部。

有人一看又把教育部抬出来，立马大声疾呼时代倒退、"计划教育"回潮。是的，中央干预一直计划经济的特征，中国改革开放三十年基本上就是一个中央放权的过程。不过且慢，中央放权未必就等于市场经济；如果中央只是将经济调控权下放给地方政府，而没有真正赋予企业个体的经营自主权，那么结果非但不是在全国范围内自由贸易的市场经济，而是各地割据的"诸侯经济"，最后未必比中央垄断好多少。

高等教育领域何尝不是如此。原先实行"全国一张卷"的时候，

---

[1] 参见《中国青年报》2009 年 5 月 15 日。

高校招生就存在地域不平等，具体表现为同一所大学对各地考生的录取线不一样。近年来的高考改革强调地方"自主权"和"多元化"，全国有一半以上省份实行"自主命题"；连考题都不一样了，录取标准当然更不能相同，地域歧视似乎也变得理所应当起来。改革的初衷据说是为了让高考命题更符合"地方特色"，促进地方素质教育。但是事隔几年，这种改革真的提高了命题质量吗？真的促进了各地的素质教育吗？今天包括北京、上海等大城市在内的各地考生不照样起早贪黑、疲于奔命，从初中乃至小学就围着"奥数"等各种补习班转吗？在我看来，高等教育的地方化改革是一个方向性错误；所谓的"自主权""多元化""地方特色"不但没有发挥出当初宣称的良性作用，而且加剧了各地考生接受高等教育的机会不平等，进而充当地方保护主义的烟幕。

因此，不要以为凡是权力下放都是好事。高考和高校招生的某些基本原则就不应该被下放，否则无法保障各地考生的平等机会。对于这些不应该下放的事情，中央还得管起来。事实上，众所周知的是，即便经济改革也不等于全面放权，中央仍然有义务维持宏观调控。在高等教育领域中，教育部非但不能将属于自己的责任推给地方，而且应该采取措施、完善制度，切实保障各地考生的教育机会平等。当然，教育部不应该管没必要管的事，但是该规定的还得明确规定。

我认为高考加分标准就是教育部应该明确规定的事项，至少对于全国纳税人供养的部属院校是如此。不错，美国比我们更"地方化"，大学通常有权规定自己的加分标准。但是美国"国情"确实和我们有诸多不同：一是他们没有我们的"部属院校"概念，私立大学自不必说，即便是公立大学也属于州而非联邦，由州的纳税人供养，因而似乎理所当然可以对本州"子弟"有所照顾；二是他们的公共参与比我们发达，过度有利于少数既得利益的加分标准必然成为众矢之的，尤其是公立大学的加分标准一般由州政府规定，而政府受制于民主政治压力；三是他们有我们没有的司法审查制度，法院对公立大学严格实施宪法平等保护。2003 年，密西根大学的"纠偏行动"涉嫌反向歧视，本科生招生标准中对少数民族的加分就被联邦最高法院判决违宪。既然不具备这些制度，我认为中国仍有必要由教育部出面规范高考加分体制。

中央规定是否会造成全国"一刀切"？这个问题确实可能存在，因为中央统一规定不可能面面俱到照顾各地特色。不过在高考加分领域，我还没有看出太多"地方特色"。不仅体育或艺术特长生的加分标准是基本统一的，而且是否应该给"航模特长生"加分似乎也是一个"放之四海而皆准"的问题，不会因为浙江或北京等地域差异而有所不同。当然，标准答案有时不止一个，地方试验确实是一件好事，但是如果地方民主参与不足以保护大多数考生的基本权利，中央统一规定很可能是一个不得已而为之的次优选择。

总之，教育部有必要在总结各地经验和符合民意基础上制定一个清单，明确规定至少部属高校必须执行的高考加分标准。

高考加分是一个制度难题

2009 年高考结束后，重庆市查出 31 名考生通过更改民族身份获得高考加分，其中最吸引眼球的是文科状元何川洋。早先，北大和港大已经宣布放弃录取"造假状元"；7 日，重庆市招办又发布《关于对 2009 年高考招生中少数族群加分问题处理情况的通告》，改变了先前取消加分资格但保留录取资格的决定，明确取消了违规考生的录取资格，但是拒绝披露造假学生的名单。一时间，社会对身份造假处分的轻重乃至高考加分本身的公平议论纷纷，支持和反对取消录取资格的网民数量大致为 53%对 44%。[1]

其实，无论是高考加分还是对身份造假的惩罚以及相关信息披露，都面临困难的价值选择。对于身份造假的惩罚，至少需要考虑两个因素：一是对身份造假的惩罚力度和有效性，二是对造假学生的个体公正及其受教育权保障，而这些不同因素分别构成不同立场的理由。反对取消资格的一方认为，尽管考生往往也明知故犯，身份造假主要不是考生本人的错；何况考生还没有法律上的行为能力，因而不应作为承受处罚的对象。另一方面，考生个人也享有宪法和法律上的受教育权；虽然不当获得的加分资格显然应被取消，但是其凭实力获得的高考成绩和录取资格仍应被保留。要罚只能罚身份造假的主要策划和实施者，尤其是考生家长。

支持取消录取资格的一方则认为，即便重罚家长也不足以制止普遍而严重的身份造假行为。尤其在中国，家长们普遍怀着"望子成龙"的心理，可以为子女获得更好的高等教育机会而不惜一切、不择手段，族群身份造假只是诸多不正当手段中的一种。某些家长

1　见"重庆高考造假生：何川洋不知何去，田中决定复读"，《法制晚报》2009 年 7 月 8 日。

可能确实已经做好"最坏打算"，即便像何川洋的父亲那样被开除公职也在所不惜；不取消考生本人的录取资格，从根本上挫败身份造假的目的，让考生和家长都感受到切肤之痛，便不足以震慑造假者并消除其造假动机。因此，取消录取资格看似矫枉过正，对未成年考生不公，却实在是维持高考加分制度清白廉洁的不得已之举。

写到这个份上，我自己也只能一声叹息，心里十五个水桶"七上八下"。要我给以上两种论点打分，基本上和网民投票结果一致，因为两种论点确实各有各的理，因而这个问题并没有一个"正确答案"。总的来说，反对者的论点比较容易维持，因为考生毕竟也是受宪法保护的公民，因而不应为了维持某种制度的便利而剥夺其受教育权。第二种论点则建立在一个事实前提之上，也就是惩罚乃至重罚主要肇事者尚不足以遏制身份造假，而这个前提是否成立仍需论证。我个人认为，在没有充分证据的情况下，最好还是就事论事，以免情绪化或工具化处理伤害个体公正，剥夺不应承担主要责任的未成年考生的基本权利。

事实上，无论是教育部还是重庆招办都无需插手身份造假事件，而可以留给高校自行处理；高校可以将造假行为作为一个污点，根据高考成绩等因素对考生进行全面衡量，在此基础上决定是否录取。毕竟，诚实和信用是一种极其重要的个人素质，应该作为决定录取的重要因素；北大和港大的弃录决定除了社会压力之外，也是有一定理由的。但是如果有的高校认为没有必要"一棍子打死"，愿意录取一时糊涂犯错的考生，那么似乎不应当终生剥夺这种机会。然而，一旦中央或地方行政部门插手，高校便丧失了个案权衡、综合考量的自主权，从而形成"一刀切"的局面；一旦行政决定有误，必然对社会公共利益或考生个人权利产生很大风险。其实既然在处罚轻重问题上不存在一个明显的"正确答案"，高校应具备各行其是的自由，至少享有"试错"的权利，在试验过程中逐步摸索出最有效、最公正也为最大多数人接受的方案。

至于重庆方面是否应该披露造假考生的名单，也受制于不同因素的考虑，最后取舍在很大程度取决于高校是否真正享有决定自主权。一方面，在政府信息公开透明的大环境下，重庆市当然应该公布造假名单；但另一方面，如果公布名单确实会对未成年考生的权益产生严重影响，那么重庆市不公布的决定是正当合法的，因为在这种情况下，不公布不是为了隐藏信息、暗箱操作，而是为了保护考生作为公民的正当权利。如果公布名单之后，身份造假成为考生一辈子洗刷不掉的永久污点，不仅当年而且以后也很难被高校录取，那么公布实际上成了比取消一次录取资格更可怕的处罚。在这起事件中，重庆市似乎正是这么理解公布名单的后果，并采用了宽严相济的组合方式：不公布名单，但是取消录取资格；处罚是严厉的，但是名声保全了。

然而，既然没有公布，公布的后果只是一种猜测而已，以上处理方式的正当性也是建立在"如果"成立的基础上。但是如果后果实际上并非如此严重，如果不硬行取消录取资格，很可能有高校——虽然未必是北大、清华——至少会录取何川洋这样的状元考生，那么重庆不公布的理由就不那么充分了。在这种情况下，另一种组合似乎是更妥当的处理方式：公布造假名单，但是保留录取资格，而这种选择更可能实现各方多赢的局面。考生个人获得了一次当年录取的机会，大学获得了全面衡量考生素质的信息，而整个社会获得了一个更加公开透明的环境。皆大欢喜，何乐不为呢？

最后，身份造假现象也让我们反思高考加分制度本身的合理性。有人认为加分制度是造假行为的始作俑者，主张取消高考加分。至少就目前而论，这种主张是不现实的。实际上，族群加分及其诸多变种不只是中国现象；美欧各国也都出于维护族群团结、纠正历史歧视、促进校园族群多元等理由，而在高校录取过程中照顾少数族群。中国是一个多民族国家，照顾少数族群的不同理由也都在不同程度上成立。加分制度当然有失简单化，譬如即便生活在聚集地的少数族群考生未必真正符合加分的理由，一个生活在内地山村的贫困汉族考生显然比一个生活在乌鲁木齐的维族高干子弟更需要照顾；但是即便如此，简单化有失也有得，得就得在操作简单方便，可以剔除许多不确定因而容易被滥用的人为因素。

当然，根据族群身份的加分制度还得实行下去，意味着身份造假仍将是我们不得不面临的恶；而如何最大程度地杜绝造假、如何有效惩处造假行为而尽可能保护考生个人的受教育权，也将是我们不得不长期面临的制度难题。

我们需要什么样的大学招生制度

一、高考是"必要的恶"

2009 年高考一结束，各地刚进入招生录取阶段，就已爆出吉林松原集体舞弊、浙江航模加分、重庆 31 名考生民族身份造假等吸引眼球的事件。其实，高考加分只是整个高校招录过程中一个影响面很小的环节，集体舞弊目前也只是一个小概率事件；之所以吸引众人眼球，无非是因为事件的戏剧性而已。更严重的问题当下每天正在发生，但是或许因为我们对此已熟视无睹、麻木不仁抑或是涉及自家子女利益，众人都莫名其妙闭口不谈。教育专家们热衷于抛出一套套不同版本的"高考改革方案"，看起来颇具济世救民的抱负，好像哪天高考合理了、各地完全自主命题了、各校完全自主招生了甚至取消高考了，今天看似不可理喻的全民应试狂热就会退烧，全国成千上万被高考这根"指挥棒"弄得晕头转向、疲于奔命的应试青年男女就会得到解放，整个民族也就自然回归到所谓"素质教育"的正常轨道上来了。

我不得不说，这种良好的愿望注定是很难实现的。只要"望子成龙"的国民心态不变、名校数量及其招生数量不变、考生人数和录取比例不变，也就是说名校录取竞争的激烈程度大致不变，那么无论高考体制如何变来变去，恐怕都不可能改变全民疯狂应试的现状。试问把"全国一张卷"的统一高考变成目前半数省份自主命题，原先的统一考试科目也改成了地方可选的"3+X"，几年过去了，命题质量提高了吗？"素质教育"实现了吗？考生压力减轻了吗？没有，即便在高等教育资源最集中的北京、在地方保护最严重的上海也没有。我们看到的恰好相反：考生压力越来越大，应试教育越来越疯狂，"奥数"、英语各类补习班屡禁不止、愈演愈烈，授众也从高中生到初中生、从中学生到小学生……

现在想想，当初高考改革的承诺是很可笑的：虽然毛录取率提高了很多，但是谁都知道名牌大学就这么几所，谁都以为大学教育的层次决定了职业成功乃至人生幸福（可能对于大多数人来说也确实如此），因而谁都想上名牌大学；既然如此，"人为考死"很正常，千军万马不过高考这条"独木桥"才怪。你可以把高考从原来的全国一根"指挥棒"变成各省 31 根"指挥棒"，甚至变成各大高校自主命题的成百上千根"指挥棒"，但是这一切都改变不了一个简单的事实，那就是每一个考生仍然面临着高考这根竞争异常激烈的"指挥棒"。据说分省命题减轻了考生压力，因为考生只在省内竞争，而用不着和全国其它地区的考生们竞争；这种幼稚的逻辑在名校云集而考生较少的京、沪等大城市固然可以成立，但是在高教资源相对贫乏的河南、山东等考生大省能成立吗？由此可见，大多数的"高考改革方案"都是忽悠人的；高考改革本身无法实现"素质教育"的承诺，取消高考的主张则不是不着边际的狂妄就是偷换命题——其实还是要考试的，只不过不叫"高考"而已。就和国家一样，高考是"必要的恶"——至少在目前，人类的和平生存离不开国家，尽管国家公权力产生了太多的恶；虽然高考产生了太多的问题，但是为了选拔人才、因材施教、实现教育资源的最优配置，任何教育资源有限的国家都离不开某种形式的"高考"。不论采用哪种考试方式，高考这根"指挥棒"是做定了。

这不是说高考怎么考、考什么不重要，而是将这么多的关注放在高考环节上压根就是一个错误；高考的"指挥棒"作用不仅在于指挥成千上万中小学生的应试教育，而且也体现在其误导了社会和学者的几乎全部注意力。每年高考一过，作文命题、考试舞弊、五花八门的加分政策及其弊端等概率低、影响范围小或判断标准见仁见智的问题立刻吸引大量眼球，但是随之而来的大面积昭然若揭的地域歧视却无人问津。显而易见的是，考试本身不是目的，而只是选拔人才的手段；高考的惟一作用在于为高校衡量并录取学生提供一个相对客观的标准，而依据标准公平录取才是目的。但是如果这个标准使用不当、招录过程不公平，如果山东籍或河南籍考生无论怎么考都要比北京籍考生高出许多分才能进北大，那么高考设计得再合理、再"人性化"、再体现"素质"又有什么用呢？高考模式和内容或许确实需要改善，但更重要的问题是如何保证招录过程的平等与公正；否则，无论高考体制如何完善，都无法纠正目前盛极一时、无所不在的地域歧视。如果套用"纲举目张"这句老话，那么高考只是"目"，"纲"是高考之后的录取过程。事实上，目的和手段是紧密相连的，招录制度问题会附带牵出高考模式问题，而在目的确定的基础上，许多高考问题也就迎刃而解了。

既然如此，让我们还是"逆向思维"吧：首先关注离录取门槛最近也是考生最关心的招生过程，然后一步一步往前推演，看看我们究竟需要一个什么样的高校招生和考试制度。

二、现行招生制度违反宪法平等

如果说高考是至少一时无法回避的现实无奈，招生录取不公则是人为造成的，因而不仅可以而且也应该通过完善制度加以纠正。然而，环顾几十年来的招录过程，我们对长期一贯、普遍严重的地区标准差异关注过多少呢？五十年代初实行计划经济，便已形成了目前的招生指标体系。在那个年代，招生指标的地区分配制度是可以理解甚至有必要的；那是一个什么都分配的时代——粮票、油票、肉票、布票……，教育部给各大高校在各地招生分配个指标也很正常吧，国家整体布局和发展需要嘛。改革开放以后，各种"票"逐一消失，惟独招生指标体系雷打不动、依然故我，以至成为计划时代的最后残余。今天的状况众所周知、无需赘述，各大高校在各省市依然按指标招生，基本上延续了半个多世纪前的体制；惟一的区别在于教育部的权力已经下放到各大高校，因而今天教育部只是确定各校招生总量，指标总量在各省市的分解主要是由高校自己确定，送教育部审批并以教育部的名义发文到各省招办，但是审批基本上只是一个形式。因此，如果说招生指标体系原先是计划时代的"计划教育"产物，那么现在则是各大高校和所在省市合谋形成的"诸侯教育"或高等教育"地方化"的标志。

不论是以前还是现在，招生指标体系的一个直接后果是各地录取标准的巨大差异。如果山东的考生比北京多，而北大在山东的招生名额却比北京少，那么这个结果显然只有通过对山东考生设置更高的录取门槛才能实现。或曰，北京名额多也许是因为北京考生"素质"高；问题是假如确实如此，那就没有必要在录取标准上特别照顾北京考生，而应该对各地考生维持原则上平等的标准，便自然录取了更多的"素质"更高的北京考生。可事实上，北京各大高校对山东、河南、四川等考生大省乃至江苏、浙江等"考分大省"设置了最高的录取门槛，远高于北京本地的录取标准；上海、南京、杭州等大城市的高校当然也同样如此，甚至有过之而无不及。

或曰，这些省市现在都实行自主命题了，各自考各自的考题，试卷和分值都不一样，录取标准没有可比性，还有什么平不平等啊？是的，在这个意义上，各省自主命题成了掩盖地域歧视的一道烟幕，不过烟幕背后，歧视的痕迹还是遮掩不了的，因为招生指标这个根子还在那儿；只要看看各校的招生指标分配，就会发现在所在省市自主命题前后没有实质差别，因而同一所高校对全国各地考生设置的录取门槛实际上和以前一样不平等。因此，统一的衡量标准不复存在，并不意味着歧视不存在。不论是采用全国统一考试还是分省命题，谁都知道北京考生考北大、上海考生考复旦、浙江考生考浙大、江苏考生考南大远比省外考生容易；自主命题既没有改变，也不可能掩盖同一所高校对不同省市的考生采取截然不同录取标准这个简单事实。

那好吧，这有什么错吗？当然有的，因为宪法第 33 条规定"公民在法律面前一律平等"，而这里的平等不只是指法律不能歧视公民，而是在广义上国家的任何公权力机构不得对公民给予没有正当理由的区别对待。不仅全国人大的法律、国务院的法规或部门规章、省市人大或政府部门的法规或规章以及各级政府大大小小的内部规定、"红头文件"都不得歧视，而且像北大、复旦、南大、浙大这样的公立大学也不得歧视来自全国各地的考生，否则就违反了宪法第 33 条规定的平等原则。接受高等教育的机会是影响人一生的重要权利，而高校招生方案本身就是对考生权利产生直接和明显影响的有约束力的公权力行为，显然有义务符合宪法平等原则。

当然，平等不是绝对的，不是所有的差别对待都构成宪法所不容许的歧视。让我先举一个维护现体制的主张经常举的例子——近年来造成族群身份造假的少数民族照顾政策。这种主张反对统一录取标准，因为看啊，如果对新疆、西藏的考生实行和全国各地同样的标准，那么内地高校的藏族、维吾尔族等少数族群的学生必然锐减，已经在人数上占绝对优势的汉族学生将进一步增加。但这种主张其实只是混淆视听而已，因为平等并不要求取消少数民族照顾政策——如果这种政策目的正当而手段合理的话。对于少数族群照顾，我们可以列出一大堆理由，譬如促进校园族群的多元化、维护族群团结乃至国家统一、消除对少数族群的历史偏见和歧视（这个问题在中国似乎较小，但在美国等国一度很严重）；至于目前的民族加分政策是否合理有效地实现了这些正当目的，固然可以探讨——我们可以质疑，按族群身份的加分政策过于简单化、容易产生造假，或使得不该受益的（如家境富有的少数族群考生）受益、该受益的（如家境贫困的农村汉族考生）却不能受益，但是这些质疑或许要求调整具体的照顾方式，却不能从根本上否定照顾少数族群的必要性。只要具备正当理由，当然可以对少数族群考生采用不同的录取标准。

由此可见，宪法的空子毕竟不是那么容易钻的，宪法权利的主张也并非总是出于不谙"国情"的弱智。宪法平等原则对不同照顾对象区分得很清楚，对新疆、西藏等少数族群的照顾当然不能和对北京、上海等大城市考生的照顾相提并论，因为两者是性质不同的两码事，根本不具备可比性。因此，请不要再用统一录取标准会损害少数族群的利益当作照顾京、沪等大城市高校实行地方保护的挡箭牌。宪法平等只是原则，而任何原则都允许例外，只不过任何例外都必须具备正当理由；一旦差别对待的事实成立，就有义务为其提出站得住脚的理由，证明这种差别确实是为了促进某种重要的公共利益。我们看到照顾少数族群的录取政策是有理由的，但是我们还在等待各大高校为照顾本地考生提出一个大家都能接受的站得住脚的理由；如果提不出正当理由，我们只能认定招生指标体系违反了宪法平等原则。

说实话，高校给出的理由五花八门，在此不一一赘述了，但是至今为止我还没有看到哪一个是站得住脚的。让我先说明宪法所要求的"理由"是什么或不是什么。理由不应该是一种冠冕堂皇的托辞，而各大高校或地方招生部门的一个共同特点恰恰就是太多的"理由"都是不成理由的托辞。譬如一种常见的说法是目前这种状况是咱们的"国情"决定的，历来都是这么做的，所以今天也就这么做了。这种"理由"成其为理由吗？如果说昨天怎么做今天就该怎么做的话，那么中国百年前还施行过《大清律》呢，为什么《大清律》不应该是咱们的"国情"呢？不是说历史实践当中没有值得今天借取的智慧，而是历史正当性必须是可以表达、可以解释、可以理解和质疑的——以前这么做的理由究竟是什么？这些理由在今天是否还能成立？即便指标体系的目的正当，是否存在可以同样达到目的而歧视程度更小的招生方案？要认真对待历史、认真对待"国情"，必须认真探讨这些问题，而不是简单拿"以往"二字打发了事。然而，至今我们却看不到任何高校能拿出像样的说明。同样的，诸如"其它高校也这么做"等说辞之不成理由，我想也是显而易见的吧。

招生部门给出的另一种最常见理由是某些省市的考生"素质高"，因而划拨的名额相对较多；按此逻辑，本地考生的"素质"自然是最高的，因而理所当然应得到最多照顾。好吧，没有谁否认高校招生的目的是录取素质高的学生，但是问题在于，如果不加说明，"素质"也很容易成为地方歧视的托辞。当然，这个问题更加复杂，因为"素质论"巧妙地将自己和"素质教育"结合起来：不是都抱怨高考体制不合理吗？恐怕没有谁能否认，高考成绩不可能准确反映考生的综合素质，"高分低能"现象并不罕见——既然如此，为什么还把考分那么当回事呢？惟成绩论的后果是加剧应试教育，进而影响京、沪等大城市施行"素质教育"。这种逻辑的荒谬之处是从一个极端走向了另一个极端，从考分作为单一衡量标准走向无标准的无政府主义：如果考分不能全面衡量考生素质，那么请告诉我们如何衡量考生"素质"呢？总不能没有标准吧？总不能将各大高校自己确定的招生方案作为"标准"吧？高校至少有义务令人信服地说明，"素质"体现在哪些方面、如何衡量？有什么证据表明"低分高能"的本市学生进校若干年后，各方面表现确实比其他学生好？即便农村学生入校时综合"素质"更低，难道不可能在大学阶段提高能力和素质吗？难道大学教育的目的不正是提高学生的综合素质吗？如果农村低素质主要是因为长期落后的基础教育造成，难道在高等教育机会上应该再歧视他们一次吗？如果高校努力搜集数据，或许可以通过像样的证据回答上述问题；问题是至今为止他们还没有这么做，因而我们也就只好将"素质论"作为一种托辞了。

事实上，"素质论"即便成立，其为地方保护主义的辩论力度也是极为有限的，因为即使可以证明大城市的学生"总体素质"比来自山沟的学生高，也没有理由认为京、沪等地的学生比江、浙或全国任何地方的同样生长在城市的学生素质高，因而"素质"并不能成为这些大城市的高校照顾当地考生的充分理由。这样就牵出了地方保护主义的最后一张"王牌"，那就是地方政府对当地所在高校的财政投入、土地划拨、税收减免等各种有形或无形的支持。

三、地方保护主义的根源

这下该满意了吧？高校显然不是不食人间烟火的象牙塔，必然和所在地方存在千丝万缕的联系；从财政到土地、从水电供应到治安管理，大学这个小社会的正常运行离不开城市这个大社会。地方居民和政府通过各种方式支持当地高等教育发展，而高校则"知恩图报"，为当地划拨更多招生指标作为"回报"，似乎合情合理，有何不可？且慢，我知道地方支持是地方保护主义的根本原因，但是"原因"不等于"理由"，两者不能混为一谈：原因是指实然意义上的因果关系，理由则是应然意义上的正当性辩护。打个比方，获得高分的迫切心情或社会压力促使吉林松原的某些考生高考舞弊。这种心理或压力固然是舞弊的动因，但是并不能构成舞弊的理由；我们可以理解舞弊为什么会发生，但是并不因为这种心理或压力存在就认同舞弊是正当或应该发生的。同样的，地方支持——或更准确地说，撤回支持的威胁——是高校招生地方保护的原因，但未必足以构成其理由。

在这里，首先需要区分两大类高校——所谓的"部属院校"和"地方院校"。"地方院校"是指传统上隶属于省市、主要靠地方财政供养的高校，"部属院校"则是指隶属于教育部等中央部委、主要靠中央财政供养并通常被认为"属于全国"的高校。当然，两者的界限绝非截然分明，尤其是近年来又出现了一批"省部共建"院校，进一步模糊了"省""部"界限。尽管如此，模糊的界限也还是存在的，至少教育部等部委重点投资建设的"985 院校"在我们心目中都是属于全国的重点大学，譬如清华、北大、北航、人大、法大、复旦、浙大、武大、南大、上海交大、西安交大、哈尔滨工大……

部属院校虽然也得到地方政府的诸多配套资助，但是主要资源还是来自中央财政。有人说，地方支持不只是钱的事儿，还有土地、税收、水电甚至治安等诸多方面的支持。其实照理说，在一个实行土地公有制的国家，城市土地属于国家所有；即便公有土地产权虚置、谁控制即意味着谁所有，实际控制权也应该由中央政府掌管，而轮不到高校所在的省市。当然了，中央实际上管不了那么多，城市土地的控制权实际上掌握在当地政府手里，因而面对大学谈判的时候，省市政府俨然是以土地的主人面貌出现的。然而，地方政府对土地的实际控制只是一个高校不得不考虑的事实因素，但并不构成高校必须以招生指标"回报"的正当理由；如果我们做一个网络调查的话，绝大多数人不会认同"以土地换指标"的正当性，因为大学的土地其实并不归地方政府所有。

事实上，即便认定地方对高校的贡献，这种贡献也在很大程度上为高校对地方的贡献所抵消。北京市对北大的财政或土地方面的支持是很具体、很醒目的，但是难道北大对北京市的经济、就业、人才培养、人文环境乃至观光旅游就没有贡献吗？如果真要细算谁的贡献更大，这恐怕是一笔很难算清的"糊涂账"。既然如此，北大仍然是"中国的北大"，而不是"北京市的北大"；不仅北大，所有部属大学原则上都属于整个中国而非只是其所在省市。这些大学主要由全国的纳税人供养，因而其教育资源理应按照某种公平标准在全国统一分配；换言之，至少这些大学有义务在招生过程中履行宪法平等原则。

相比之下，地方院校主要由当地纳税人供养，因而在原则上可以照顾地方考生，但是在中国特定的"国情"下，这种照顾也未必没有宪法上的限度。众所周知，在全国目前两千多所高校中，地方院校占了绝大多数；部属院校总共不过 110 所，录取考生不到总录取数的十分之一。当然，这百来所高校是中国高等教育的精华，也是高考白热化争夺的对象，但是这个统计数字简单表明地方院校吸收了 90% 以上的生源。和部属院校类似，地方院校的分布也是很不均衡的，大多数质量高的（譬如"一本"）地方院校集中在京、沪等大城市，河南、山东、四川等人口大省的地方高等教育资源却很有限；中国的现实是，广大农村没有一所大学，农村比例越大、人口越多的省市教育资源越少。这样，如果地方院校无限度地照顾当地考生，那么同样会加剧高等教育资源分配的失衡与不公，使地方高等教育资源越来越多地为城市而非农村考生所享有，进而造成高校的农村学生比例年年滑坡。事实上，地方院校分配不均和部属院校分配不均的原因如出一辙，都不是经济与社会自然发展的结果，而是长期人为实行计划经济和城乡二元体制的结果，因而国家有义务纠正制度形成的教育资源畸形分布。要扭转这种局面，固然应该加大对农村和不发达城市的高等教育投入，实现高等教育资源的地区均衡，但是这条路径成本高、收效时间长而收效未必显著。

一个摆在我们面前的现成方案是适用宪法平等原则，让地方高校也在有限程度上面向全国，而对本地考生的照顾上则有所节制。事实上，网民已经表达了这种愿望。在 2009 年"两会"期间北大和腾讯组织的网络对话上，将近 2/3 的网民不认为地方高校应以招收本地考生为主，也不认为地方高校的正当目的主要是为本地学生提供更多的受教育机会。当时，这个看似颇为"民粹"的结果有点让我吃惊；现在看来，网民们只不过是用中国常识表达了自己对教育资源分配不公的反感、对教育机会平等的向往而已。

四、招生体制改革需要中央出手

既然高校招生制度存在普遍的地域歧视，下一步是考虑如何纠正这种歧视。改革开放、权力下放之后，高校招生方案的制定主体显然是高校，因而高校应当承担起履行宪法平等原则的义务。虽然中国政法大学一度尝试改革，但是总的来说，我认为改革的动力不可能来自高校。在这个问题上，实然和应然、理由和动因的关系又回来了。虽然目的良好，但是缺乏动力，改革还是不可能推行下去；要有效推动招生体制改革，还必须找到可能推动改革的主体，而别说地方院校，即便像北大、清华这样最典型的"全国重点院校"都不可能自行推动改革。

其实虽然大学是制定和实施招生地方歧视的主体，但是平心而论，大学自身又何尝不想招来全国各地的英才而教之？甚至有的地方院校都愿意面向全国招生，以改善生源结构和质量，只不过因为教育部不予授权而无法实现。说句公道话，大学之所以没有履行宪法平等义务，非不为也，而是不能也。缘何不能？无非是因为大学和地方之间的诸多微妙联系——除了财政支持之外，地方政府还控制着大学周边的土地划拨和管理等诸多权力。如果和地方的关系搞不好，大学是很难生存下去的；如果地方政府要找大学的"茬"，那是太容易了——环境卫生部门严格一点，文物保护单位较真一点，甚至治安部门松弛一点，都足以让大学感到"难受"。在这种情况下，大学当然得罪不起当地政府，因而不可能板起脸来严格执行宪法平等，让本地考生和全国各地在同一条起跑线上竞争。

即便哪所大学的领导硬着头皮顶着政府压力，也无法向当地父老交待啊——所有其它省市的大学都在保护本地居民的考生、歧视我们的考生，你在哪里起劲平等什么呀？你不保护我们的考生，谁还会保护他们呢？譬如想想考生大省山东的处境吧。除了山东本地的学校之外，几乎所有省市的高校都对山东考生设置了高高的录取门槛，就仿佛当年堵截"盲流"那样要把他们尽可能挡在山东境内。在这种情况下，教育部直属的山东大学如果再不照顾本地的考生，真可以说是"天理不容"！外省高校一个个树起了高高的录取屏障，固然不妨碍少数拔尖的照样进清华、北大，但是那么多跨不过超高屏障的山东考生去哪里呢？因此，无论于情于理，包括山大在内的所有山东高校都要照顾山东考生，地方保护成了它们义不容辞的责任。当然，不仅山东是如此，其它省市也都不同程度地面临同样的压力；在普遍地方保护的大环境下，特定的地方保护成了情有可原的正当防卫。

就这样，中国各地的高校招生都陷入了不可自拔的"囚徒困境"：在普遍歧视、人人自危的现实环境下，任何放弃自我保护、实行地域平等的省市显然都是"傻瓜"；其实即便在普遍平等的环境下，"聪明"的省市还是会选择地方保护主义，并对当地高校施加照顾本地考生的压力。这是为什么无论是地方院校还是部属院校，大概除了没有太多人关心的民办大学之外，全中国每一所高校的招生方案都是地方保护主义的范本，至今我们找不到一个例外（政法大学当年的招生方案仍然照顾北京考生，只不过照顾幅度有所下降）。在这种情况下，指望大学自己放弃地域歧视显然是缘木求鱼。

那么，依靠谁呢？既然每个地方的自然倾向都必然是地方自我保护，在这一点上中国的地方和美国或任何国家的地方并没有什么两样，我们似乎没有别的选择，只有指望中央出面干预。一听又要搬出中央，恐怕立刻有人跳脚——都什么年代了，难道还要回到计划经济？！请别以为我有什么国家主义冲动，喜欢动不动就求助中央权力；恰好相反，我是一个严格的"辅助主义"者，一直认为中央的作用只是辅助性的：凡是适合地方干的活，中央就不要插手；只有地方做不好的事情，中央才应该出面。换言之，中央应该只做该做的，不做不该做的，而究竟什么该做、什么不该做，取决于地方能做或不能做什么。地方保护主义恰恰是地方无法超脱的"囚徒困境"，无论是发达国家还是发展中国家、民主国家还是非民主国家都不能幸免，因而防控地方歧视正是最重要的中央职能之一。目前中央或许还是管得太多，权力或许还需要进一步下放，大学还需要获得更大的自治空间；但是这一切都不能否定，中央该管的事情还得管起来。高校招生的地域平等就是中央必须管起来的一件事情，因为这件事情恰恰是地方和高校自己不可能做到的。

反观改革三十年，中央权力确实放了不少，高等教育领域也不例外。总的来说，教育部管的事情越来越少：全国统一命题变成了各省自主命题，招生方案从原先的行政主导变成大学自主确定，某些高校也获得了有限的招生自主权。权力下放了、责任转移了，但是该管的事情管起来了吗？在计划经济时代，中央统筹确定的招生计划本来就存在地域差别；改革开放后，招生权逐步下放，地方更没有动力改变地方保护严重的招生方案。在如今这个"多一事不如少一事"的时代，教育部似乎巴不得将某些"吃力不讨好"的包袱甩掉，高校招生乃至高考本身也许就是这样一个好处不多但责任重大的包袱。但是所有其它权力都可以下放，惟独这项权力不能放；这项权力一放，高校招生的地域歧视就无法治理，高等教育的机会平等就无法落实了。

当然，中央也不是彻底放权、一概不管。近年来，教育部明确规定部属高校招收本地学生不得超过总招生量的 50%。这当然是一个高得出奇的比例，但是假如没有这个规定，上海、浙江等地某些名校的本地学生比例将远高于这个限度，达到百分之六七十的并不是什么稀罕事。近年据说教育部将这个比例下降到 30%，但是各大高校的招生方案显然没有相应调整，看来这个规定目前还不是硬政策，而只是供高校参照执行的建议而已。今后，即便教育部不管别的，也要严格落实本地学生的录取比例，并逐年下降本地比例。我个人认为，如果在教育部的硬性规定下，部属院校本地学生的比例降至 10% 以内，地方院校的本地比例降至 50% 以内，那么尽管本地照顾仍然存在，中国高等教育的机会平等便已大大进步了。

中央干预必然会面临来自地方尤其是京、沪等大城市的阻力，但是和计划经济不同的是，这种干预是会让中央得分的，因为它让全国绝大多数考生得益了。其实教育平等和贸易自由一样，失去的是枷锁，换来的是自由；打击地域歧视使地方失去了一块受保护的小市场，却得到了在全国范围内自由竞争的大市场。对于绝大多数地方考生来说，中央强制下的地域平等虽然削弱了当地高校的特殊照顾，却在全国其它地方赢得了平等竞争的机会；山东考生失去了山大的特殊照顾，却可以在北大、清华、复旦、浙大等全国各地的高校和来自全国各地的考生进行平等竞争。这么划算的买卖，除了既得利益之外，谁会反对呢？高校本身更没有理由拒绝考分高的学生，而不论他们来自哪里，因而它们会积极落实教育部的政策。既然中央规定已经打破了地方保护的"囚徒困境"，他们也就不用理会地方压力；如果地方政府或居民埋怨，他们完全可以搬出教育部这把"尚方宝剑"——上面这么规定的，我们只是照办而已。

五、高考改革何去何从

当然，逐步降低本地录取比例只是招生体制改革中相对简单和消极的一种方式。除了地方保护之外，中国高校的招生方案简直是一幅令人"发晕"的指标分配图。事实上，任何一所高校的招生方案不仅包含照顾本地和少数族群考生的内容，而且划拨给每一个省市的指标和比例都不一样，而具体理由则语焉不详。譬如有的高校常年不在山西招生，山西就得不到一个指标，山西考生考试成绩再好也不能申请该校。如果追根刨地问原因的话，高校招生办的答案很可能是"以往山西的考试成绩不理想"或"生源质量不好"；至于如何衡量"生源质量"、如何能从"以往"成绩不理想便推断出今年成绩也同样不理想、是不是山西可能报考该校的考分最高的考生还是不如该校录取本地的最后一名考生"理想"，我们都无从得知，估计他们也给不出什么像样的理由。至于哪个省市多几个或少几个名额，更是一本无法解释理由的糊涂账，最后只剩下"以往一贯如此""生源综合素质""地区平衡""教育部的指示"（其实教育部从来没有下达过具体的指标分配指示）这些很难说清或不成理由的理由。

看到如此复杂而令人费解的分配方案，我不禁感到中国人真的活得很累：不仅考生复习累、考生家长打听招生政策累，而且各个大学的招生办也很累——别的不说，每年地方招生指标调来调去，又没有什么确定的理由或精神指导，多不容易啊！难怪 2006 年政法大学一度推出各省市按考生人数同比例招生的政策，至少省却了为 31 省市逐个分配招生指标的烦恼。当然，同比例录取存在一个未必成立的前提，那就是各省市考生的"素质"确实大致相同；它让我们看到平等未必等于公正，也不能防止某些高考强省的考生"移民"到相对弱省的现象。但是比起目前各校让人实在看不懂的招生方案，简单明了的法大方案确实不知强出多少倍。法大方案的另一个好处是不需要触动目前极其复杂的考试格局，因而推行的阻力或许更小——即便 31 省市都实行自主命题，也不会影响同比例录取，因为同比例录取仍然是指标体制（只不过是同比例指标），其实质也同样是让考生在省内而非跨省竞争。

　　然而，如果省市的地域界限并非那么重要，如果我们仍然希望在录取过程中横向比较不同省市的考生，那么我们就需要在全国范围内形成一个统一的衡量标准。这就是以往高考的功能，统一高考的目的正是为全国各地的高校招生提供统一的参考标准。不幸的是，近年来分省命题打破了统一考试体制，使考生的跨省衡量失去了统一依据。在统一命题时代，我们固然没有适用统一标准；但是在分省命题时代，我们想这么做也不可能了。因此，不要以为历史总是在进步，不要以为"改革"总是越改越好，高校招生和高考体制改革似乎就是恰好相反。自恢复高考以来，一晃三十年过去，不仅高校招生的计划体制和地域歧视纹丝未动，而且就连实现地域平等的基础——统一考试制度——也被"改"掉了；而没有统一考试、没有统一标准，又如何实现高等教育的机会平等呢？

　　这将我们带到了和招生体制相关的高考体制改革：宪法平等至少要求部属高校在原则上按照统一标准录取全国各地的考生，因而有必要在全国实行统一考试。有人说，统一高考有弊端，譬如同一张考卷不能充分体现地方特色，譬如一旦试题泄密，当今的网络传播很容易使危害范围扩大到全国，酿成全国性的重大事件。这些弊端确实都在一定程度上存在，但是并非不可克服。譬如泄密问题不仅在中国，在哪个国家都存在；或许中国人多、地大、泄密影响深远，但是同样性质的问题在美国、印度、俄罗斯等大国也都存在，而这些国家为什么没有只是为了限制泄密范围而实行地方化考试呢？如果借鉴吸取这些国家的经验技术，防止泄密应该并非不可攻克的技术难题。

　　至于地方特色，或许压根就不是一个问题。我曾听说自主命题好，因为湖南的作文命题可以考曾国藩了。诸如此类的"理由"能成立吗？曾国藩难道只是一个湖南人吗？难道北京、上海或任何其它省市的考生不也同样应该了解这位对整个中国影响深远的政治家，并写出一篇像样的作文吗？难道中文的语词、句法乃至英语、数理化也都有"地方特色"吗？如果统一考试要防止地方偏向（譬如考一位纯粹的地方人物），就需要在命题委员会的组成结构上下功夫，让全国各省市的教育专家都有机会参与命题，让高考这根"指挥棒"能顾及全国各地的教学特色和需求。有人说，全国教学计划和内容不统一，不能强求各地为了统一考试都采用同样的教材。问题是我看不到统一教学计划本身有什么不好，而如果高考是一种能力考试而非死记硬背，统一教学计划并不要求统一教材。事实上，教学计划不统一正是自主命题造成的结果，因而这种论点实际上是一种循环论证。

还有人说，统一考试反而对教育不发达省市的考生不利，因为大城市的考生知识面宽而运用灵活，农村考生则不能适应灵活运用的考题。问题是这种说法和现行招生方案是自相矛盾的——如果要照顾山东、河南、四川、广西等农村比例高的不发达省市，集中在大城市的各大名校应该降低对这些省市的录取标准才对，而现在的招生方案恰恰对它们设置了最高的录取门槛。两者又如何自圆其说呢？事实上，如果高考作为"指挥棒"确实可以指挥发达城市的素质教育，那么它也完全可以指挥不发达地区的素质教育。如果京、沪等大城市的"素质教育"模式最好，那么高考不妨就以它们为样板。我相信不用几年，全国各地都会跟上；我相信教育不发达地区所需要的并不是目前高考模式对它们的"照顾"，而是标准统一的考试和平等的录取机会。

总之，目前赞成自主命题的许多主张其实是经不起推敲的，而统一高考的弊端也并非像某些人宣传得那么夸张；不要忘记，自高考恢复以来，统一高考实施了 25 年之久，而其公正性并没有受到严重质疑，甚至还有不少人怀念那个时代。关键在于，统一高考或许有弊端，但是这些弊端应该是可以克服的；相比之下，取消统一高考的弊端大得多，因为没有统一的标准，就不可能改变目前无所不在的地域歧视。

　　如果高考复归统一，确实需要反思如何考、考什么。其实人们诟病作文命题已非一日，而要出一道让每个人都满意的作文题确实几乎是不可能之事。如果对命题的评判标准都不可能一致，对作文本身的评判岂不更是如此？一篇作文立意是否高远、视角是否独特、论证是否全面乃至文字是否俊逸（抑或古僻），都必然带有阅卷者的主观判断；即便抽象评判标准统一，不同的阅卷人对同一篇作文的具体打分也可能相差甚远，更不用说巨大的阅卷量使每一篇作文只能得到几十秒乃至十几秒的关注时间。在这种情况下，能否保证考试的个体公平确实是一个严峻的挑战；由于这些原因，取消作文命题的主张也已积聚了不小的社会呼声。事实上，任何"主观题"和大面积人工阅卷都会产生同样问题。要解决人工阅卷的任意性和个体差异性，只有采用机器能够阅卷的"客观题"。

　　于是不少人主张借鉴美国的 SAT 模式，取消作文等主观命题，只考语法、逻辑推理和数理化的客观能力题，加上高中成绩、社会表现和老师推荐等多种参考因子。这样既解决了"一考定终生"（因为机考可以进行多次），又拓宽了大学录取的衡量标准，有利于缓解应试教育。问题是某些适合美国的做法确实未必适合当前中国，譬如中国还没有建立起诚信社会，诸如学校表现、教授推荐等因素固然非常人性化，但是现在实施必然导致大规模造假；高中会考成绩则因为各省标准并不统一，有些省内不同地区都未必统一，因而目前至多只能作为次要的录取参考因子。况且衡量标准的多元化必然带来权重分配的自由裁量——高考成绩占多大比重？如何衡量"学校表现"或"社会贡献"？推荐分量是否取决于推荐力度乃至教授知名度等一系列很难准确测量的因素？在目前体制状态下，我们还没有足够有效的机制来防止标准多元化带来的自由裁量之滥用。总之，统一高考确实加剧了应试教育，但是一旦放开则无异于打开了"潘多拉魔盒"，各种"牛鬼蛇神"都会纷纷出笼，因而中国的高等教育公平至少目前仍然离不开高考这根最主要的"指挥棒"。

　　然而，统一高考和应试教育并不是不可分离的孪生姐妹，也不是地方乃至高校自主权的天敌，因为统一高考在理论上并不要求"全国一张卷"，而只是要求至少每一所部属高校在录取过程中对来自全国各地的考生采用同一个标准；但是北大和清华并没有必要采用同一个标准，复旦可以采用自己的标准……事实上，每一所大学都可以采用自己的"高考"命题，只不过命题和录取标准必须对报考该校的各地考生统一。其实这种做法对我们来说何等熟悉——所有的博士生考试科目和硕士生考试中的专业课程不都是高校自己命题的嘛！因此，除了本校保送生占录取比例越来越多这种值得商榷的做法之外，研究生录取几乎完全没有本科生录取的那种地域歧视。当然，本科生考试和研究生考试并不是严格可比的，本科报考数量远超过研究生，因而如果实行各校单独考试，必然极大增加考试和考生成本，造成或者是大量报考京、沪等地大学的外地考生不得不千里迢迢奔赴异地赶考，或者是大学必须到千里之外增设考场，而考场监督和试题安全都未必能得到有效保障。

但是这并不意味着我们就没有办法，譬如我们可以借鉴英国的做法，将全国统一高考和高校"自主高考"结合起来，首先在全国实行机器阅卷的统一能力考试（类似于美国的 SAT）；各大高校可以规定一定的分数线，超过分数线的报考学生有资格参加大学的第二轮筛选，大学自主命题但是必须实行大学的"全国一张卷"——采用全国统一的命题。这样，第一轮全国统考淘汰了大多数考生之后，有资格参加第二轮考试的考生人数就相当有限了，因而大大降低了考试成本，而两次考试都避免了目前分省命题体制的地域歧视。目前中国大学也开始实行"自主招生"，但是恰恰颠倒了次序：先进行自主招生考试，然后再参加全国统考。在没有任何事前筛选的情况下，高校自主招生必然不可能真正面向全国，而只能主要局限于本市重点中学的学生，否则无法承担巨大的考试成本，因而注定是比高考更不公平的过程，譬如许多本市非重点高中的拔尖毕业生都得不到自主招生考试的机会。正确的做法恰好相反，首先举行全国统考，在先行筛选的基础上再面向全国进行自主命题考试。这样，高校自主权其实更大，自主录取的范围更广（几乎 100%而非目前的 5%左右），而广大考生的平等权利又得到了保障——无论是全国统考还是大学自主命题都实行"全国一张卷"，每一所大学对各地考生在原则上都采用统一的录取标准，少数族群等个别弱势群体除外。

六、结语——招生改革待何时

虽然意犹未尽，已经写得够长，只好就此打住。但是以上只是理顺了高校招生和高考体制的主要方面，我们的体制还有太多疙瘩需要解开。譬如民办院校受到严重歧视，目前只能在公立大学招生完毕后吃一点"残羹剩肴"；这种做法严重限制了高等教育的平等竞争，极大束缚了中国的高等教育发展，成为中国不可能出现哈佛、耶鲁、牛津、剑桥的根本原因。事实上，民办院校完全可以成为实施教育机会平等的动力和楷模，因为私立大学和地方瓜葛较少，因而没有太多理由和太大压力实行地方保护。这在美国体现得尤其明显：美国没有一所联邦开设的"国立大学"，所有的公立大学都是"州立"的；既然吃州的财政饭，照顾本州居民也就理所应当，因而美国州立大学不仅在学费上照顾本州学生，而且在录取标准上也大力倾斜。但是耶鲁、哈佛等私立大学的资金主要来自社会捐赠，它们或许要对个别校董的子女网开一面，但是完全没有必要买当地政府的账；凡是按自己的标准看中的学生，尽管招来就是。但是在中国，由于民办院校的制度劣势从根本上束缚了健康发展，凡是考得不差的学生都不会想到选择那里吧……

在很大程度上，这种现象是目前的大学录取资格等级制造成的。这种体制不仅歧视考生，也歧视大学，因为它将大学分为"一本""二本"等"三六九等"，二流学校只有等一流大学招完才能开始"吃点剩的"；考生也只能按第一、第二、第三志愿挨个录取，因而填写志愿（尤其是第一志愿）战战兢兢，一旦不慎很可能不是"踏空"就是被迫低就。回到那个常识问题：我们为什么要把自己整得那么累？！我们的招生办为什么每年暑假还要在全国各地奔波，而不能像其它国家的录取委员会那样坐在空调办公室里等着考生寄材料？我们的考生为什么不能像其它国家的考生那样想报几个就报几个志愿，然后任凭自己挑选哪张录取通知书？高校招生为什么不能采用那样一种不那么紧张焦虑的双向自由选择过程？据说这样就会"乱"，那为什么别的国家没"乱"呢？除了惰性思维在起作用之外，中国高校招生究竟有多大的"特殊性"？

再看看我们的报考过程，一种多么痛苦的人为折磨！许多地方的考生必须在不知道考分的情况下填志愿，因而每家报考的都在翻来覆去地"估分"，考试成绩出来后唉声叹气的不是少数。请问这不是赌博是什么？我们又为什么要把招生录取变成一种赌博呢？恕我孤陋寡闻，全世界还有其它国家像我们这么做事的吗？如果不是那么多的孙志刚们、佘祥林们、邓玉娇们吸引了我们的眼球，如此非人性化的报考程序怎么能延续到今天！我不能不庆幸自己，因为在我参加高考的 1980 年，至少江苏实行的政策是知道考分后再报志愿（其它地方我不清楚，估计大体如此）。然而，这种符合常识常理的人性化政策也在"高考改革"中被"革"掉了；究竟为何，让人百思不得其解。我能想到的惟一理由是，这样或许能歪打正着地实现一定程度的考生平等分配：有些高分考生因为不确定和不自信不敢报考好大学，因而阴差阳错地来到了层次较低的大学；否则，等考分出来后再报志愿，考分高的肯定全都报清华、北大，不利于高分考生的均衡分布……然而，我们能接受这种"理由"吗？难道我们的教育平等一定要建立在惶恐、焦虑、判断失误之上吗？如果咱们中国人只能通过这种变态的方式实现教育平等，那才叫悲哀！

带着所有的制度缺陷，又一年高校招生渐渐接近尾声。明年如何呢？我们该做些什么？等到何时，几十年歧视如一日的高校招生制度才能沿着宪法平等的方向启动改革？

如何促进中国的高等教育平等？

　　教育是关系到中华民族兴衰的千年大计，而要在全国范围内振兴教育，必须实现教育资源在地区之间的公平分配。宪法第 33 条规定："公民在法律面前一律平等"；第 46 条明确规定："公民有受教育的权利"。这表明中国公民的受教育权应该受到国家的平等保护，而不应该因户籍地等不相关因素而受到歧视。然而，目前全国不同地区的教育资源分布仍然极为不均衡，城乡差别尤其显著。在高等教育领域，广大农村没有一所大学，几乎所有全国知名学府都集中在北京、上海等大城市。更严重的是，部署重点院校对各地考生的录取标准并不统一，对本地考生的特殊照顾尤其明显。高校招生的地方保护主义已经严重影响了受教育机会的平等与公正，并已引起了社会普遍不满。据 2009 年北京大学宪法与行政法研究中心和腾讯网联合举办的网络民意调查显示，高达 3/4 的网友认为现有的高校招生政策对全国各地的考生不公平，同样比例的网友认为部属高校按省份投放招生名额的做法不公平。对于某些高校以"学校的历史传统""往年招生历来如此"等作为向不同省份分配录取名额的理由，3/4 的网友表示不能接受，其中高达 46% 的网友表示"完全不能接受"。

　　由此可见，解决高等教育公平问题已经到了刻不容缓的地步。国家有义务采取积极措施促进高等教育的基本公平和健康发展，为全国各地的考生提供平等受教育机会。参照网络调查结果，我们提出如下建议。

　　第一，中央应采取积极有效措施，保证各地考生接受高等教育的平等机会。网络调查显示，高达 44% 的网友表示"非常不希望"中央政府维持现状，而同样比例的网友表示"非常希望"中央政府在保证考试和录取标准的全国统一方面有所作为。目前各地高校招生之所以存在普遍的地方保护主义，在很大程度上是因为中央教育部门在教育机会平等方面没有承担起应有的监管义务，因而高校录取标准的决定过程处于中央监管失序的状态。由于高校在财政、土地等资源上严重依赖地方政府，在招生指标分配过程中面临当地政府和居民的双重压力，因而不可能主动对全国各地考生一视同仁。要保护各地考生的平等受教育机会，中央有必要发挥主导作用，在全国形成并实施公平和统一的录取标准。在目前各省分配招生指标的体系下，至少应不断降低部属高校对本地考生的录取比例，逐步取消高校招生的地方保护主义、实现高等教育机会平等。

第二，中央应适当调整高等教育政策，使高校招生既能适当照顾少数民族、边远贫困、基础教育落后的地区，又能有效防止不正常的"高考移民"现象。网络调查显示，2/3 的网友认为防止"高考移民"的根本途径是"全国统一录取标准，取消地区指标配额制，消除高考移民动机"。同样比例的网友认为，高校招生对于教育落后地区的照顾政策应该以考生接受的基础教育质量为标准，只有 15% 的网友认为应该以省区为标准。这表明社会普遍认为高校招生应该对贫困落后地区予以照顾，但是同时希望特殊照顾不因为过分简单化的地区划分而流于形式，造成"高考移民"和教育及社会资源浪费。高达 55% 的网友"非常希望"中央发展完备的考生和家庭信息系统，为合理的高校优惠政策提供依据。

第三，适当改革高校录取标准和考试制度，不仅使高考尽可能准确和全面衡量考生素质，而且探索高校录取标准多元化的路径与可行性。网络调查显示，高达 55% 的网友认为高校录取标准的改革方向应该是以高考成绩为主，参考高中会考成绩，只有 11% 的网友认为应该以高考成绩作为唯一标准。虽然科学的考试方式和录取标准仍有待深入探讨，有必要认真对待社会的普遍期望，并在适当时机启动录取和考试改革。

第四，完善高校招生和考试立法，在适当时候制定全国性法律，为高等教育机会平等提供立法依据。网络调查显示，60%的网友表示应当由全国人大通过立法确定关于高校招生的基本制度。高等教育是对人产生毕生影响的重要公共资源，高等教育的机会平等是公民受宪法保护的基本权利，因而全国人大或常委会有必要在这个领域制定专门法律，至少在《高等教育法》加入专门章节规定教育公平的基本原则和具体措施。

最后，健全高校招生和考试法治，为高等教育机会平等提供司法保障。目前，由于高校招生和考试过程不能进入司法程序，考生的合法权益得不到有效保护。高达80%的网友希望（其中2/3的网友"非常希望"）完善司法，为考生的平等权利提供法律保障。我们认为，中央应该推动各地司法受理在招生和考试过程中出现的法律争议，切实维护考生的受教育权和机会平等权利。

学者呼吁促进高等教育机会公平的公开信

尊敬的温家宝总理、袁贵仁部长：

我们仔细阅读了《国家中长期教育改革和发展规划纲要(2010—2020 年)》(公开征求意见稿)，完全赞同征求意见稿"以促进公平为重点""把促进公平作为国家基本教育政策"的目标。我们也十分认同征求意见稿关于"招生计划向中西部高等教育资源短缺地区倾斜，扩大东部高校在中西部地区招生规模"等保障高等教育机会公平的举措，以及探索招考分离、分类考试、综合评价、自主招生、多元录取等招生考试制度改革。然而，令人担忧的是，征求意见稿没有强调一个关系到亿万青年公平机会的关键制度——公平的大学招生考试制度。我们担心，在目前地域歧视十分普遍和严重的大学招生考试制度下，中国难以实现《纲要》所规定的诸多良好目标。

正如征求意见稿指出："教育公平是社会公平的重要基础，……关键是机会公平。"高等教育机会公平不仅是科学选拔和培养人才、优化教育资源配置、促进社会进步的前提，也是中国宪法第 33 条关于"公民在法律面前一律平等"的明确要求。纵观世界各国的大学招生制度，凡是国立大学都在原则上按照统一考试成绩、社会表现、学校推荐等因素，对全国所有地区的考生给予平等录取机会，而不得基于地域等不相关因素歧视任何考生。相比之下，中国几乎是独一无二的反例。改革开放以来，中国大学招生的地域歧视及其所衍生的招生地方化现象不仅没有消除，而且在某些方面还有所加剧，京沪重点大学录取本地考生的比例是其它省份的几十倍甚至上百倍，有些地方的部属重点大学几乎变成了地方性大学。大学录取标准的地域歧视不仅损害了广大考生接受高等教育的平等权利，而且进一步加剧了"高考移民"、城乡教育机会不平等和教育资源配置失衡等不合理现象，最终损害中国社会的竞争力和创造能力，并削弱社会和谐乃至现体制的民意基础。网络民意调查显示，大学招生地域歧视已经成为众矢之的；高达 3/4 的网友认为现有的高校招生政策对全国各地的考生不公平，3/4 以上的网友认为部属高校按省份投放招生名额的做法不公平。

由于各地部属高校对地方政府存在财政、土地等利益依附关系，推动高等教育机会平等的重任落到了中央政府身上。为了保证全国各地广大考生接受高等教育的平等权利，我们认为《国家中长期教育改革和发展规划纲要》有必要吸收以下几点修改意见。

第一，明确提出将保障考生的平等权利作为大学招生和考试制度改革的基本目标。由于目前盛行的大学招生指标制度必然造成地域歧视和招生地方化，中央应逐步废除招生名额分配体制，推动各部属院校实行地域平等的招生政策，保证大学录取标准的全国统一，并鼓励地方院校实行更加开放平等的招生政策。当然，招生公平原则和照顾少数族群及边远贫困地区的优惠政策并不矛盾。鉴于少数民族和边远贫困地区基础教育薄弱，可以按大学在全国招生规模占考生总人数比例，对西藏、新疆、内蒙、宁夏、甘肃、青海、广西、云南、海南等边远省区实行同比例招生政策。对此，我们在去年 11 月提交给教育部有关部门的《大学招生考试制度改革建议书》已有充分论证，在此不赘述。

第二，明确规定逐步建立统一而多元的入学考试制度。招生地域公平的前提是存在统一的衡量标准，因而要实现教育公平，有必要改革目前的分省命题体制，实行全国统一的考试制度。中国目前实行的"统一入学考试"其实并不"统一"，而只是统一时间的不同入学考试而已。近年来，已有半数以上省份实行分省命题，试卷和统考试卷及其它地区试卷都没有可比性，大学招生已经失去了全国统一标准。我们建议，中国借鉴英国、日本等发达国家经验，重点大学实行全国统考加高校自主考试的二次考试模式。全国统考主要发挥初次筛选的功能，大学自主考试则根据大学自身特长和需要，对统考成绩符合要求的考生进行最终筛选。在保障招生公平和考试统一的基础上，国家可赋予高校更大的招生考试自主权。

第三，明确规定部属高校的本地招生比例逐年递减的基本原则。在目前招生制度改革不能一步到位的情况下，中央教育主管部门至少有义务在今后十年逐步将部属高校的本地招生比例控制在10%以内。另外，目前大学招生不仅本地化现象严重，而且对不同省份考生的录取比例也差别巨大；同一所大学对哪些省份投放多少指标，往往带有极大的随意性和任意性，很容易成为滋生幕后交易和教育腐败现象的温床。因此，我们还建议《纲要》明确限制大学在不同省份的招生比例差别，规定大学逐步将不同省市的招生比例偏离全国平均比例的水平降低到50%以内（本省市暂时除外）。

第四，进一步明确要求大学招生和考试制度公开透明。我们非常高兴地看到，征求意见稿明确要求"公开高等学校招生名额分配原则和办法"，并认为招生名额及其分配原则的事前公开有助于维护考生平等权利，但是这条规定不够具体明确，在操作过程中很容易被各大高校以冠冕堂皇的说辞敷衍了事。因此，我们建议《纲要》明确要求"在高考之前公开高等学校名额分配，并详细说明分配原则、办法和理由"。另外，目前各省市实行的高考加分政策也存在暗箱操作、加分种类泛滥、照顾权贵子弟等问题。《纲要》有必要明确要求各省市清理并公开高考加分政策，公布获得加分的考生姓名、身份和加分理由，并要求中央教育主管部门尽快统一制定高考加分种类和分值范围的清单，由各地高校严格统一执行。

总之，《国家中长期教育改革和发展规划纲要》将对今后十年的中国教育事业和人才培养发挥巨大的指导作用，因而在确定教育改革方向上不可不慎。我们强烈建议，《纲要》明确将高等教育机会平等作为基本目标，将改革招生指标和高考制度作为高等教育改革的中长期计划，力争在今后十年内实现大学招生地域平等的制度化。

联署人：郭道晖、姜明安、蔡定剑等

2010 年 3 月 10 日

高等教育不平等的制度根源及其解决方案

记者：张老师，前两天看到您牵头完成的致教育部的有关教育公平之公开信，我们《人民法院报》报社领导非常重视，要求我务必采访到您，一来您是全国著名的法学家，二来您是公开信的带头人，您的意见和观点对我们非常珍贵。再者也为了扩大我们法学界在社会中影响力，引起有关机关对《公开信》的关注，恳请您接受我的采访，不吝赐教为盼。

一、在公开信中否定了高考分省命题的做法，为什么会出现分省命题的现象？这是教育改革的趋势吗？您能谈谈与全国统一命题相比，分省命题的缺陷和弊端吗？

分省命题的"始作俑者"是上海，早在 1987 年就脱离了全国统考，实行自主命题。上海从来没有说明这种做法的初衷，但外界普遍认为是这种命题方式有利于招生地方保护主义，因为你想啊，如果实行全国统考，试卷和评分标准在原则上全国统一，那样再对上海户籍的考生特别照顾，那么上海重点大学对上海考生的录取分数线岂不是特别低？这样会显得"不好看"，也很容易成为遭人诟病的把柄。一旦实行分省命题，某些省市的试卷和全国试卷不一样，分数自然就失去了可比性。这个时候招生地域歧视就不太好说了，因为没有统一标准，不好说谁照顾谁；在上海的部属高校确实对上海考生录取比例很高，但也许这就是上海考生"综合素质"更高的表现呢？2002 年之后，北京等省市也开始实行分省命题，其动机和当年上海如出一辙。

当然，分省命题不是没有一点好处。当年教育部之所以同意这种改革，主要是为了防止试题泄密或控制泄题范围。尤其在互联网时代，某个地方泄题了，很可能全国上下甚至国外都同一时间知道了，从而酿成重大考试事故。实行分省命题之后，如果那些省市发生泄题事故，后果局限于省市范围之内，影响不到全国其它地区。这个理由是正当的，但是不够充分，因为至少从 1978 年算起，全国统一高考实行了那么多年，也没有发生全国性泄题事故，说明这类事故不是不可以防范的；即便发生事故，虽然代价很高，但也不是不可能救济（譬如再次组织考试）。美国 SAT 全国统一考试那么多次，甚至其它有些国家也用它的试题，也没听说发生重大泄题事故。这类在技术上国外能做到的事情，为什么偏偏中国做不到呢？所以教育部不能因为害怕泄题，就把责任下放到各省，更何况这种下放本身也是不完全的，因为目前只有 16 个省市实行自主命题，还有 15 个省区仍然实行全国统考，全国范围的泄题风险岂不仍然存在吗？

至于其它理由，多数是京沪等大城市为了自己的既得利益制造出来的，加上某些学者有意或无意为它辩护，什么考题更适应地方特色、照顾边远贫困或教育落后地区等等，不一而足，但是还没有发现能真正站得住脚的，因而篇幅不能在此展开。要说"趋势"，只能说是这些强势的大城市萌发地方保护主义意识之后的一种自然趋势，但绝不是教育科学或宪法平等所要求的改革趋势，因为分省命题的最大缺陷就在于让全国失去衡量不同地区考生的统一标准，造成各地大学招生地方保护主义有恃无恐、大行其道。分省命题表面上掩盖了招生地域歧视，但其实考试标准的不统一本身就是最大的不平等。

二、您能否就"招生名额分配"体制与"同比例招生"制度之间，做以详细的解答。比如谈谈二者的具体运行方式、二者在体现教育公平方面的差异，最好举一些例子，用一些数字性的举例说明。

同比例招生是招生指标分配体制中的一种，只不过要求大学对各省投放的指标和当地考生人数同比例，也就是和该大学在全国的平均录取比例相同。譬如北大每年在全国招收约 3000 名本科生，而假定全国有大约 1000 万考生，那么北大录取的平均比例就是万分之三，一万名考生中录取三人。同比例招生就是要求北大把这个比例落实到各省，考生多的省自然按此比例得到更多指标，而不能像现在这样对本省市给予特别照顾。同比例招生当然就打破了招生地方化，因为 2009 年北京才 10 万考生，按此比例只能得到 30 人左右的指标，而北大实际投放的指标数为 670 个名额，是同比例招生的 20 多倍。安徽有 57 万考生，却只得到 38 个指标，相当于 1.5 万人竞争一个北大指标，比全国平均水平还低 4.5 倍；如果按每万名考生得到的指标数算，安徽只有北京的百分之一。你还能说这种体制是在"照顾"教育落后省份吗？如果按照同比例招生的话，安徽至少应该得到 170 个指标。

当然，同比例招生虽然比目前的指标分配制度进步得多，但也未必完全"公平"。譬如说江浙一带被公认为基础教育水平高，考生考试能力强；如果按同比例招生，那么无论基础教育水平或实际考试能力强弱，都只能得到和本省考生人口成比例的指标。因此，我们并不认为应该在全国实行同比例招生，而是主张实行全国统一（但完全可以多元化）的考试，不同地区的考生在同一起跑线上公平竞争；但是为了适当照顾少数民族自治区等基础教育不发达的边远贫困地区，我们主张实行同比例招生，譬如北大等部属高校在这些地方投放的招生指标不应低于全国平均录取比例（约万分之三）。

三、北京大学今年首次采用"校长推荐"制度，您认为这种推荐制会不会衍生一些幕后交易与腐败问题？会不会导致更大程度上的城乡教育机会不平等？该制度是否适合在各高校中推广？

我也写过评论，认为这种制度没有推广价值。目前刚开始实行，北大和各有资格推荐的高中校长都很谨慎，但这样的后果是推荐不出北大想要的"偏才"、"怪才"，被推荐的都是四平八稳各方面都比较优秀的考生。以后放开了，有资格推荐的高中范围更广，尤其是其它高校也模仿北大的做法，是否会产生幕后交易就很难说了，因而我不认为北大发明的"校长推荐制"具有大规模的可复制性；如果大面积展开，可以肯定是会出问题的。

其实就目前来看，这种制度只能产生更大的高等教育机会不平等，尤其是城乡不平等，因为有资格推荐的高中必然是极少数的"重点"中的"重点"（否则那么多的高中都推荐自认为"优秀"的人才，不仅北大没有能力甄别，我们索性退回到"文革"期间的"工农兵学员"时代得了），而绝大多数这类精英高中必然不成比例地集中在大城市，广大农村得到的推荐机会必然只是凤毛麟角。

四、您对公开信的效果期待是什么？

大学招生涉及每家每户的切身利益，招生考试制度改革必然遭遇强大的既得利益障碍，教改纲要草案也没有涉及这个领域的实质问题，因而我们目前只能期待唤醒社会公众对这个问题的权利意识。毕竟，招生指标制度歧视的是中国大多数人的重要利益，这种利益的维护最终还得靠大多数人站出来发表自己的声音。公开信只是表达了部分法学家在这个问题上的立场，但我相信它代表了法学界的主流立场。当然，我也希望法学界对公平正义的追求能影响社会和政府决策部门，推动高等教育早日进入法治化轨道。

1、地域平等的招生政策这一建议提出的必要性与可行性；

大学招生的地域平等显然是必要的，因为目前部属高校的招生指标分配严重偏离了宪法第 33 条规定的"公民在法律面前一律平等"。直属中央的部属高校由全国纳税人供养，其所提供的高等教育资源应该按照机会平等、择优录取原则，由全国各地的考生公平分享。然而，中国部属高校招生本地化现象一贯非常严重，许多知名重点高校对本地投放的招生指标占总指标将近一半之多，北大对北京投放的指标和考生数之比是安徽、广东的 100 倍，是河南、山东的好几十倍，复旦、上海交大、南京大学、浙大、武大等京外部属高校对外地考生的歧视更为明显。大学招生不仅在一般意义上歧视外地考生，而且对不同的外地省份投放指标也严重不均，造成了教育资源分配的极大任意性。大学招生的地域歧视不仅剥夺了广大考生接受高等教育的平等机会，而且损害了极为稀缺的中国高等教育资源的优化配置、阻碍了全国范围的人才流动、加剧了城乡差别和"高等移民"等不合理现象，可以说有百害而无一利。

至于地域平等的可行性，在法律、政策以及实践操作上是没有什么不可行的，关键是招生地域歧视已经形成巨大的既得利益群体，因而平等化改革会面临很大压力。尤其京、沪等大城市集中了大量优质高等教育资源，肯定不愿意放弃招生地方保护主义。但是即便如此，改革也不是不可能。事实上，教育部已经采取政策限制本地招生比例。前几年，复旦、浙大这样的重点大学对本地投放的招生指标高达百分之六七十，只是在教育部明文规定之后才下降到50%以内。教育部近年来要求部属高校本地招生指标下降到30%，但是京外高校还没有落实这一规定，但是南大等高校的本地招生比例确实在逐年下降，可见招生平等并非不可能实现。

2、统一而多元的入学考试制度的必要性与可行性；

招生平等的前提是存在统一的录取标准，统一录取标准要求统一考试制度。考试本身不统一，31 个省市 31 张卷子，北京考分和山东、河南考分不可比，如何判断录取多少北京考生、又录取多少河南山东考生呢？这样就只有延续计划色彩浓厚的招生指标制度，而划分指标本身又没有什么客观标准，从而必然造成招生指标分配的任意性和地方化。因此，要落实招生地域平等，就必须取消分省命题，重建统一考试制度。统一考试显然是可行的，因为从 1978 年恢复高考开始，我们就一直采取统一考试，直到 2002 年开始大规模实行分省命题为止。以前能做到的，为什么现在反而做不到呢？

不少学者认为分省命题有利于试卷反映地方特色，好像什么事情只要权力下放就是好事。其实许多基础科目是不存在什么"地方特色"的，数理化的基本定理、定律有什么"地方特色"呢？中国孩子到了美国不照样学同样的算术、方程、牛顿三定律吗？逻辑推理、中英文语法走到哪个国家都一样，难不成从北京到湖南就变了？至于作文可能确实涉及一点地方特色，但是鉴于其主观性，它是否应在基础能力测试中保留还是一个问题。许多理由听上去言辞凿凿，其实只是既得利益的挡箭牌，经不起仔细推敲的。

许多人将统一考试误解为简单恢复过去的统一高考，反对回到"一考定终身"。这种论点也是经不起推敲的，因为现在分省命题仍然是"一考定终身"，因而可以考几次和每次考试是否全国统一是没有关系的两个概念。今后完全可以借鉴美国 SAT 等考试模式，在一年内采取两次或多次全国统考，考生可以选择发挥最好的一次考试成绩，所以统一考试完全可以打破"一考定终身"。目前唯一有点突破的是自主招生，但是因为自主招生安排在高考之前，各大高校把参试资格局限于大城市的重点高中的极少数考生，从而造成比普通高考招生更大的不公平。正确的做法是先进行全国统一考试，主要测试考生基本能力；对于 985 高校等重点名牌大学，如果有必要可以在统考筛选基础上进行自主考试。这样，两种考试都是全国统一的，都符合宪法平等原则，但是为不同类型的高校提供了多元的考试模式。

3、公开透明的招考制度的必要性与可行性。

这次出台的教改纲要草案并没有直接涉及招生地域平等问题，但是规定大学应公布招生指标分配方案。招考制度的公开透明显然是必要的，否则就保不住中国这"最后一片净土"。目前招生指标分配是事后公布的，因为每年大学都得公布各省录取学生的人数，但是事后公布并不能保证指标分配过程的公正性甚至合法性，譬如撇开本地指标不谈，大学对不同外地省份投放的指标比例也往往相差十几倍，这其中是否涉及幕后交易？我们不得而知。因此，我们在公开信中建议纲要应明确规定事前公布和说明理由，大学在高考前几个月就应该公布招生指标分配方案，并具体说明这么分配的依据是什么。这么做并不能保证指标分配会更平等，但是至少能增加一些社会压力，促使大学招生走上公平和法治的轨道。

陆、思想与言论的自由与界限

——如何理解宪法第 35 条

在所有权利当中，言论自由最为基本。没有自由言论，基本事实都弄不清，基本是非都辩不明，遑论其它？1982 年宪法第 35 条规定："公民有言论、出版、集会、结社、游行、示威的自由。"当然，言论自由也有限度，譬如公民显然没有造谣惑众的自由，如果因此而造成社会危害，宪法并不能成为肇事者免于法律惩罚的挡箭牌。然而，对不当言论的限制不能成为限制正当言论的借口。如果没有言论和新闻自由，那么社会看上去秩序井然、一片"和谐"，其实冲突、矛盾、不满都掩藏在社会机体内部，一旦突破社会临界点就会产生毁灭性后果。

事实上，言论自由也是宪政的文化基础。没有言论自由，人民接触不到不同的见解和立场，世界观和历史观必然过于偏执、单一乃至扭曲，民族心态必然过于狭隘、排外、缺乏宽容并极易受到误导。胡适说过："宽容比自由更重要"，而一个没有言论自由的国家是不可能宽容自由言论的，更不可能建立多元共存的宪政文明秩序。当今之所以狭隘极端的民族主义情绪甚嚣尘上，正是因为人民不仅不了解基本历史真相，而且也不能和不同观点与立场自由碰撞，从而形成了自以为是的偏激思维方式。在走向宪政过程中，中国尤其要克制盲目狭隘的"爱国"主义情绪。

网络民意的理性化

　　自从 2003 年孙志刚事件以来，网络一直在推动着中国社会的进步。收容遣送条例的废止、"黑砖窑"奴工的解救、刑讯逼供的整治、许霆案的改判、"周老虎"的鉴定、"结石奶粉"的曝光、瓮安事件的调查直至"躲猫猫"事件的处理……几乎每一次得到中央关注和解决的重大事件都是通过网络而产生全国性影响，进而形成强有力的主流民意。事件总是发生在中国某一个角落，但是经过网络迅速传遍全国，并产生强烈的道德激愤，最终惊动中央并通过自上而下的管道平息地方事件产生的全国风波。当然了，网络的力量并不是无穷的；在绝大多数时候，网络只是表达一种意见，而未必能产生任何行动或解决任何问题。近年"两会"期间，各大网络媒体都组织了网民和总理的对话活动；网民参与非常积极，但最后的效果恐怕也只是让总理大致了解社会关注的热点问题，总理个人是无法一一那么多问题的。然而，网络依然让中国人看到了传媒的力量，网络的便捷快速和成本低廉，使之注定成为二十一世纪的民意形成管道，甚至可能成为传统民主的一种替代手段——如果运用得好的话。

　　不过这只是一个"如果"。要让网络发挥正常民意的作用，还需要满足一些前提条件。首先要注意的是，"网民"和"人民"并不完全是一个概念；网民当然也是人民的一份子，但是范围比后者狭窄。这样，网络意见很可能只能体现某部分人的"民意"，而未必能准确地代表全体民意。一个突出的问题是，即便中国目前已有近三亿网民，网民的分布是相当不均衡的，城市上网的人显然比农村多，沿海地区的网民比内地多，因而"网络民意"很可能带有地区尤其是城乡偏向，网民们对特定问题表达的所谓"主流民意"或许只能代表多数城市人口的意见，而未必能代表占人口 2/3 之多的广大农民的意见。因此，要准确体现中国的"民意"，恐怕不能只看网民们对特定几个选择的点击数，而必须采取适当措施保证地区尤其是城乡平衡。

一个更为严重的问题是网络民意的理性程度。这个问题当然并非网络独有，而是所有对话交流都面临的困难。在自私自利的意义上，人确实是"理性"的，但是并非所有人都会以理性的方式表达自己的立场或利益诉求。即使在面对面的直接对话过程中，也会出现语言暴力甚至肢体冲突等非理性现象。然而，网络以其特有的方式加剧了网络对话的非理性倾向。在网络的虚拟空间中，网民们并不直面对方，也不需要担心暴露自己的身份和形象，因而可以更加率直地表达自己的看法；即便明知自己的表达方式会激怒对方，网民很可能还是无所顾忌，因为所承担的后果无非就是一场隐身遁形的"口水仗"而已。网络对话的间接性和隐秘性既使网络言论更加自由，也让网民对自己言论承担的风险责任降低到最小限度。

在面对面的交流中，言论者至少要当场面对听众的反应并顾及自己的颜面，因而不得不将某些激进、粗俗等不负责任的表达方式掩藏起来，至少在表面上显得更为平和理性。相比之下，网络提供的私密空间反而让人摘掉了最后一层文明的面纱，容易使网络对话以不加修饰的赤裸裸的方式进入公共空间，进而加剧网络对话的非理性趋向。与此同时，当面对话至少能保证各方在场并当场聆听对方的观点和论据，而不同人的观点也能通过活生生的形象而产生更深刻的印象。由于网络对话无法保证这些条件，文字对白也显得比较枯燥乏味，对话质量相对较低，一般仅限于表达简单的个人立场或情感，很少出现长时间围绕某一个专题的理性、深入交锋。由于缺乏充分讨论，网民更容易在信息不对称、论据不完全的情况下抱着凑热闹的心理作出判断，网络对话也更容易为少数激进甚至极端的立场所主导。

网络交流的非理性倾向值得重视，因为理性是民主的前提。只有在各种立场以最有说服力的形式呈现在公众面前并让公众参与辩论的前提下，才可能通过多数主义民主程序作出对社会最有利的决策；否则，所谓的"民意"只不过是少数人操纵下的"暴民心态"的集中反映而已。如果网络民意为非理性力量所驱使，那么它非但不能承担起形成理性公意的重任，反而会助长社会的偏激、盲动和任性，甚至受少数人利用而成为助纣为虐的工具。

网络民意的理性化要求我们扬长避短，尽量克服网络言论的随意性、情绪化和激进倾向，引导网友进行理性对话。关键在于保证大多数网友进行建设性的对话，但是由于毕竟不是面对面，做到这一点的难度是相当大的。2009 年"两会"期间，北大宪法研究中心曾和腾讯网联合举办了高校招生地域歧视问题的网络对话活动。我们将来自 31 个省市的 200 多名网友分散在 8 个 QQ 群，每个群基本上都能保证有来自各省的网友参加。虽然每个群的协调人尽力让群内每个网友都参与对话，但结果还是发现积极对话的网友只有五六个，其余大部分网友都保持沉默。相比之下，我们 2008 年夏天在深圳组织的"劳动合同法•劳资面对面"对话会效果更好。由于是劳资代表当面对话，我们至少可以保证每个参与者都至少发表一次意见，而且对话的时间更长、质量更高。网络则缺乏适当机制将网友长时间聚焦在一个话题上，而如果不能对特定议题连续投入足够时间，那么网民们就不可能全面深入地认识问题的实质。事实上，即便网友们都登录了 QQ 群，我们仍然无法保证他们在整个对话过程中一直在场。

尽管如此，网络对话的发展潜力仍然是不可估量的。这主要是因为网络对话成本低、反应快、覆盖面大并极易推广。有些问题是地区性的，因而可以在当地组织面对面的对话交流。譬如《劳动合同法》的实施效果带有明显的地区差异，组织全国性对话的意义有限，而在深圳或某个特定地方组织劳资面对面交流不仅效果显著，而且成本也可以被控制在可承受范围内。然而，高等教育机会的地域平等显然是一个涉及不同地区的全国性问题，地方性对话必然带有明显的地区偏向——北京人肯定希望维持现存高校招生制度、山东人肯定希望打破北京高校对本地的保护，因而这类对话必须在全国范围内进行，而即便只是将全国各地上百名参与者集中到某个地方也必然耗资巨大，超越一般主办方的承受能力并给参与者带来不便。在这种情况下，网络对话甚至可以说是一种不可替代的民意形成机制。

同时，网络对话虽然存在非理性倾向，但是也没有必要过分夸大这种倾向。"周老虎"事件表明，网民中不乏专业精英，他们个人的调查、研究和鉴定水平丝毫不亚于任何官方机构——事实上，可以说几乎所有的精英都是网民，现在连国家领导人都上网了。如果他们的见解能得到多数网民的重视和考虑，那么网络民意就已经走上了理性轨道，而"周老虎"事件的结果证明理性的力量是可以对多数网民的判断发挥主导作用的。在高等教育机会平等的网络问卷中，我们刻意设计了几道知识题（譬如目前高考和高校招生的方式），结果发现 3/4 左右的网民们都给出了正确答案，说明大多数来参加对话的网友对所要讨论的问题都具备基本认识。虽然个别网友的表达方式可能有点偏激，理性对话的基础显然是存在的，问题只是在于如何引导他们在耐心接触各类信息之后再做出自己的判断。

至于对涉及国家利益等敏感问题的网友反应，确实存在走向偏激甚至极端的危险，但是许多非理性判断正是网络信息不完全造成的。譬如网民们之所以对可可可乐兼并汇源的方案反应过激，主要是因为不了解汇源其实是一个外资公司而非"民族企业"。要消除这种非理性现象，根本并非在于控制网络表达，而恰恰在于保证充分的网络言论自由，让各种观点立场和各种版本的事实得到充分自由的表达，让网民们有机会在信息全面、论据充分、立场多元的环境下作出自己的选择。中国网络民意的前途在于网民的理性，或更准确地说，在于我们对网民理性的信任；如果我们出于种种担忧或恐惧不让网民们接触各种不同的信息，那么我们的网民永远不可能变得成熟理性。

　　当然，如果先前的教育模式对某些个别问题形成先入为主的思维定式，致使多数网民不顾事实真相就表达自己的情绪，那就尤其需要让他们坐下来聊聊天、冷静冷静，在心平气和地接触对立观点并弄清基本事实的前提下再做判断。我个人坚信，绝大多数的中国网民是理性的；通过适当的对话过程，他们完全有能力形成理性的网络民意。

理性网民值得期待

近年来，随着中国网民数量的迅速攀升，网络意见成为影响社会进步的一个重要途径。2009 年，中国已有 5 亿网民；尽管仅超过总人口的 1/3，但仍然是一个堪称"世界第一"的巨大数字。而且数亿网民遍布全国，不仅有城市居民，也有相对发达地区的农民。虽然网民的地区分布不均衡，但他们的意见还是具有相当大的代表性。尤其在正式的表达和代议机制不发达的情况下，网络甚至可能是反映国人观念立场的不可替代的便利机制。问题在于，这种机制是否能够通过理性的网民产生理性的民意？这篇短文只想从我亲历的试验说明一点：在适当的环境下，中国的理性网民是值得期待的。

显然，民主不只是表决机器。民主的最终价值在于形成并体现理性的民意，进而影响国家决策。这里的"理性"并不是什么玄乎的哲学概念，而只是指判断过程的性质；"理性"的判断是在知道基本事实和不同选择方案的情况下形成的，而不论由此作出的实体判断是什么。我们显然没有权利将自己认为正确的判断和"理性"划等号，而将所有我们不认同的选择都归为"错误"或"不理性"的行列。只要网民是在基本知情并权衡利弊的情况下作出判断，而不是蒙在鼓里或心血来潮地点鼠标，那么我们就得认为这样的网民是"理性"的。

不过虽然听上去容易，理性仍然是民意调查面临的一大问题，网络民意更是如此。对于某个热点问题，我们可以很容易得到成千上万的点击率，但是每一次选择究竟代表什么？网民在点击的时候经过思考吗？做出的选择有意义吗？如果网民的选择其实没有经过大脑思考，或是在不了解事实真相的情况下做出的，显然某个选项的点击率再高也没有意义。二次大战期间，95%以上的德国人都认为纳粹对犹太人的迫害是理所应当的。在 1959 年"庐山会议"之后，彭德怀被彻底"批倒批臭"；如果那个年代搞个民意测验，想必 99%以上的中国人都会认定他"罪有应得""死有余辜"。问题在于，这些判断都是在新闻受到严重压制、反对声音完全沉默、基本信息极不充分的情况下作出的，因而必然带有严重的错误风险，而不论当时的支持率多高，最后也确实证明是完全错误的。

由此可见，一旦民意判断失去准确的事实基础，或形成"一边倒"的局面，对立观点遭到人为压制或漠视，那么这样得到的"民意"不论如何准确地体现了人民当时的真实想法，都必然是不理性的。且不说民意调查的技术手段如何、民意测量是否准确，要保证民意本身有意义，人民的选择必须是知情和理性的；只有在考虑相关事实、不同立场并比较不同方案的基础上，才可能形成理性的民意。这是为什么网络民意对特定选项的支持率并不能说明全部问题，更重要的是民意形成的过程和民意选择的质量究竟如何。只有在网民们了解基本事实和不同观点的前提下，才可能形成明智的独立判断；只有这样的网民才是理性的，也只有这样的网络民意才值得尊重。

以此标准衡量，中国网民在许多问题上都可以是相当理性的。为了证明这个看法，我在此只举一个自己熟悉的例子。2009 年 3 月 4 日晚，北京大学宪法研究中心和腾讯网联合举办了高等教育机会平等的对话。我们邀请了分布在 31 个省市的 200 多名网友，将他们分为 8 个 QQ 群进行对话。为了保证对话的质量，我们特意准备了比较详细的事实材料，平衡介绍了高校招生和高考制度领域的不同观点。我们还在腾讯演播室邀请了六位学者和人大代表，就这些问题进行探讨和辩论。目的不为别的，就是为了保证网友在回答问卷之前充分了解基本事实，并在权衡不同观点、不同考虑之后做出自己的判断。当然，"理性"的选择并不是指惟一正确的选择；即便在经过充分讨论之后，网民们在许多问题上很可能还是见仁见智。

譬如北京、上海等大城市的多数网民可能还是会选择维持现有招生制度，而山东、河南、四川等地的网民则依然强烈要求统一全国的录取标准。关键在于，如果他们各自的选择都是经过理性思考的，那么如此形成的网络民意就为高校招生和高考制度提供了改革方向。

当然，如此操作或许有点"费事"，未必所有的网络民意调查都能达到同样的要求。不过我们的试验表明，即使不采取特别的对话措施，许多网民仍然对所讨论的话题具备基本知识。我们在举办网络对话之后，又用同样的问卷征集一般网友的意见，前后共有 746 名网友填写了问卷。我们在问卷中专门设计了几道"知识题"，用来测验网友对高考和高校招生的基本知识，结果发现几乎每一道题都有 3/4 以上网友回答正确。例如对于目前部属高校的招生方式，回答正确率高达 82%。这表明这些网友虽然没有系统参与我们的对话活动，因而未必全面了解正反各方的论点，但是大多数网友至少了解问卷所涉及的基本事实，因而是在基本知情的情况下作出自己的判断。我认为如此形成的网络民意是值得尊重的，应该引起决策者的重视。譬如这次调查发现，高达 83% 的网友认为现有的高校招生政策对全国各地的考生不公平，表明我们的招生政策确实到了非改不可的时候了。

总之，中国的网络民意是可以很理性的。问题不在于中国网民是否理性，而在于我们如何创造一个信息充分、表达自由的环境，让每一个网民都有能力在经过理性思考之后作出知情判断。

过滤软件重在区分未成年人

2009 年，政府部门投入 4170 万元购买了"绿坝—花季护航"软件，免费给全社会安装，用于图像—文字双重上网过滤，主要功能包括拦截色情内容、过滤不良网站、控制上网时间、查看上网记录。在此且不论绿坝软件质量如何、是否能有效实现这些功能，是否可能矫枉过正、错误屏蔽了网民可以接触的合法信息，也不论这笔投资是否价有所值、是否纳税人的钱会不会打水漂。即便假定这些问题不成问题，政府也要认真对待软件使用的方式，因为一不小心，就可能抵触宪法第 35 条规定的言论自由，而要符合言论自由的基本精神，就有必要适当区别对待成年人和未成年人。绿坝软件的"软肋"正在于未能区分两者，因而难逃合宪性与有效性的两难选择。

言论自由的基础在于信任公民。宪法之所以保护言论自由，不仅是因为言论自由对于社会具有不可替代的重要性，而且也因为我们相信成年公民具有正常的道德素质和鉴别能力，因而他们在一般情况下不会说错话、做错事；即便偶尔错了，大多数人也具备识别对错的基本判断能力，因而不会遭受蒙骗或跟风起哄。事实上，正是在言论自由的环境下，公民才可以自由接触各类信息，因而才能够对不同主张进行比较并在知情基础上做出理智判断。

没有这种基本信任，言论自由就失去了正当依据，政府就可以随意限制公民言论；长此以往，必然造成万马齐喑的局面，而恰恰是这种社会的公民因为长期信息不充分，或轻易做出偏激判断，或缺乏成熟的判断能力，犹如智力未充分发育的未成年人，事事依赖政府的指导。问题在于，政府判断就绝对正确吗？如果连家长都会犯错，那么政府决策同样会出现偏差。更何况政府和人民之间当然不是传统意义上的"父母官"和"赤子"的关系，政府就是由人民构成的；有什么样的人民，就有什么样的政府，人民的智慧决定了政府的智慧。而且政府官员必然只是少数，因而政府决策往往比大多数人的集体判断更容易犯错。既然多数比少数、全体比局部更可靠，社会判断最终仍然依赖人民的理性，而要让人民锻炼得更加成熟，只有落实宪法上的言论自由，其中也包括接触各类信息的自由。至于特定内容是否构成"不良"信息，本身就应该由人民自己作出判断。

当然，对于心智尚未发育成熟的未成年人来说，上述信任的基础并不存在；恰好相反，只有在色情等不良信息受到过滤的健康环境下，儿童才能健康成长，而政府和社会确实有义务营造健康的成长环境。从"花季护航"的软件名称以及控制上网时间、查看上网记录的功能来看，绿坝软件确实具有保护未成年人的功能，并有利于家长发挥更大的监督作用。但是从报道来看，绿坝似乎并未区分成年人和未成年人；一旦装上这个软件，所谓的"色情"内容、"不良"网站统统遭到屏蔽，不论是否成年都无法接触这类信息。既然软件未能从技术上区分成年与未成年人，合宪性与有效性之间的矛盾就难以避免了。

如果软件是强制性的，一旦装上后便不能轻易卸载，那么这个软件对于过滤"不良"信息很可能相当有效，但是安装软件的强制性要求也同样有效地侵犯了言论自由的宪法原则。过滤不良信息、净化网络环境难道不是一件大好事吗？但是如今的中国网民早已具备足够的宪法意识，对付这类听上去振振有词的诘问——关键当然不在于是否应该屏蔽不良信息，而在于谁有资格认定哪些属于"不良"信息。而一旦中国网民具备如此成熟的宪法意识，势必意味着他们也有足够的智慧判断"不良"信息，而无需别人越俎代庖。毕竟，"不良"乃至"色情"都是极难界定的概念，界定这些概念的权力是极难控制而极易滥用的权力。一旦政府担当了这个角色并强制公民按照自己的判断标准过滤信息，必然有违言论自由的宪法精神。

好在有关方面出面澄清，绿坝软件只是免费提供初始安装，事后用户可以按照自己的意愿保留或卸载。这样一来，软件提供的自由选择确实符合宪法要求，但是其控制"不良"信息的有效性却大打折扣：有些用户可能为了保护自己的孩子而继续使用过滤软件，但是有些用户却未必如此"自觉"，很可能为了自己的自由和方便而卸载软件，从而使保护未成年人的目的落空。如果说强制安装是将成年人当做未成年人对待，那么自愿保留安装则意味着给了用户将未成年人当做成年人对待的自由裁量权。当然，我们可以通过宣传教育尽可能说服目前"自觉"程度普遍不高的中国家长，敦促他们牺牲自己的部分自由，但是如果像绿坝那样将成年人和未成年人绑在了一起，家长和孩子在这个问题上存在利益冲突——家长享受信息自由即意味着未成年人处于不受保护的状态，保护未成年人则意味着家长自由受损，那么卸载恐怕是相当普遍的结局。如此，则无论如何完美的软件都无法达到预期效果。

其实问题很简单：既然软件的主要目的是为了保护未成年人，那就应该专门设计识别未成年人身份的程序，并将限制网上信息的对象局限于未成年人。一方面，过滤软件通过身份识别、密码设置以及家长监控等技术，限制未成年人的上网时间和接触信息的范围；另一方面，成年人仍然享受几乎完全的信息自由。但在技术上，如何有效识别并限制未成年人上网一直是一个难题；事实上，这也正是美国等发达国家仍然面临的技术难题，而限制未成年人的"殃及池鱼"效应也已经产生了若干重要宪法判例。绿坝软件不尝试攻克此类关键技术难题，而将成年人和未成年人同等对待，那就难免陷入或者违宪、或者失效的尴尬境地。

"谣传"的自由与限度

2009 年 7 月 17 日，河南杞县上演了现代版的"杞人忧天"；当地群众乘坐汽车、拖拉机、三轮车等各种车辆去周边县市"避难"，该县通往周边的道路一时车满为患。原来一个多月前当地辐照厂发生卡源故障，却被网上谣传为"钴 60 泄漏"，以至造成当地百姓恐慌逃亡。当地政府出面辟谣，宣布辐射源仍然处在控制状态，并未造成泄漏和污染，并抓获了五名"造谣者"。其中开封县居民张某在不知道实情的情况下，将一个帖子从某网站论坛转到天涯论坛，声称"现在科学家已经没有办法了，……吓的饭都不敢吃，当天来当天坐飞机走，生怕核气传到他们身上"开封县公安局以涉嫌编造、故意传播虚假恐怖信息罪将张某刑事拘留，并对另外 4 名传播虚假信息者给予治安处罚。

虚惊过后，人们的关注转向政府对谣言传播者的处罚，而处罚的标准和方式不仅将影响这起事件的当事人，而且对中国社会的言论自由和公共利益之间的微妙平衡意味深长。这起事件虽然带有一定的戏剧性甚至恶作剧成分，但是它所提出的问题却值得严肃的反思。常识告诉我们，言论是受宪法保护的基本自由，但任何自由都不是无限的，而无中生有的谣言似乎显然是不受保护的。问题在于，我们如何区分受保护的言论和不受保护的"谣言"。当然，大家事后都知道核泄漏是谣言了，杞县群众的恐慌是"杞人忧钴"，但是在此之前他们如何能确定自己做了一次现代版的"杞人"呢？如果不惩罚谣言，那么可能会助长诸如此类的空穴来风，弄得满城风雨、人心惶惶；但是如果惩罚导致大家噤若寒蝉，该说了也不敢说、该传的不敢传，那又可能会造成更加严重的后果。

中国当代不是没有发生过后面这种情况。1976 年唐山地震，造成 24 万死亡的惨剧。地震前曾有国家地震队和群众检测站的多次预报，但是都被当地领导为了维护社会稳定而压着没报。这个逻辑也显然可以理解：如果预报了地震但又没震，不仅领导面子过不去，有损"政府形象"，而且也弄得百姓人心惶惶，影响"抓革命、促生产"。在地震发生前，所有预测大概也只能算做"谣言"吧。不幸的是，地震证明了"谣言"的真实性，而我们也因为压制这类"谣言"而付出惨重的生命代价。天要下雨，地要地震，自然事件是人类无法控制的，但是自然灾害给人类造成的损失却是可以避免或减轻的。在当地青龙县，县委书记冒着"乌纱帽"被摘的风险，将地震预报"泄漏"给当地人民，结果该县没有发生一例死亡事件。如果地震"谣传"拯救了青龙县的人民，那么也同样可以拯救整个唐山地区的人民。我们不妨大胆设想：假如当初整个唐山"谣传"地震，结果会如何呢？我想至少那 24 万条冤魂不会反对地震预报的"谣传"吧。

由此可见，定性"谣言"不是一件那么简单的事情，禁止和惩罚"谣传"可能会产生比谣传更可怕的后果。当然，任何人都没有权利造谣；即便以保护言论自由著称的美国大法官霍姆斯也认为，一个人不能在漆黑一片的剧院里大喊"着火了！"，然后在造成踩踏伤亡事故后宣称自己的言论受第一修正案保护。记得四五年前，在伊拉克举行盛大宗教庆典的时候，有人大喊"恐怖袭击来了"，结果造成万人伤亡的大规模踩踏事故，当时那张满地拖鞋、一片狼藉的图片让我记忆犹新；这样的人如果被抓住，显然没有什么能保护他不承担法律责任。

既然如此，界限究竟在哪里？早在 1919 年的判例中，霍姆斯法官提供了一个标准：政府是否可以合宪地依法惩罚言论，取决于这种言论是否会产生"清楚与现存的危险"(clear and present danger)。这项标准的逻辑在于，言论自由是规则，限制是例外：只要还有时间讨论、辩论、澄清事实，那么就应该通过自由言论而非压制言论来获得事情真相；只有在言论一经散发就会马上产生现实危险的情况下，以至没有时间通过公众讨论澄清真相，才允许政府控制言论。这是因为政府的判断也会出错，而且在不同观点没有公开较量和辩论的情况下，这种错误的概率要比社会在公开自由讨论之后达成的多数判断高得多。譬如在唐山地震，政府判断就出现了失误，而这种失误产生了严重的社会后果。因此，即便是谣言也没有必要由政府出面控制；只要还有辩论和澄清的时间，社会和媒体的公开报道和讨论或许能更有效地控制谣言的传播。

杞县的核泄漏谣传是否符合"清楚与现存危险"的标准呢？谣言是否造成了如此的紧迫性，以至没有时间澄清就引发严重后果？虽然这起事件不是没有一点紧迫性，但它和"剧院失火"或在人群扎堆中谎称"恐怖袭击"还是极为不同的。值得注意的是，网上谣传发生在 7 月 13、14 日，而当地百姓的大规模迁徙发生在 17 日；在这三、四天内，其实还是有时间讨论和澄清事实的，更不用说事故本身早在 6 月 7 日就已发生。现在，人们大都指责政府没有及时通报事实；政府或许确实有义务披露信息，尤其是地震预报等只有政府才能合法获得的信息。不过我们为什么一定要事事依赖政府呢？如果像南都报这样有公信力的媒体当时就足够重视网上谣传，奔赴当地调查取证并得到当地政府配合，事实真相会很快调查清楚，而真相报道很可能比当地政府的新闻发布会更有说服力。

事件已经发生，应该惩罚谣传者吗？除了以上标准之外，这个问题至少取决于另外两个因素。一是谣传造成的后果是否严重。在传统上，中国人特别憎恨或害怕"谣言"，似乎"谣言"特别可怕；但是我们已经看到，一个不给"谣传"留下任何空间的制度环境远比谣言本身更可怕。发生在杞县的谣传固然也产生了一定的后果，譬如造成人心混乱、交通堵塞、部分百姓颠簸流离，但是这种后果在程度上显然比"剧院失火"等情形轻得多，因而应免予处罚；即便处罚，程度也应该相应减轻。二是当事人的主观错误程度。如果属于恶意制造和传播谣言，可以根据后果轻重给予一定处罚；但是如果只是在不明真相的情况下帮助传播谣言，在一般情况下应免予处罚。在杞县谣传案，遭到刑事拘留的张某只是在天涯网站上转发了帖子，而没有证明这一行为导致或加剧了当地恐慌；事实上，它反而可能帮助全国关注这起事件并尽快弄清真相，因而不应接受处罚。如要惩罚的话，政府应该找到制造这起谣言的始作俑者。

开封警方提醒广大市民"一定要从政府新闻发布和媒体获取信息，不信谣、不传谣，不利用网络和手机等途径传播不真实信息，共同维护开封良好的社会治安秩序。同时，任何恶意制造、传播谣言，影响社会稳定的行为都将依法受到惩罚"。问题是，如果目前还不能完全信任政府或媒体能及时披露某些对当地公共利益产生重大影响的信息，我们是否还应该那么严厉呢？如果网民在不知情的情况下转贴了"谣言"就受到惩罚，以至在不可能核实真相的情况下不敢传播任何信息，当今由网络揭露出来的那么多真实的信息又如何得到传播呢？

总之，不要以为只要是"谣言"，政府就天经地义有权处置；在一定限度内，即便是"谣言"也有受宪法保护的传播自由。

突发事件中的新闻自由与管制

　　遇到诸如"非典"、禽流感或猪流感之类的突发事件，中国的习惯思维是要实行新闻管制，但是这种习惯思维对于我们应对突发事件其实是没有好处的。在宪政国家，言论和新闻自由是最重要的宪法权利，在一般情况下绝对不允许政府干预。之所以如此，倒并不是因为言论和新闻自由是多么崇高的宪法理念，而是因为这项宪法自由对于我们的社会实在是太重要了。作为现代社会的文明人，我们其实是生活在新闻之中的；没有新闻，我们不要说对这个世界一无所知，就连发生在眼皮底下的许多事情也不知道，而没有准确的信息，我们就无法预防和规避可能对我们产生伤害的自然或社会事件。在历史上，无论在东方还是西方，人类也确实为压制言论和新闻自由付出过惨痛的社会代价。

　　当然，新闻自由不是绝对的。一则失实的新闻报道可能引起流言蜚语，甚至只是一声"恐怖袭击来了！"的叫喊也可能产生像2005年伊拉克人群践踏那样的人间悲剧。在发布这样的言论或新闻而受到法律制裁的时候，没有谁可以坚持他的言论或新闻"自由"。在某些非常情况下，即便是真实的报道也可能会给政府处理有关事件造成不便，譬如没有谁会认为新闻机构有"自由"报道政府即将实施的军事计划。在所有这些情况下，政府可以通过某种程序予以事先禁止，或在发表后诉诸法律追究，而宪法（譬如 1982 年中国宪法第 35 条）规定的言论、新闻或出版自由并不能为肇事者开脱法律责任。

　　然而，这并不是说新闻是政府在什么时候都可以随意控制的。不能忘记的是，在绝大多数情况下，真实可靠的新闻对于现代社会生活是必不可少的。即使对于大多数突发事件，如实的报道不仅不会影响政府的有效处理，而且还能帮助平民百姓及时采取预防或自救措施，避免伤害在不知情的大众中间进一步蔓延。仅从 2003 年的"非典"事件，就可以看到信息公开和新闻自由对于突发事件的防治是多么重要。事实上，假如"非典"自肆虐之始就得到公开报道，也不会发展到如此严重的地步。到目前为止，我们恐怕还举不出一个有说服力的例子，证明如实的新闻报道将实质性地增加处理危机事件的难度。同样不能忘记的是，不论是哪个国家的政府一般都不太喜欢独立的新闻报道，总是嫌它们和自己过不去；在美国媒体报道伊拉克虐俘事件的时候，美国总统在震惊之余一定是"牙痒痒"的，只是面对新闻自由无可奈何而已。一旦发生突发事件，政府尤其想控制新闻舆论。这么做的考虑并非是如实报道可能会造成公共恐慌，而更可能是官员自己不愿面临处理不力所带来的指责和压力。既然如此，如果将制裁新闻报道的权力全盘交给政府，那么结果对于突发事件的有效处理来说究竟是有利还是不利呢？

在这个背景下，《突发事件应对法》草案中有关新闻报道的规定是值得商榷的。至少就文本表面来看，草案基本上将报道突发事件的决定权完全交给了处理事件的政府。新闻媒体如"违反规定擅自发布有关突发事件处置工作的情况和事态发展的信息"，"情节严重或造成严重后果的"，将受到 5 万至 10 万元的处罚。既然草案没有明确说明，这里的"规定"大概也包括地方政府制定的各种"红头文件"或"内部规定"，其中某些规定很可能是包括新闻单位在内的"外人"所不知晓的。草案也没有说明什么是"严重"的情节或后果，以及判断是否"严重"的主体是谁，因而我们在此只能假定它经常就是报道的对象——处理突发事件的地方政府自己，而从目前的文本来看，不服政府定性和处置的新闻机构似乎也不可能获得任何形式的司法救济。当地的新闻单位应该对当地发生的突发事件及其处置状况最熟悉，但是如果让当地政府在基本上没有实质性的法律约束（如司法控制）的情况下决定是否喜欢"擅自发布"的报道，新闻监督的效果无疑将大打折扣。

　　新闻自由是规则，限制是例外；限制不仅必须对保护重要的公共利益来说是绝对必要的，而且必须受到事前或事后的程序监督。草案所体现的立场似乎恰好是相反，而这个立场恐怕并不符合它所要保护的那种公共利益。好在草案修改过程中，以上禁止媒体"擅自报道"的条款最终从《突发事件应对法》删除。

个人隐私不是国家秘密

2009 年 7 月 16 日，五名网友因涉嫌流传福建女子严晓玲被"轮奸致死"而遭到刑事拘留，福州警方以案件涉及"国家秘密"为由拒绝律师和当事人会面。[1] 严晓玲是一个没有任何"背景"的普通女子，这起案件仅仅涉及她的私人信息；不论她的死因是否构成"隐私"，也不论涉及隐私的案件是否就可以剥夺嫌疑人会见律师的权利，将个人隐私当作"国家秘密"都是一个常识性错误。而之所以发生这类错误，是因为"国家秘密"在我们这里已经被扩大到包罗万象的地步。本来各类文件规定的"国家秘密"就多，几年前民政部和保密局联合发布的"71 号文件"将"因自然灾害导致的逃荒、要饭、死亡人员总数及相关资料"作为国家秘密；后来总算删除了"死亡人员总数"，我们才能报道诸如汶川地震等自然灾害的伤亡人数。再加上各级官员的扩大化理解，更导致"国家秘密"满天飞；不仅官员财产、官员名誉、财政预算乃至地产契约都可以成了"国家秘密"，而且连小老百姓的个人信息也都成了国家保护的"秘密"——或更准确地说，成了某些地方拒绝执行《律师法》或《政府信息公开条例》的借口。

国家有"秘密"吗？显然有的，任何一个国家都不可能允许公开报道自己的导弹基地、海空战略或地面部署等对于国家安全影响重大的情报，否则就等于和自己的基本生存开玩笑。然而，法治国家的"秘密"绝对是一个严格定义的小范围概念；只有泄漏确实会以不可挽回的方式损害国防安全的信息，才够得上"国家秘密"的级别。泄漏国家秘密是极其严重的罪行，那些泄漏秘密的人是可以

1　见"福州严晓玲案：发帖网友被拘，记者无权求证"，《新快报》2009 年 7 月 17 日。

被控告为"间谍""内奸""卖国贼"并被判处重刑的，所以"国家秘密"这顶大帽子是不能被随便乱扣的。"国家秘密"扩大化的后果不仅在于为剥夺公民权利创造机会，更在于让信息公开带上"紧箍咒"；凡是敲上一个"国家秘密"的图章，各种本该披露的文件和信息就永远封存在机关柜子里，而用不着向社会公开了。

当然，有些信息是政府没有义务公开甚至有义务不公开的，公民隐私就是其中一例。政府显然不应该主动侵犯公民隐私，而应该尽量避免接触涉及隐私的信息，但是为了更好地治理社会，政府需要收集大量的统计信息，而难以避免其中某些会涉及个人隐私、商业秘密等公开后可能对个人或企业产生伤害的信息。因此，虽然信息公开早已成为各法治国家普遍遵循的大原则，这项原则有例外：政府所掌握的少数信息是不能公开的，政府可以合法地拒绝公开法律禁止公开的某些信息。譬如美国联邦《信息自由法》明确规定了几类免除公开义务的信息，其中包括国家秘密、商业秘密、个人隐私、行政内部管理信息、还在行政程序中的非终极"内部文件"、犯罪调查记录等。由此可见，并非所有政府不公开的信息都构成"国家秘密"；相反，"国家秘密"只是不公开信息中的一种。

在严晓玲案，警方恰恰将这个逻辑关系搞错了：凡是政府不宜或不愿公开的信息似乎都可以成为"国家秘密"。这种误解不仅极大扩展了"国家秘密"的范围、极大限制了公民的知情权，而且也削弱了对真正的国家秘密的保护力度。试想如果"国家秘密"满天飞，如果各级政府都有权力规定自己的"国家秘密"，如果财政预算、官员财产及生活作风等本该公开的信息和国防军事等真正需要保护的信息鱼龙混杂都成了"秘密"，那么我们如何才能保护真正的"国家秘密"？又如何才能落实《政府信息公开条例》所宣示的法治理念呢？

《政府信息公开条例》已经施行一年多，至今仍频繁遭遇某些官员滥用"国家秘密"名义的阻挠；《保守国家秘密法》则正在修订过程中，如何衔接两部立法显然是一个值得深入探讨的重要问题。

其实两部法律并没有任何冲突，因为保护国家秘密和信息公开之间并不存在真正意义上的冲突：只要界定在真正关乎国家安全的个别信息范围内，"国家秘密"只是信息公开的一项例外而已，就这么简单；其余诸如个人隐私、商业秘密、犯罪调查等政府不应公开的信息，属于信息公开立法的调整范围，和保密法无关，因为它们根本不是"国家秘密"。

既然缩小"国家秘密"的范围是这次修法的目标之一，让我们先澄清一个相当普遍的误解："国家秘密"就是个人隐私等政府可以不公开的信息，并希望地方官员不要再以"国家秘密"的名义妨碍信息公开了。个人隐私确实应该受到保护，但绝不是以"国家秘密"的名义。

企业改制首先要改工会制度

2009 年 7 月 24 日，吉林通化市发生"通钢事件"，导致企业总经理被围殴致死、7 个高炉一度停产；8 月 11 日，河南濮阳市又发生"林钢事件"，400 多名职工及家属聚集公司办公楼，并围堵该公司指导改制工作的干部。两起事件如出一辙，都是因为企业改制引起部分职工不满，而其制度根源都是企业改制缺乏工会的实质性参与，致使工人利益得不到制度化的表达渠道，因而在改制过程中受到损害。要从源头上防止类似事件发生，必须切实完善工会选举制度，让工会真正代表工人利益并实质性地参与企业改制过程。

改革开放以来，国有企业不断面临市场化和私有化压力，关于企业改制的争论一直集中在国有资产流失问题上。不可否认，这是一个事关国计民生的真问题，但是"国有资产"其实是一笔很难算清的账，往往为企业经营不善导致的亏损所抵消。比"国有资产"实在得多的是改制过程中的工人利益，而恰恰是这个关键问题受到了各方决策者的忽视，因为在理论上代表工人利益的工会或者根本没有参与改制决策，或者即便参与也完全是一个摆设——几乎所有工会成员都是为老板打工，自然在所有问题上都是替老板说话。在缺乏利益代表的情况下，工人在改制中吃亏自然成了家常便饭。

事实上，即便没有改制，工人在企业内部管理和涉及自己待遇的事情上也没有发言权。在工人缺乏集体组织能力的环境下，劳资力量对比本来就日趋悬殊，工人利益不断受到挤压，不满情绪不断积压。改制更是给了企业一个"甩包袱"的机会，而这往往意味着改制中被淘汰的那部分工人得不到妥善安置；加上国家提供的失业救济不足以维持生计，企业改制很容易成为引发群体性事件的导火线。通钢改制后，下岗工人的月收入不足 300 元，不满、怨愤乃至暴力倾向早已在无形中积聚能量，最后在一个看似偶然的场合爆发出来。其实早在 2008 年底，通钢已经发生过零星的暴力事件，一名炼轧厂的厂长被工人锤杀。[1]由此可见，通钢事件的性质绝非以往所说的"少数幕后黑手"煽动"不明真相的群众"闹事，而是工人利益长期遭到排斥和剥夺的必然结果；这个问题不解决，今后还会看到林钢事件等源源不断的后继者。

要从根本上解决企业改制引发的群体性事件，必须在改制过程中充分考虑并保护工人利益；要保护工人利益，必须让工人利益在改制乃至日常管理过程中得到有效代表；而要代表工人利益，必须让工人选举产生自己的工会代表。"工人利益需要工会保护"这个简单逻辑的普适性已经为世界各国的劳资经验所证明，中国也不可能成为例外。和农民不同的是，中国企业当然是有工会的，但是绝大多数企业的工会都不管用。之所以如此，无非是因为他们不是由工人自己选举产生的，从而注定了他们是老板的附庸，而不可能是工人的代表。既然吃老板的饭，就得听老板使唤，帮老板"分忧解难"；如果工人利益和老板发生冲突，自然要站在老板这一边，否则连自己的饭碗都难保。即便有少数执意要维护工人利益的代表，日子也会很难过。在 2008 年的深圳劳资对话会上，我听到了许多恣意刁难、打击报复的故事，连维护自己正当权利都很艰难。在目前状态下，工会不可能在管理和改制过程中实质性地保护工人利益。

因此，企业改制首先应该从改革工会制度入手，否则必然后患无穷。只有工人自己选举产生的工会才可能真正代表工人利益，只有让工人（而不是老板）的工会参与日常管理和改制决策，才能真正保护工人的基本利益。如果不能实质性地改革目前的工会制度，工人利益普遍得不到制度化保障，那么通钢或林钢等类似事件重演就不是什么稀罕事了。

1　见"通钢事件悲剧背后：工人缺乏利益表达渠道"，《瞭望》东方周刊，2009年 8 月 10 日。

善待公民"散步"的宪法自由

2008 年 5 月，成都近 200 名市民上街"集体散步"，抗议刚动工不久的四川石化项目，结果成都警方以非法游行示威或利用网络散布谣言、煽动闹事甚至"颠覆国家政权"等罪名拘留了 6 名市民。但是从相关报道看，这次成都散步和厦门、上海的"散步"一样，并没有产生任何社会危害，而只是表达了当地市民反对石化项目的意愿而已。我认为这种形式的"散步"是公民受宪法保护的基本自由，因而不应受到随意干涉、限制乃至惩罚，更不能动辄以颠覆国家政权这样严重的罪名实施严厉打击。

这里所说的散步自由，当然不只是 1982 年宪法第 57 条规定的"人身自由"。公民集体散步的目的显然并非止于散步这种行动，更重要的是为了表达某种意愿，因而严格来说属于宪法第 35 条保护的表达自由。在任何健康社会里，表达自由是所有权利中第一重要的基本权利。只有通过畅所欲言的自由表达，公民才能充分反映自己的困难、需要和愿望，不同立场的公民团体才能充分沟通、相互理解、避免误解、化解矛盾，政府才能知道自己有义务实现的社会公共利益。

堵塞言路必然产生严重的社会危害，这在中国历史上是屡见不鲜、无庸赘述了。如果言论不畅通，那么种种社会危机都将潜伏在眼皮底下、伺机爆发。如果人民不敢讲话，遭受冤屈也无法声张，势必进一步助长官员滥用权力、侵犯民权的胆量，进而产生大量无法解决的社会矛盾。得不到公正补偿的被征地户或被拆迁户、受到当地打击报复的举报人、饱受环境污染之苦的农村或城市居民等各类人群走投无路，只有通过集体上访才能让上级听到自己的呼声，最终各地上访者云集北京；而一旦发展到那一步，再有能耐的中央政府也将无能为力。

　　宪法之所以保护言论自由，正在于其对维护社会和谐的作用。自由言论固然可能一时导致流言蜚语甚至满城风雨，但是即便如此也比万马齐喑、噤若寒蝉的高压局面要好。如果言论有危险，那么压制言论更危险。如果不合理的政策得不到及时质疑，一旦实施开来就可能产生预想不到的严重后果，到时候更加难以收拾；与其如此，不如在政策制定之初就充分允许不同言论。更何况在一般情况下，言论自由的风险完全可以通过更多的自由言论而得到克服。真理总是越辩越明，谬误则可以通过自由辩论而更加原形毕露，因而只要还有时间讨论，就应该允许而不是压制更充分的言论。正如罗隆基近八十年前精辟指出的："压迫言论自由的危险，比言论自由的危险更危险。"

　　而言论的表达可以通过多种方式，言谈、出版、博客、集会、游行都是宪法明确保护的正当表达方式。当然，如果选择集会或游行，一般需要经过批准，以免引起交通堵塞、扰乱秩序等问题，但是批准只是一个涉及时间、地点、路径的程序，政府不能因为不喜欢游行所要表达的观点而进行实质审查，否则就违背了言论自由的宗旨。政府并不是一贯正确的神仙，完全可能在一些重要政策问题上犯错误，而这种错误只有通过公民自由表达不同意见才可能得到纠正。事实上，正是政府不喜欢的观点才有必要通过游行或集会等方式表达出来，以引起足够的同情和重视。2007 年夏天，在厦门市民为了抵制 PX 项目而出来"散步"时，厦门市政府也是不高兴的，一度也采取过控制和打压手段，但最后还是证明厦门市民更可能是对的，而厦门 PX 项目也因为市民散步而被迁移到一个更安全合理的地址。

　　成都散步和厦门散步如出一辙，甚至可以说是后者的"拷贝"。四川石化项目距离人口密集的成都市区不到 50 公里，而且处于"上风上水"的位置。一旦发生事故，那么整个成都地区的空气和水等基本生态资源将遭到严重污染的威胁，因而和 2007 年厦门市民一样，部分成都市民通过集体散步表达自己的忧虑。这种忧虑是完全可以理解的，但是"拷贝"的命运却似乎不如"正本"；如果厦门市政府最终容忍了市民散步并吸取了他们的意见，成都市政府似乎并没有这点"雅量"。在公民言论自由没有得到全国统一和有效保护的情况下，自然会出现这种不同境遇，因为各地政府的素质和开明程度不同，对言论自由的宽容度自然也有所不同。但相同的是，如果公民不能自由表达意见，就无从纠正政府决策过程中出现的偏差，也无法防止政策偏差所产生的社会后果。如果厦门 PX 项目可能对厦门市构成环境威胁，四川石化项目建成后不同样可能成为成都地区的一颗"生态炸弹"吗？

至于集体散步是否构成"非法游行"，并非一个需要深度解释的法律问题。事实是，许多地方将公民合法申请的游行集会视为洪水猛兽，实行严格的实质审查并在绝大多数情况下拒绝批准，因而公民不得不像厦门或成都市民那样通过"散步"等变通方式表达自己的意见，而这也正是宪法赋予他们的基本权利。因此，如果要说有人违法的话，那么违法者不是出来散步的市民，而恰恰是故意规避宪法第 35 条的地方政府部门。成都散步事件告诉我们，各地为政者都有义务善待公民表达不同意见的宪法自由。

中国人为什么"不高兴"

在网上偶尔翻阅了《中国不高兴》的章节，半天也没弄明白中国为什么"不高兴"。看来看去，好像惟一让中国不高兴的就是2008年发生的西藏事件，而且好像也不是所有人都那么当回事，起劲的主要是被作者们寄予厚望的80后。他们偶尔提到，和"老一辈"相比，只有这一代才在"健康""正常"的环境下成长起来。想想也对啊，50后以前的各辈当然不用说了，他们也不重要，大都已经或即将退休；50后经过"三年自然灾害"，从小就没吃饱肚子，现在一想起那段苦日子自然底气不足；60后对"大跃进"和"文革"等运动的折腾记忆犹新，难免过分自卑、自信不足；甚至到70后还没有摆脱心理上的阴影，恰好赶上中国刚打开国门，看到的自然都是外国的好。只有80后是喝牛奶、吃面包、在一片歌舞升平中长大的，自信满满、底气十足，只知道中国今天有核武（这是《不高兴》的最大法宝）、有卫星、还要造航母，只记得历史上有鸦片战争、义和团运动、火烧圆明园、南京大屠杀，压根儿不记得光是我们自己造成的"自然灾害"饿死的人数就相当于过去百年战争死亡人数之和，反正这些事情在我们的历史教科书里也没怎么说。不过如果真的以《不高兴》标准来衡量，80后准得跳起来——因为假如我们的底气和希望就是来自对历史的选择性遗忘的话，那么新纳粹就成了德国乃至整个欧洲的最大希望了。

怎么看，怎么都觉得《不高兴》想把中国今天比作二次大战前夕的德国。一战失败后的德国可真是"不高兴"，而且不是一般的不高兴，而是很不高兴。战败的耻辱不用说了，光是不通人情的法国人索要的巨额赔款、疯涨的物价、庞大的失业就足以让德意志喘不过气来；连远在中国的胶东半岛都丢给了日本，一向以"优秀民族"

自诩的德国人怎能咽得下这口恶气？其实早在一战之前，德国人就已经"不高兴"了。憋屈的"生存空间"一直是德国人的心病，倒不是德国人太多、人口密度太大，在自己那块地上没法活，而是殖民地都被那些老牌帝国主义瓜分得一干二净，根本没给德国留下什么残羹剩肴。这对德国公平吗？德国什么没有呀？要科学，德国是近代物理的两大支柱——相对论和量子力学——的发源地，即便爱因斯坦在大规模迫害犹太人之后"叛逃"美国，普朗克也还是纯粹德国血统；要思想，康德加黑格尔还不足以统治世界吗？要文学，一个拥有歌德和席勒的民族也不会输给任何人；要经济，德国更是当时工业化最快的后起之秀；当然，纪律严明的德国人在军事上不会差。所有这一切都证明德意志是对世界做出了超一流贡献的超一流民族，但是这岂不和它在列强瓜分中得到的三流待遇相差太大了吗？最重要的是，用《不高兴》的话语来表述，"力量对比"已经发生根本变化，德国已不仅可以说"不"，而且有能力让别人知道它"不高兴"。

"不高兴"的德国人当然没闷着、憋着、委屈着，而是积极找原因、寻出路、谋复兴，想方设法让自己"高兴"起来，至少要找个替罪羊发泄发泄吧。他们很快发现，除了美国、英国、法国这些老牌帝国主义在作梗之外，原来还有万恶的犹太人在作祟；这些卑鄙可恶的犹太人垄断银行、侵占实业、控制德国的经济命脉，成天阴谋搞垮高贵、伟大的德意志民族。折腾了十来年的自由民主这些"不合国情"的"普世价值"之后，德国一无所获，国际地位每况愈下。和《不高兴》的作者们一样，郁闷而无奈的德国人也把希望寄托在一群"英雄"和"高尚集团"。他们终于发现这群"英雄"原来就是希特勒领导的纳粹党，这个"高尚集团"就是为了德意志民族的最高利益和荣誉出生入死、冲锋陷阵的党卫军。对于那个年代病急乱投医的德国人来说，"元首"希特勒可真是上帝派来拯救德意志的大"英雄"。他不仅把 600 万罪恶、肮脏、阴谋搞垮德国的犹太人送进集中营的毒气炉，而且还大大扩展了德国的疆土，大长了德意志民族的志气、大灭了外国列强的威风。请问这样的人物不是第一号"民族英雄"是什么？

读到这里，你大概会发现《不高兴》的逻辑何其相似，连遣词造句都大同小异。难道你敢否认中国是世界上的"优秀民族"吗？难道中国百多年来忍受列强的屈辱还少吗？难道中国今天的"生存空间"不比德国当年严峻得多吗？难道中国今天不和德国当年一样是迅速崛起的经济和军事强国吗？既然如此，那么中国向世界表示一点自己的"不高兴"有何不对呢？如果一时还找不到西方瓜分中国的确切证据，添油加醋制造些"阴谋论"是免不了的。西方政要对西藏问题指手划脚，不妨作为"亡我之心不死"的表现；造成资源紧张的本国决策错误或人口因素应该淡化，需要凸显的是战略能源（石油）的不可替代和资源竞争的你死我活；闭口不提造成生态环境污染的企业违法和执法不力因素，大谈发达国家的浪费和环保主义的虚伪，那分明就是撑死自己、饿死别人的全球掠夺嘛！总之，博大精深的"宏观分析"可以将世界上任何一件事和中国的生存危机建立起因果联系；从精心策划的战略图谋到不经意的生活方式，西方想不让中国"不高兴"也难。不除掉这些虎视眈眈的外敌，中华民族连生存都困难，崛起、复兴又何从谈起呢？

当然，外部阴谋没有内应是实现不了的。如果中国国内没有阴谋搞垮德国的犹太人，那有的是"汉奸""卖国贼"、心理畸形"自我矮化"的文人，更不用说某些心怀叵测、惟恐中国不乱的"精英"……如果这些人要毁了中华民族千年不遇的崛起机会，那么让我们的"英雄"和"高尚集团"像纳粹对待犹太人那样对待他们也未尝不可吧。谁让他们失去做人的基本底线，成为整个民族的敌人？在"英雄"和"高尚集团"面前，他们还能算"人"吗？他们只是一群渣子，民族复兴的障碍；他们的存在不仅没有价值，而且只有负价值；消灭他们根本不算是杀人，而是对民族血统的净化和升华……假如生在那个年代的德国，我们的不高兴们难道还有任何理由不和所有"爱国"的德国人一样举起自己的右臂，向"元首"

表示无条件效忠吗？毫不夸张地说，在《不高兴》背后，我清楚看到了法西斯主义在当代中国的投影；别以为法西斯是多么遥不可及的罪恶，这就是他们看似很平常甚至很"爱国"的主张。

这话听上去可能重了一点，但是绝非上纲上线、危言耸听。事实上，我虽然不认同《不高兴》的基本立场，但是相信任何立论都有自己的价值，《不高兴》也是一样；我个人认为这本书一分为二，甚至可以认同它用冷酸尖刻的语言批判当今某些（尽管是很有选择的）时弊。问题是几个文弱书生说说风凉话可以，虚火上升一支招便难免离谱。今日中国显然不是大战前夕的德国，即便目前遭遇的经济危机也不是中国一国扛着，比中国更"不高兴"的国家有的是呢；至于西藏问题上的一点口水，值得我们那么大惊小怪吗？但是关键不在这里，而是在于《不高兴》的"民族主义"定位。其实"民族主义"无非就是比种族主义或许更好听、更正面一点的代名词而已，"民族"(nation 或 nationality)的实质就是种族(race)；突出特定"民族"的优越性，本质上就是对其它种族的歧视乃至敌视。如果再加上极权主义，通过国家机器对内压制乃至消灭"劣等民族"（如犹太人），对外通过侵略扩张让"优秀民族"统治和"领导"世界，那么这就是典型的法西斯主义。《不高兴》作者们的眼里只有"民族""国家"这些宏大的字眼，至于谁是"国家"、谁是"民族"并不重要，他们也回答不上来；他们所能做的是先将这些宏大的概念设定为实体存在，然后再偷梁换柱，让他们自己崇拜的"英雄""高尚集团"这些"优秀"份子来代表整个国家和民族——不然"中华民族"如何"优秀"呢？这个民族的其他份子至多只是"英雄"用来造就民族复兴的"螺丝钉"，他们应该无条件地接受"英雄"的领导；如果成为民族复兴大业的绊脚石，他们就是汉奸、敌人、渣滓，应该被毫不留情地除掉。请问这不是法西斯逻辑又是什么呢？

这样一来，《不高兴》确实让很多中国人"不高兴"了——你们五个作者有什么权利代表"中国"不高兴呢？虽然你们成天把"民族"大业挂在嘴上，好像只有你们自己才能代表中华民族，你们充其量只能代表立场相近的人“不高兴”而已。在这个大“中国”之下，或许还有很多人不高兴，但是他们的“不高兴”和你们的完全不是一回事。譬如说熊培云先生有他个人的许多“不高兴”，而那些在泱泱大洒几十万字的《不高兴》里却只字未提；拿着微薄救济的下岗工人有他们的不高兴，没有医保、生了大病只能在家等死的农民有他们的不高兴，待遇没有达到期望值的退伍军人们有他们的不高兴，对征收补偿不满意的“钉子户”有他们的不高兴，被法学教授“鉴定”为“精神病人”的老上访户肯定也有他们的不高兴，甚至那些“不幸”撞上纪委的“枪口”而身陷牢狱之灾的贪官们也不高兴，因“躲猫猫”“做噩梦”或在连续审讯之后“突发心脏病”而死的那些人则只能通过他们的家属表达不高兴了……这些人按《不高兴》的标准肯定算不上“高尚”或“优秀”，但是如果他们还有资格作为中国人的一分子，大概他们的不高兴也应该是“中国不高兴”的一部分吧？问题是所有这些“不高兴”在美其名曰“中国不高兴”这本书里却几乎只字未提——我原以为其中的“内政愤懑”会说些象样的东西，一读却只得到一些莫名其妙的感觉。我不是说《不高兴》有义务面面俱到，而只是表达上面这些人一个共同的“不高兴”——既然作者们没有权利也代表不了“中国”，干吗“扯虎皮、拉大旗”呢？

　　如此看来，《不高兴》的根本错误在于它的书名少了一个关键的“人”字：不是什么“中国”不高兴，而是某些“中国人”不高兴罢了；《不高兴》尽可以表达自己的“不高兴”，但是没有权利绑架整个“中国”。虽然只一字之失，却未尝不生千里之谬。在我看来，《不高兴》的主要危险还不在于其隐含对外扩张的盲动，而是其建立在“国家”和“民族”基础上的集体主义定位对个人存在价值的本能漠视甚至蔑视。在中国历史上，正是“英雄”崇拜对普通人格的蔑视导致我们不断折腾自己。中国历史上不是没有崛起或复兴，一统天下的秦始皇大概是不高兴们最大的“英雄”吧；统一或许意味着强盛，但是我们不能不考虑统一的方式、强盛的代价以及王朝的横征暴敛、穷兵黩武、大起大落给普罗大众带来的巨大痛苦。半个世纪以前的"大跃进"或许可以算作另一次"崛起"，伟大领袖豪气冲天，"二十年内超英赶美"，但是最后连一点表面的强盛都没有带来，而 3000 万人为此付出了生命的代价。我们不是没有吃过"英雄"或"领袖"崇拜的大亏，今天的 80 后、90 后乃至 00 后有必要知道这段曾经很熟悉的历史。如果风光一时的强盛只是意味着个别帝王、"英雄"或"高尚集团"的丰功伟绩，给亿万小民们带来的却是颠沛流离、妻离子散、尸横遍野、生灵涂炭，如果"英雄"的丰碑就是人民的墓碑，那么大多数中国人有权利对这种"强盛"说"不"。

让我们不要奢谈"中国"不高兴，要谈还是谈谈究竟哪些中国人为什么"不高兴"吧。

廉价 "爱国" 是耻辱

2009 年 3 月，武汉大学校园内发生了一对 "和服母女" 拍照 "引来众多学子围观声讨" 和轰赶的事件。[1] 有学生对她们叫喊："不要穿和服在武大拍照！""穿和服的日本人滚出去！"我平素只对政府行为感兴趣，一般不评论私人言行，因为不论自己是否认同，那毕竟是个人自由。但是这起事件实在太失风度、太丢人现眼，而且并非发生在哪个田头小巷，而是在一所堂堂以文见长的全国知名学府，问题非同一般，因而不得不评说几句。

大凡有常识的人都知道，不论穿着什么，在校园内拍照完全是这对母女的自由。大学校园是公共场所，只要不违法乱纪、伤风败俗或以其它方式损害公共利益或妨碍他人自由，任何人都有权利以自己喜欢的方式表达自己。事实上，这正是宪法第 35 条保障的言论自由的题中之意。当然，其他人也有自由评论任何表达方式。那名学生的喊叫虽然不雅，和雅致秀美的武大校园很不和谐，但确实也是他表达不雅的自由。然而，此后引起更多学生围观甚至轰赶，就超出法律允许的底线了，因为这种行为已经超越了 "口诛笔伐" 的言论范围，妨碍了她们受宪法保护的表达自由。违法的显然不是这对母女，而恰恰是那些貌似 "爱国" 的学生们。

参与围攻的武大同学说，他们之所以这么做，是因为和服 "是日本人特有的服饰，让人看了很不舒服，有种异样的感觉"。难道 "有种异样的感觉"，就可以如此妨碍他人的自由吗？照这种逻辑，只要警察在大街上看谁 "很不舒服"，岂不是也可以将他赶走甚至带回警局审问一下？武大校领导听到哪个学生的言论不顺耳，是否

---

1 "母女穿和服在武大樱园拍照，惹众怒遭轰赶"，《长江商报》3 月 22 日。

也可以将他赶出校园呢？中国留学生在日本穿唐装或中山装，是否会接受日本人的"对等待遇"呢？如果这种思维确实代表了相当部分大学生的心态，难免让人为当今大学生的素质担忧。近年某些事件表明，国人对言论自由的宽容度不大，但是一介平民百姓素质不高或许倒也罢了；如果连武大这样的高等学府培养出来的学生都如此不宽容，如此不尊重他人的自由，甚至认为这就是"爱国"，那我就不是在杞人忧天了。

过去几十年政治折腾的最大恶果也许并不在于天灾人祸、社会失序、法治沦丧等有形的伤害，而是将最后的一点传统美德扫荡干净。运动式教育彻底扭曲了当代国人的思维，颠倒了善恶、美丑、是非判断标准，形成了一种自卑、自大、脆弱而又自以为是的偏执性格。中国人原本是一个宽厚、宽容、自信和自强的民族，儒家哲学虽然不乏狭隘、虚荣、守旧之处，但总体上还是体现出一种泱泱大国的大度心态。儒家的耻感及其对自省的重视造就了特有的中华性格，和现在动辄怨天尤人、戾气冲天的狭隘个性恰成对比。当然，你可以说这是150多年列强欺凌尤其是日本侵华犯罪的结果，但是无论如何都不能作为失却做人基本尺度的理由吧。即便中日历代恩怨未了，也不能不分青红皂白向无辜者开刀，更不用说是两个弱女子。武大学生的这种行为是我们祖先引以为耻的，为什么到今天反而成了"爱国"之荣了呢？

这些学生误以为是在表达爱国情绪，实际上是给中国丢脸，让人以为中国人就是这么狭隘、粗鄙、欺软怕硬——用鲁迅的话说，就是这么阿Q，连中国的大学生都这么没有教养。幸好拍照者似乎是武汉本地人，而不是日本人，丢人还没丢出国门，不过这种心态所决定的行为方式注定是让外人看不起的。至少大学应该是一个有文明、有教养的地方，受过高等教育的大学生应该体现出一点起码的风度。为了中国的荣誉，请不要再用这种廉价的方式"爱国"了。

宪政爱国，超越五四

　　"五四"从来是青年的节日。2009 年 5 月 4 日，这个"青年"九十岁了，应该彻底成熟了。不过九十年过去，一些基本问题却依然需要正本清源。广义的"五四"以颠覆传统的文化启蒙开始，以一场民族主义倾向的爱国运动结束，而究竟什么是"爱国"却至今是一个纠缠不清的问题。我一直认为，"国"好比一个酒瓶，一国之人好比瓶中装的酒。酒瓶之于酒固然重要，然而爱酒者，终非爱瓶之谓也；真正的爱国者所关爱的也不是"国"这个抽象的虚壳，而是构成这个国家的一个个实实在在的有血有肉的个体。况且一群侏儒必不能成就一个巨人国，一堆小人必不能成就一个君子国。要造就一个伟大国家、伟大民族，惟有从铸造和提升每一位中国国民之人格开始；而在不同人群之中，惟有成长中的青年人格易变而可塑，实为中国明日之希望。因此，今日之青年万不可将"爱国"挂在嘴上，而忽视自身德性、知识乃至言行举止之修养；真正的爱国必自"爱己"开始，务使自己成为有德性、有尊严、适合现代文明生活的合格公民。如陈独秀在"一九一六年"中所言："集人成国，个人之人格高，斯国家之人格亦高；个人之权巩固，斯国家之权亦巩固。"（《青年杂志》第 1 卷第 5 号，1916 年 1 月 15 日）故欲立国者必先立己，己立而后国立矣。一个伟大的国家离不开一个个伟大的人格，而一个伟大人格至少包含以下几个要素，当代青年不可不察焉。

　　一曰自尊。但凡任何人要树立自己，不能不先承认和正视自己作为人的内在价值和尊严，否则一切都无从开始。"天生德于予"，造物主赐予我们智慧的大脑、优越的禀赋、健康的体魄，每一个正常发育的成人都完全有能力经过自己的独立思考，形成自己的独立判断，营造自己的独立生计，凡事"正己而非求诸人"，而无需仰人鼻息、随波逐流、趋炎附势，或为了追逐体制提供的一点名利不惜扭曲自身人格、放弃道德底线，巧言令色、投机钻营甚至以身试法。当代中国是一个何等浮华的社会，机会、诱惑、陷阱何其多也；昨日某个书记被双规，今天哪个市长被审判……但是即便侥幸没有出事，这样的生活有意义吗？青年尤其不能忘记，做人要对得起自己，要以一种对自己负责的方式生活，不要辜负上天的造化；或如果用康德的话说，要永远将人作为目的，首先要将自己作为目的，而非仅仅是牟利的手段。

自尊也意味着认真对待所有人的价值和尊严，而不论性别、种族、国籍、年龄等任何外在因素；但凡是人，就应该得到应有的尊重，尊重他人是自尊的题中之意。子曰："己所不欲，勿施于人。"如果自己不想被人看低，惟有自己不看低别人，对所有人都赋予和自己对等的尊重。对他人的基本尊严视而不见，本身就是有损自我尊严的狂妄。事实上，对任何人的尊严之贬损，必然也是对全体人类尊严之贬损，其中也包括自己；一个不懂得尊重外人的民族，注定也不会尊重自己。或许，人作为一种感性动物，天生对"非我族类"产生一种异样、排斥和抵触感觉，一个曾受外族欺凌的民族尤其如此。但是如果中国要恢复健康、正常、平等的国际地位，摆脱一个半世纪以来受外国压迫、歧视、孤立的阴影，惟有首先摆正自己的心态，以平等的主人身份走向国际社会——不仅是国家地位的平等，而更是国民地位和人格的平等。如果我们到今天还是自艾自怜、怨天尤人、盲目排外，那显然不是一种雍容大度的主人心态，而是继续将自己定位于受压迫、受奴役的仆人逆反心理。今天的青年尤其要克制"廉价爱国"的冲动，否则只能贬损自己的人格和国家的形象；要让中国和中国人受到世界尊重，只有像尊重自己的国家那样尊重别人的国家，像尊重自己的人民那样尊重其它国家的人民。

二曰自信。自尊产生自信，但是自信并非自满或自大；事实上，外在自大往往是内心自卑的表现。但凡自信的人都会正视自己的短处，盖由于相信自己有能力改正，惟其如此才能使自己更加完美。自信的人确实会像子路那样"闻过则喜"，因为别人的批评就是自己提高的机会；即便自己没有问题，也不会在乎别人说三道四，大不了"有则改之，无则加勉"就是。别人说你脸上有一块泥巴，无论是否属实，你难道不应该找一面镜子来看个真切吗？自尊和自信不在于死要面子、文过饰非、掩盖缺陷，而在于信任自己正视并纠正缺陷的能力。那种一听别人说自己的不是就拍案而起的条件反射，恐怕恰恰是自信的反面。因此，今天我们遇到外人说中国这个或那个不是，千万不要跳起来指责这是"帝国主义"的阴谋；遇到本国人揭短，也切勿"汉奸""卖国贼"帽子满天飞。对于我们来说，他们用意和方式都是次要的，重要的是我们自己的心态是否自信、是否理智、是否真正有利于改善自己国家的地位和形象。

　　和"五四"时代的青年一样，今天的青年同样需要了解真实的历史、正视当前的现实、探索未来的出路，以负责的方式真正关心中国，抓住中国的真问题并寻找解决问题的根本之道——这才是真正的自信、真正的爱国。只要不把芝麻当作西瓜、西瓜看成绿豆，任何人都知道当代中国的主要问题不在于如何突破外交，而在于如何修缮内政；不在于抵制侵略、维护主权，而在于遏制公权滥用、保护基本人权；不在于防止内部分裂，而在于落实宪法体现的平等、法治、自治精神，消弭族群和区域矛盾，营造和维持共同繁荣、长治久安的制度环境——总之，不在于和别人打口水仗，而在于用行动将自己的家园建设得更好。如果别人说我们科技落后，那就应该造个卫星给他们看看；说我们经济落后，就应该拿出货真价实的 GDP 数据证明自己的进步；说我们民生艰难，就应该健全社会保障、医疗保险，尽快取消城乡差别、实现全民福利；说我们制度落后，就应该致力完善民主、加强权力制约，让官员真正对人民负责；说我们人权落后，就应该建立有效保障人权的机制，而不是反唇相讥，指责美国人权也不怎么样——请问我们哪有闲情逸致去管美国人的事？如果孙志刚、佘祥林、聂树斌、"躲猫猫"等事件说明我们自己的人权确实存在不少问题，那还不赶紧"亡羊补牢"、修补制度，让我们人民的生活更加安宁？一个真正的爱国青年没必要动辄拿"爱国"说事，而应该用自己的实际行动证明这个国家——更准确地说，这个国家的人民——是值得"爱"的。口头"爱国"是廉价的，无非就是喊几句口号、扣几个帽子而已；行动爱国就不那么容易了，而是需要付出、需要智慧、需要勇气、需要自信的。

三曰知耻。一个自尊的个性必不是寡廉鲜耻的，而是自重、自律、知耻的。中国儒家文明本来是一个耻感文化，可是当代中国却急需恢复丧失已久的耻感传统；当代青年尤其需要建立正常的耻感意识，要清楚意识到缺乏自信是耻辱，公开说谎是耻辱，掩盖事实是耻辱，回避问题是耻辱，廉价"爱国"是耻辱，言行粗暴是耻辱，炫耀自己也是耻辱。自信不需要炫耀，也不等于张扬。"五四"主张个性解放，体现了一种张扬的性格；只要分场合、有尺度、有风度，张扬一点并没有错。但是就和一个人总是夸耀自己的"能量"、家族的"背景"会引起反感一样，动辄将"悠久历史""灿烂文化"挂在嘴上反而会让别人小看了我们；但不知为什么，我们似乎以为个人确实是不应过分张扬的，而炫耀整个民族却成了一种天经地义的光荣。其实如果五千年文明确实灿烂辉煌的话，非但不是炫耀的资本，反而是奋发的压力；如果我们没有把自己的国家治理好，祖先的美德丢尽了，外国的器物又学不来，最后甚至连生存环境都给糟蹋了，心态也变得自大、自狂、自卑起来，那就不仅在外人面前失面子，而且也愧对自己的先辈。这样的民族，用毛泽东的话说，是要被"开除球籍"的。

四曰力行。"人有不为也，而后可以有为。"知道了不能做之事，还须力行能够做和应该做的事情；知而不行、言而无信或缺乏敢做敢当的勇气，同样是一种耻辱。如今中国"理性"的人太多，力行的人却不多；知道中国问题的人不少，愿意并敢于尝试解决问题的人却太少。之所以如此，盖由于中国人素来老成持重、老谋深算或胆小怕事，人人都指望搭别人的"便车"，而不愿意承担"出头鸟"

的风险，最后的结果便是举国陷入无车可搭、人人都成"缩头乌龟"的困境；理性选择的基本悖论就是，个人的短期理性往往意味着集体的长期非理性。要打破中国这个活了几千年的老年人一贯遭遇的"囚徒困境"，不依靠朝气蓬勃、热血方刚的青年还能靠谁呢？权利从来不是免费的午餐，而是不懈斗争的结果；如果我们什么都不做，民主、自由、法治这些"五四"提倡的东西会从天上掉下来吗？即便大多数人不愿付出太多，以负责的方式思考国家的未来并站出来表达自己的理性见解难道很难吗？然而，今天我们依然听到"五四"以来的民族主义甚嚣尘上，支持理性的声音却总是显得那么懦弱、那么暧昧、那么羞羞答答、那么了无生气。我们不得不问，自尊、自信、知耻、力行的青年在哪里？！如果今天的青年只是停留在"五四"水平，那么中国的前途并不比九十年前光明多少。

　　"五四"形成的民族爱国主义多少是有点理由的，九十年前接受"凡尔赛条约"的中国确实面临着列强欺凌和民族危机；今天，民族爱国主义不仅不够用了，而且会让我们回避自己面临的真问题，错失制度改革的良机，误导乃至葬送中国的未来。中国的未来在于青年，青年的前途在于宪政爱国、超越"五四"。事实上，"五四"的精神就是超越；如果九十年后还只能一味"继承"，这本身就是反"五四"的，是会被"五四"那个年代的人耻笑的。其实要超越"五四"并不难，因为作为一场思想文化的青年革命，"五四"的缺陷实在太多了。回归传统本身就是一种超越，因为新文化运动虽然引入了民主、科学、自由这些中华民族需要恶补的功课，却不分青红皂白地否定了传统中国和世界共享的诸多价值与美德；自尊、自信、知耻、力行，不正是儒家文明的精髓吗？"五四"以民族主义终结，更是堵死了虚心学习和借鉴外国先进制度之路。先是用西学彻底否定自己的传统，而后又用民族主义排斥西方的自由民主宪政。这样除了权力意志之外，我们还能剩下什么呢？从"大跃进"到"文革"等一系列政治折腾中出现的法律、文化、思想乃至道德虚无主义，不正是"五四"播下的革命"龙种"的自然收获吗？九十年来，我们就这么在一条崎岖蜿蜒的路上颠簸，整个民族在自大、排外和否定传统智慧的狂妄中历经浩劫、吃尽苦头。

时至今日，我们不能不唤起中国青年"最后之觉悟"：要真正关爱这个国家，必须从敌视、排外、虚妄的民族主义情绪中走出来，带着中国传统文化的底气进入世界共享的宪政主义大家庭；我们之所以这么做，并非因为宪政是某些国家倡导的"普世价值"，而是因为它能有效解决我们自己面临的真问题，让这个国家的人民受益并因此而得到他们的拥护。这就和中国加入 WTO 并非为了奉行美国的贸易自由主义，而是为了让我们自己在世界贸易体系中获益是同一个道理。如果说加入 WTO 是一个总体上利大于弊、得大于失的决定，宪政对于中国来说则有百利而无一害。既然如此，我们为什么要那么在乎宪政中包含的某些"普世价值"究竟是在哪里发明的呢？一旦这些价值进入了中国宪法，某些人怎么还能堂而皇之地坚持它们是西方阴谋瓦解中国的工具呢？

二十一世纪的爱国者必然也是一个宪政主义者，因为当代中国面临的首要问题是公权滥用、官员腐败、违法征地、野蛮拆迁、城管暴力、刑讯逼供、司法不公等制度缺陷所造成的群体性失序，而宪政就是打开制度锁节的钥匙。如果不去面对这个国家这么多的现实问题，而硬是和"普世价值"过不去；不信任自己的人民有统治自己的智慧和能力，而硬是将专制、人治、愚民政治说成是适合"国情"的"本土特色"，试问这样的人怎么能算"爱国"呢？充其量，他们只是一群避重就轻、哗众取宠的虚假爱国者。如果当代青年不幸听信了他们的主张，中国的明天将是一个什么样子呢？

因此，真正的爱国青年不能不独立思考中国的现实问题；关注现实，不能不探索造成这些问题的制度根源，以及其它国家解决类似问题的制度和方法；掌握方法，不能不身体力行，为养育自己的国家付出一点实际的努力。其实"仁远乎哉？我欲仁，斯仁至矣。"要缔造一个宪政国家，青年首先要将自己塑造为一个适应宪政生活的公民，承认并尊重自己和他人的内在尊严，主张并捍卫自己和他人的基本权利，做到自尊、自信、知耻、力行。自尊，则既不会侵犯他人的权利，也不会允许他人或政府侵犯自己的权利；自信，则既不会盲目丢弃自己的价值而丧失生存发展的根基，也不会无视他人的优势而失去自我进化的机会；知耻，则不会自大、自傲、自我陶醉、文过饰非、口是心非、哗众取宠、自欺欺人；力行，则不会袖手旁观、麻木不仁，而必然会尽己所能从一点一滴推动中国的宪政进步。

诚如此，则宪政中国指日可待矣。

五四运动的局限及其超越

　　谢谢《民主与科学》孙伟林主编和九三学社邀请。他说我在海外读的博士是生物物理和政府学，现在又成了法学专家，所以是非常典型的科学与民主的"产物"。这让我感到自己和五四有了一种"渊源"甚至责任，更得参加纪念五四的活动了。

　　年年纪念五四，给我感觉是越来越难。逢十都是轰轰烈烈，七十周年的时候是大动干戈，八十周年好像也有些动静，到了九十周年我觉得没有什么动静，所以贵社召开这次座谈会，尤其是《民主与科学》杂志，是当时两面大旗，所以我一定要来参加这个会议。不过呢，本来我是差点没能来，本来今天在北大给学生讲个讲座，讲讲五四，后来校团委说说这是一个敏感时候的一个敏感话题，表示不支持。我百思不得其解，在五四运动发源地谈谈五四都不行，我们发展到了什么年头了？大家都知道，如果没有五四运动，就不可能有执政党目前这个地位。五四不等于马克思主义，但它确实从思想上为目前的执政党奠定了一个基础，所以何必要如此害怕呢，我感到非常不理解。

　　讲到五四，我个人的看法是一分为二：一方面抓住了民主与科学，抓住中华民族传统的命脉，因为我们确实没有。现在新儒家主要是学哲学的重新来解读儒学传统，认为儒学和民主并不相悖，余英时先生就讲，儒学是理智的，不是反智的，道学才是反智的。我想这些都能同意，但这改变不了一个现实，中国几千年来，我们没有民主和科学这个传统，五四把这两个提出来，我不知道当时是出于偶然还是出于对民族劣根性的一种根本的认识，那我都觉得是恰到好处。刚才沈老师也谈了民主和科学的关系，我个人也认为到了今天，其实民主和科学都是中国传统缺乏的，但是到今天这两者是不对称的，还是缺乏，还是落后，不对称。我觉得科学还是得到了比较长足的发展，虽然还是不如国外先进，但是发展还是相当不错了，我们现在也可以把卫星送上天，某些领域甚至和某些发达国家比一比。民主可以说还没有起步，这不是夸张的说法，刚才有学者提到五四到底有两个口号、三个口号还是几个口号，我是认为还不如我们的注意力放在一个口号上，要把"民主"这个口号好好打一打。

我说的五四要一分为二，除了民主和科学之外，我认为它还做了两件事情，这两件事情对中国九十年的历史产生了很大的影响。一件事情就是对传统文化的攻击，我也是同意五四本身是一个多元化运动，强调兼容并包。但问题是我认为它带有一种矫枉过正的倾向。"打倒孔家店"，把儒学从正统的垄断性的宝座上拉下来，我是没有意见的，但是它最后发展成为一个完全排斥、否定儒学，这个确实会对民族的道德基础产生致命的冲击。这个问题，尤其是新儒学谈的比较多。

我是不认为很多事情都是由五四运动带来的，比如说 1949 年以后，尤其到"文革"，这种反传统到了登峰造极的地步，但这并不是五四运动带来的。然而，"五四"有不同的脉络，公认的有两个脉络。首先是有新文化运动，胡适、陈独秀这些人，包括后面第二个脉络，他们对传统都是持一种毫无保留的反对，这种趋向最后导致了这种结果。我们说科学和民主都是"好东西"但是它是不是我们这个社会的全部呢？当然不是，其实民主和科学本身都是手段，都属于"器物"。科学本身就是一个手段，离开了民主，科学是要出大问题的。民主其实也是一个手段，尤其是从操作层次上讲，不就通过选举吗，而选举是为了什么呢？这两个都是手段，把它提高到一个至高无上的地位，好像它能够取代一切，我认为这样的社会本身会出问题的，而五四运动从新文化那时候开始就带有这些趋向。

第二个问题就是，到 1919 年 5 月 4 日，开始走向另外一条道路，那就是民族主义。像刚才章老师讲到对五四运动进行一种政治解读，作为一种所谓的民族主义的爱国运动，当然爱国本身没有什么错，我也可以理解，因为那个时候《凡尔赛条约》，显然会在中国引起公愤，这是很自然的，尤其青年人比较冲动，但是结果就是变成排外。因为先前新文化运动所主张的自由、民主和科学，都来自于西方，而正是这些国家在欺负我们。所以以前李泽厚先生讲过救亡和启蒙这种"双重变奏"，最后救亡压倒启蒙，最后我们把自由宪政也抛弃了。所以首先是用西方的这套自由民主来反传统，然后又走上民族主义的不归路，再反西方的这套东西，最后还剩下什么呢？

可能会说是马克思主义，问题是马克思主义这套所谓哲学，它其实在本质上是政治经济学，马克思主义不是一套道德哲学，不是伦理哲学，也没有文化，甚至也算不上一种政治哲学。你光凭着一套政治经济学，就可以统治国家吗？撇开政治经济学本身，它的科学性如何，这个另当别论，但是靠这个东西就能够统治一个国家吗？我们知道马克思本人是非常鄙视文化、政治甚至法律这套"上层建筑"的东西，基本上是经济决定论。从今天来看，经济基础和上层建筑两者不能偏废，像科学和民主两者不能偏废一样。但就是这套很偏激的东西把我们带到今天。

既然我们传统的东西，作为自己生存基础的一套东西丢掉了，西学又没有能够引进来，最后中国就只剩下权力，只有用权力来取代一切，造成在思想上、文化上、制度上、法律上的一片真空。法学界经常把"文革"说成是"法律虚无主义"的时代，但不仅是法律虚无主义，我们在思想上有什么呀？文化、道德都出现了真空，刚才有人说"信仰危机"，不就是这样造成的吗？所以，我不是说五四给我们带来了这一切，好像五四就是一个罪魁祸首，但是五四所带有的倾向经过历史发展，最后阴差阳错地产生了今天的这种结果。

我们今天有必要超越五四。过了九十年之后，还一味谈"继承"五四，这本身就是一个笑话，尤其今天还在谈"民主"。五四就提出了民主，我们今天有什么民主？说实话，贵社作为参政党，应该会有切身体会。那么，今天我们谈五四恐怕不能光谈"继承"五四，因为五四的精神其实就是超越、革命、"造反"，要把以前的一切东西抛弃了，甚至把西方的东西抛弃了。我们如果真正继承五四，那必须还得超越五四。

我认为，我们今天还需要做这么两件事情：一是恢复我们传统的东西在中国应有的地位，我不是说再回到孔家店，回到尊孔复古的年代，再去强求每一个小学生、中学生都去读经，但是要让儒学和中国本土的思想和所有其他思想理论，包括占据统治地位的马克思主义理论，真正能做到五四时期所提倡的兼容并包、自由竞争、适者生存。其实中国还是有儒家传统，虽然经过文革，经过这么多年的中断，儒学在中国还是有它的生命力。第二，一定要纠正五四当年所衍生出来的极端民族主义思潮。我说当年发生的民族主义是可以理解的，但在今天就不可理解，今天没有一个"凡尔赛条约"，今天中国不是殖民地，没有内部分裂的危险，没有外国列强欺负、侵略中国的状况，所以今天再拿外国来说事，再拿帝国主义的"阴谋"来说事、反对普世价值，这就是一种不负责任。中国现在的和平崛起其实是没有什么障碍的，最大的障碍就是民族主义。

我写过一篇文章，提倡要从五四的民族主义的爱国主义走向"宪政爱国主义"，因为中国目前面临的主要问题显然不是所谓的帝国主义的包围，而是我们自己的宪政出了问题。我们的外交可以八面玲珑，不出大的问题，目前我们面临的重大问题是各种各样的内政问题，各种各样的群体性事件、上访太多了。中国面临的主要威胁是在这儿，而没有宪政就解决不了这些问题。所以我是提倡要从五四的民族爱国主义走向宪政爱国主义。事实上，不解决宪政问题，不仅解决不了内政问题，外交迟早也会出问题。

什么是真正的爱国主义

这篇文章来自于根据 2008 年同名论文所作的一场讲演，主要是从概念上澄清一下什么是真正的爱国主义，而不是虚假的爱国主义。我觉得目前有必要把这个事情说清楚，否则会产生一些严重的后果。我认为爱国是一种很宝贵的道德资源。改革三十年到今天，很多人认为中国社会被世俗化、金钱化，什么都向钱看、追求利润，不仅商业是这样，包括教育也是这样，都强调经济效益，我们一些道德的东西，一种热情或激情慢慢地消失了，但是我从来不认为这样。我觉得这种东西一直在大家的心里，只不过没有机会发挥出来，但是这些事件给我们提供了机会，让我们看到中国人绝对不乏爱国热情，所以不要以为我们中国人不爱国，或者是已经失去了一些道德上的资源，我觉得这些东西一直是在那里的。问题是当爱国热情发挥出来以后，我们看到了一种希望，但是同时又蕴含着一种危险，所以需要澄清一下爱国主义究竟是什么。

一、真假"爱国主义"之辨

我们都知道，5.12 汶川地震充分体现了我们的热情。无论是从对灾难的哀悼，还是对灾区一呼百应的援助，都体现了这种东西。我认为这是一种爱国主义，但是爱国主义不止一种，而是至少两种，其中一种我认为是比较健康的，或者可以说是比较"正确"的爱国，一种则是不太健康的"爱国"。从理论上探讨的话，这种爱国不是真正的爱国。之前，西藏也发生过一些事情，国外对我们进行了一些报道，有一些是批评性的报道，结果导致了我们这边比较强烈的反应，譬如像图上显示的抵制家乐福的运动。虽然这场如火如荼的运动被地震中止了，未来如果有一条导火线的话，我们还是会重新燃起的。

　　我今天要说的是如何区分不同的爱国主义，有些是真爱国，有些则是假爱国。我们今天说"多难兴邦"，中华民族历史上有很多的灾难，这种灾难某种意义上也促使我们爱国。这也许是一个成功文明自然进化的结果，在不断面临挑战和灾难过程中需要一种内部的凝聚力。比如说抗日战争的时候，日本人打进来了，要抵抗侵略，这肯定是爱国的表现，但是不是所有的抵御侵略的情况都是爱国的？只要是抵抗侵略，我们就不分青红皂白就贴上爱国的标签？不能！1938 年黄河大决口，国民政府不择手段的采取措施，把黄河决口，希望通过黄河水把日本人拦住，其实最后也没有拦得住，结果造成一场巨大的人道主义灾难。大家看这个数字，中国人死了近 90 万人，当然日本人也不是一个没死，但是日本人的伤亡不到 1 千个人。为了这一千人的小小的战果，我们人民付出了多大的代价！

　　而且当时这个消息肯定是要封锁的，因为日本人要知道黄河决口，肯定躲得远远的，所以我们封锁了消息，老百姓不知道，结果死了很多人。这种行为发生在抗战的时候，我们能不能把这种抗战等同于爱国呢？爱国究竟爱什么？究竟是爱中国的形象和门面、爱土地，还是爱人民的生命、安全或者财产？爱国的对象究竟是什么？当然，在一般情况下，两者不一定会发生冲突，日本人打进来，杀了那么多人，抵抗日本人也是保护我们自己，但是也不能一概而论，黄河决口这种事情就不能称之为爱国。

　　近年来恐怖主义比较猖獗，主要发生伊拉克、阿富汗这些国家，我们中国也有些苗头，恐怖主义袭击是不是也能用类似的逻辑？能不能把他们的行为称之为爱国？美国侵略了他们，打击美帝国主义有什么不对？但是这个行为跟我们刚才国民党的黄河决口类似，恐怖主义去爆炸，最后炸死的多数还是本国的老百姓。但是有不少网民欢呼叫好，表现一种幸灾乐祸：这些国家遭受恐怖主义袭击是活该，谁让你支持美帝国主义？这些政府是美国的走狗，活该倒霉。

　　但是问问伊拉克人到底更在乎什么？设想我是一个伊拉克人，美国人来侵略，在那个国家我会感觉有一种道德上的矛盾，一方面我不希望别的国家来侵略我们，这是天经地义的事情；但是另一方面，我也不喜欢统治这个国家的政权，当外来势力打击这个政权的时候，我到底采取什么态度，合作还是抵抗呢？这恐怕不能一概而论。如果说美国是来伤害伊拉克人民，去侵占他的资源，瓜分他的财产，烧杀抢掠，我当然要抵抗；但是如果说美国只是清除了专制政权，伊拉克人民能因此过上自由、民主、和平的生活，那么我认为不帮助萨达姆政府抗击美国没有什么错。所以爱国不是盲目的。作为我们，更没有权利要求伊拉克人生活在萨达姆的政权之下，甚至回到萨达姆的时代。

　　爱国主义情感有两个方面。一般来讲，如果一个民族确实是强大、自信的，那么它不会太在乎有少数的所谓的"汉奸""卖国贼"，因为那些人微不足道，不可能兴风作浪，也不会造成实质性的伤害。只有在危机中的屡屡失败的民族，才会面临很多的压力；在这个时候，爱国主义有双重的功能：一方面能把国人团结起来，凝聚起来，平息一些内耗、内斗。不是说中国人喜欢窝里斗吗？其实每个民族都有这种倾向，爱国主义把大家团结在了一起。譬如汶川地震以来，绝大多数人都把注意力其中到赈灾上，采取的态度也高度一致，把以前的分歧暂时的放在脑后，这是爱国主义的一种功能。另外一种是不太好的作用，它比较容易情绪化，甚至可能被某些别有用心的人利用，成为排除异己、实行专制的政治工具，我跟你是对手，在斗争中把你贴上卖国主义的标签，把你的名声搞臭。爱国必须要注意这种倾向。

二、整体主义思维要不得

　　怎么样来辨别什么是真爱国，什么是假爱国？我刚才举了不同的例子，一个我觉得行之有效的方法就是方法论的个体主义。大家都是学理工科的，其实你们是生活在方法论的个体主义当中，也就是说，你们所研究的对象都是个体；有一些科学是例外，比如控制论；其实它是从宏观角度的研究，把一个系统当作是一个研究对象，不分析内部的系统结构，只要分析这个系统对某些刺激的反应，什么是输入、什么是输出，来研究它的一些宏观性能。当然，也有人认为控制论是伪科学，因为它不研究其中的结构、不研究输入产生输出的机理，因而这种观察有时候不能成立。由于只是从外在表面看现象，也许下次不再按照你所看到的规律行为，但是现在撇开这个争议不谈。绝大多数的自然科学都是把你研究的对象降解（reduce）为一个一个的个体，直到没有降解的必要为止。学物理的知道，不能把多体问题作为一个系统来研究，必须分割为一个个体和另外一些个体之间的相互作用。

在社会科学当中，这就是方法论的个体主义。我们在研究宏观概念的时候，最终要把它降解为组成宏观的个体。只有在这个时候，你的研究才有意义，如果不这么做，那么有很多的概念其实说不清楚。比如说国家，国家究竟是什么？你说中国是什么？一说到中国，可能脑子里有一个比较模糊的概念，就是咱们大伙儿。方法论个体主义很明确：国家本身是一个虚构，"中国"不存在，存在的不是中国这个大的整体，而是一个一个中国人构成的具体的中国。所以谈论中国，最后必须落实到中国人上，否则没有意义；中国不仅指 960 万平方公里的土地，如果中国人没了，这片土地就没有意义。

通过方法论的个体主义，我们可以使得爱国主义和民族主义、主权至上这些概念区分开来。因为以前它们之间是紧密结合在一起的，爱国强调主权至上或者国家至上，但是从方法论个体主义看来，这种爱国主义是空洞的、虚假的、危险的。在社会科学或法学当中，跟个体主义相对立的就是整体主义。它把国家这个整体观念囫囵吞枣地吸收进来，最后不归结为个人。这种倾向非常的危险，而且它所造成的祸害一直遗留到现在。我们的集体所有制就是建立在方法论整体主义之上，建立在国家主义之上。在我们这些个体之上，我们认为还有一个比我们更高的实体，就是国家、社会或者一个更高的集体。在方法个体主义中，这些东西是虚构的，中国就是指的那么多的中国人，但是整体主义要把国家虚构实体化，把本来不存在的东西实体化，最后强加到每个人的头上，这样当然会产生很多的问题。我们目前在经济改革面临的最大障碍就是产权，产权不清晰是方法整体主义给我们所留下的危害。我们的土地公有制，无论是国家所有还是集体所有，都面临这样的问题，

所以真正的爱国不是国家主义的爱国，而是从方法论个体主义出发的爱国，是以人为本的爱国，所以真正的爱国主义应该和人本主义、自由主义、和平主义、社会功利主义紧密的联系在一起的。真正的爱国至少要以人为本位，国家和政府只是一个手段。国家和政府有时候相提并论，我们的政府就是中央政府、地方政府、市政府，他们只是为了实现我们的幸福、自由、保障我们权利的一种手段、工具而已。所以爱国爱的不是他们，而是我们，这个观念我们首先要明确，只有在人本主义基础之上，我们才可能有真正的爱国主义。

爱国到底是什么？很简单，只有两个字，一个是"爱"，一个是"国"，国到底是什么，怎么去爱？以下更具体地谈谈这两个问题。人本主义传统当然不是西方的专利，中国至少从儒家那个时候就已经有了，儒家、墨家、道家都是体现了这种人本主义，但是我们传统哲学当中，只有法家是专制主义和集权主义，其它的都是以人为本。但是儒家对国家的概念有很多的误解，我们所有的传统学说都是在这种专制政治体制之下生成的，所以他不可避免要带上那些东西的烙印。儒家的国家观念是有问题的，国家变成了至高无上的权力，最后完全压倒了个人，公压倒了私，集体压倒了个人。

如果从方法论个体主义出发，抽象意义上的国家没有意义，不能代表任何人，而在实际的运行过程中，到底谁是国？谁掌握国家权力？其实还是一个个具体的人，就是我们的政府官员。这样一来，方法论的整体主义把国家这个东西神秘化、实体化，非常的有害，

因为它让我们忘记，是具体的跟我们大家差不多的平常的人在掌握这些权利；它把它神化，国家权力变成神圣的。当然，儒家也采取一些措施，让品行比较好的"君子"来掌握权力，但是不可能保证每个掌权的人都能够去践行儒家的教义。

当权力被神化、个人不能挑战权力的时候，权力滥用的危险巨大，所以整体主义观念给我们造成一种假象，麻痹我们的防范意识，允许某些人（尤其是政府官员）在烟幕的背后以国家的名义公然做一些见不得人的勾当。这些以前发生过，现在我们意识到这样不对，所以提倡法治，但是因为时间比较短，还不能够有效制约权力、防范权力滥用，因而有时还在发生。

在几乎所有专制国家，背后都存在着一套理论；这些使专制权力合法化的理论说一些大家不明不白的话，你真正刨根问底会发现它们是空的。它们提不出一套令人信服的理论，但是把国家权力变成一团迷雾来麻痹我们，这是为什么所有为专制辩护的理论都是整体主义。方法论个体主义的作用就是摧毁整体主义国家观外表上虚假的光环。

既然国家不是一个空洞的整体，而是我们这个具体的人的一种结合体，中国就是指构成中国这个国家的人民。爱国究竟爱什么？爱国不是爱空的东西，而是爱背后实在的东西；真正的爱国是爱这个国家的人民，只有人本主义的爱国才是真正的爱国主义，那些不以人为本的学说，国家主义、民族主义等等是一种虚假的爱国。为什么？因为他爱的东西就是虚的，不存在。

我们当然不希望爱的是假象，我们要爱真正背后值得爱的东西。不幸的是，这种虚假的爱国主义往往声音很大，而口头上的爱国主义后果不是爱国，而是恰恰相反，是误国、害国，把很多可以心平气和讨论的问题政治化、道德化，最后让我们的国家误入歧途。这不是误国、祸国吗？

三、从苏格拉底之死看爱"国"

让我举个例子说明什么是真正的爱国。苏格拉底大家都知道的，他是西方历史上跟我们传统中的孔子相提并论的智者。他因为发表了一些言论，被认为是祸害年轻人，亵渎神灵，最后被雅典陪审团判处死刑，这张图是他最后接受死刑的图片，周围围着他的学生非常的伤心，壶里面是毒药，他喝了之后就躺在那张床上死了。

为什么说苏格拉底是爱国主义的典范？因为苏格拉底其实对他的判决是不服的，他不认为这是公正的判决，他认为他的言行对雅典这个国家有利无害。既然如此，当时有不少学生劝说苏格拉底逃走：这明明是一项不公正的、愚蠢的判决，老师是没有义务服从的。当时雅典对死刑犯的逃亡是睁一只眼、闭一只眼。但是苏格拉底没有跑，最后很平静的接受了死亡，因为他认为，如果说自己受了不公正的处罚就要逃避，那么将来造成的后果是什么呢？后果就是雅典的法律将从此丧失效力。要知道，苏格拉底在雅典也是名人啊，他有名人效应。如果他被判处死刑就逃，整个的雅典都会知道，尤其是当时已经召开过两次陪审团大会，500 多人两次判处他死刑。如果他要逃避，肯定会被传得沸沸扬扬。

苏格拉底明确的说了他为什么不跑，因为他在雅典长大，他喜欢雅典，为什么他会喜欢雅典？因为雅典有良好的秩序，为什么有良好的秩序？因为雅典有良好的法律，而且这些法律是有实际效力的。他就是在雅典的法律秩序之下成长的，他一直到 70 岁死的时候，都享受着雅典法制的恩惠。现在法律对你不利或者不公，你就要走，然后给这个城邦带来这种灾难，他认为这是不道德的。苏格拉底一辈子避免做恶事，他之所以接受死亡，不是因为屈服，不是因为盲从，而是经过了理性的思辨之后，出于对雅典人民的热爱，最后宁愿选择自己去死，所以我把他称之为爱国的典范，他最后爱的是雅典的人民、雅典的秩序、雅典的法律。

当然，细究起来，爱国究竟是指爱谁？因为这个国家有各种人，理想的爱是爱每个人，但是这恐怕不可能，因为这个国家什么人都有，有好人、也有坏人，有贪官污吏，有杀人放火者，这样的人也爱吗？当然，即便对于这样的人，我们也不是随便怎么处置他们都行。但是爱国不一定要包括"爱"这些人，那么究竟是指爱谁？从社会功利主义的立场来看，至少是爱这个国家的大多数或绝大多数。

社会功利主义是西方很有影响一个学派，尽管它不是没有自己的问题。简单地说，社会功利主义坚持国家的目的是为了促进最大多数人的最大幸福。既然爱国是爱人，至少是爱大多数人，功利主义也是一种爱国主义。

但是功利主义也提出了一种挑战，因为功利主义是没有国界的，是一种国际性的学说，并不承认特别的国家，所以当不同的国家和地区发生冲突的时候，功利主义者未必每次都站在本国的立场上，盲目地支持本国的政府甚至是人民的主张，而是要看主张到底是正当还是不正当的，正义还是非正义的。功利主义从普世的视角出发，平等地对待本国和其他国家的利益。比如战争，战争是要死人的，即便你这个国家的人不死，死的都是其它国家的人，也不能发动战争。美国发动伊拉克战争，军事技术远远高于伊拉克，美国死很少的人就能赢得战争，伊拉克死许多人，作为一个美国人，就应该支持这种战争吗？功利主义者反对这种战争，因为美国人和伊拉克人都同样是人，所以功利主义要求国家的政策不仅有利于本国的人，而且也要有利于所有的人。功利主义和其他一些普适性的哲学一样，有一种国际化的倾向。

我们中国古代也有功利主义，墨家代表的是一种功利主义的思想。孟子把墨家的学说总结为"兼爱"。墨子说仁人所要做的事是"求天下之利，除天下之害"。天下就不是一个国家，而是包括当时他们能看到的所有诸侯国；放到今天，国际化不仅有中国，还有其他的国家，它会把它的框架扩大到整个的地球，包括所有的人。墨子从一个国家徒步跑到另外一个国家，去劝说那个国家的君主不要发动战争，他没有说发动战争对你这个国家有利，所以你可以发动战争，在任何情况下都不能发动战争。

所以墨家主张天下和平，反对几乎与任何人的战争。我们刚才说了，功利主义者也是一种爱国主义，同时也是一种和平主义。和平主义和爱国主义两者之间存在一种紧密的关系，因为战争其实是不可能对谁有利的，除了统治者之外，但是统治者是极个别人。爱国当然也包括统治者，但是他们人数太少，我们要至少要爱绝大多数，要看他们的最终利益是什么。

在专制的国家，所有的战争都是由统治者发动的，这些战争对老百姓有什么好处呢？秦国把别的国家灭了，秦始皇当然高兴，他的皇帝越做越大，因为整个国家都是他的财产，他有那么多的地，那么多人都是他的奴仆，他当然高兴，但是秦国的老百姓死的死，伤的伤，他们没有得到任何的好处。

所以孟子说：春秋无义战。看看春秋战国的战争，都是非正义的战争。为什么非正义？因为儒家坚持以人为本，这个战争对老百姓没有什么好处。杀了那么多人，给这个社会带来什么？什么都没有，满足的就是统治者的野心、欲望。这也是墨子的主张，在这点上跟儒家完全一样。

你们现在可以看到爱国主义的出发点。中国从自古以来就有爱国主义，儒家、墨家都是以人为本，从人民的利益出发。如果说统治者要打仗，有一个墨家子弟跑到那儿去，或者今天可以在网上发表言论，反对这场战争，因为他觉得这场战争对我们普通人来说没有任何的好处，这样是不是应该被贴上"汉奸""卖国贼"的标签呢？我相信，如果出现这种情况，网上肯定骂声一片。但是这个到底是"卖国"还是"爱国"？不能不弄清楚。战争肯定损害了本国的利益，即使美国的伊拉克战争打赢了，也没有得到什么好处，死了那么多的美国战士；战士也是人，不能说战士死了无所谓。即使对美国有利，就应该支持这场战争吗？所以说，战争对老百姓来说得不到什么。墨家的朴素的功利主义对战争的答案就是非攻，杜绝一切战争，尤其是在专制国家，所有的国家发动战争都是为了满足统治者的私利，对人民有害无利。

四、爱国家不等于爱政府

所以爱国究竟是爱谁？我们要把这个问题弄清楚。既然国家等同于人民，就涉及一个实质性问题，它和政府之间是什么关系？我们说国家不等同于政府。我们要把目的和手段弄清楚，这个国家谁是目的？胡锦涛总书记上台以后，不断地强调"以人为本"，究竟以谁为本、为目的？当然是以人民为本。所以，虽然政府在国际上代表国家，中国政府出去代表中国，我不能出去代表中国，你也不能代表，虽然他们代表中国，甚至也在一定程度上代表我们的人民，代表你和我，但是政府部门官员构成的实体显然不等同于国家。爱国显然不是指的爱政府，在这儿把国家再具体一些进行分析，这个国家有普通的老百姓，有掌握权力的政府，爱国究竟是爱谁？最终是指爱绝大多数的老百姓，而不是政府。

如果说爱国是发自我们对人的自然情感，但是政府是否值得爱没有一个确定的答案，这取决于政府自己的行为，做得好值得爱，做得不好就不值得爱，如果一个政府不守法，剥夺了公民的权利，那么爱国显然不能要求我们一定爱政府。在专制国家，政府是不值得爱的，萨达姆、希特勒都是这样，中国古代很多的统治者都是这样的。难道还要德国人爱希特勒、伊拉克人爱萨达姆吗？显然不能。在这种情况下，爱国所要求的不是爱政府，而正好是相反。

为什么爱国？爱国背后有一定的基础。什么基础呢？就是一种长期形成的互惠基础。人之所以要爱国，或者说爱这个国家的人、爱这个社会，国家之所以有权要求我们爱国，是因为社会和国家对我们的成长发挥了很大的作用，给我们提供了很多的机会，正是因为人和人之间的合作，才有我们这个大学，才有这里的桌子椅子、大家读的教科书、大家吃的饭、穿的衣服，这些东西没有社会合作一样都不会存在。所以人生活在社会里，每时每刻都在享受着社会提供的恩惠；作为一种回报，我们要爱国家和社会，至少是不能伤害其中的人。这基本上就是苏格拉底的论点。苏格拉底为什么没有逃避？就是因为他长年接受雅典社会给他的恩惠，所以他不能逃避，这是苏格拉底的爱国。我们也同样要爱国，而这种爱国是建立在感恩的基础上。

但是爱政府是有条件的，因为对政府的感恩不存在天然的基础。对社会是应该感恩的，你们从小长大，父母倾注了很多的心血；不光是父母，整个社会都投入了很多的成本，所以长大以后自然要报效这个社会，报效这个国家，但是爱政府是有条件的。其实政府本身不创造社会财富，虽然我也承认，政府的存在对社会的安定和繁荣必不可少；如果一个国家没有政府，就是无政府主义，烧杀抢掠什么都可以，这种社会肯定不能生存，所以政府发挥着很重要的作用。但是政府毕竟是靠纳税人的钱养活了，我们已经付出了成本，政府不是白给我们，我们每年缴纳大量的税。你们知道我们现在交多少税吗？这位知道—5万亿。这是一个不小的数目，这些钱用来供养政府官员，他们为我们做事情也是利所应当，我们不必对他们感恩戴德。如果要感恩的话，政府应当对养活他们的人民感恩。

如果一个政府没有履行自己的义务，就没有权利获得尊重，没有权利获得人民的爱，正常的办法就是把他们选下去，罢免他们。在这个意义上，只有在民主过程中产生的政府才可能是可爱。当然，民主政府也可能不可爱。很多美国人认为，布什政府是极其糟糕的政府，一点不可爱，但是只有民主选举产生的政府才有可能是可爱的。如果没有选举或者是虚假的选举，那么可以肯定的说，这样产生的政府不可爱也不能爱。所以我们说，政府统治是一种权力，更是一种义务，它必须尽自己的义务，才是值得爱的。

儒家有一个传统，说国就是家的放大：大家生长到现在，得到了父母的许多养育之恩，爱父母理所应当，这个逻辑是不是可以扩大一下，要求我们爱政府呢？儒家传统上就是把国家连在一起说的，我们国和家不可分。但是我们说，这种逻辑不成立，儒家把地方官员作为人民的父母官，官员有义务爱民如子，人民也有义务孝敬爱戴自己的父母官。孟子是一个非常敢于批评的一位思想家，但是他说的有些话我们不能苟同，譬如他不断提到"为人父母"，保民如"保赤子"，把人民看作是政府官员的干儿子，这点不可取，家和国不能相提并论，政府不是父母官，人民也没有爱戴他们的义务。

为什么我们要孝敬父母？因为儒家学说当中，根据我们世俗的世界观，没有父母我们根本不存在。即使这个家对你不好，你也不能背离抛弃这个家，因为毕竟父母还是给了你一些养育之恩，有可能有时候对你不太好。儒家津津乐道的就是舜和他的父亲瞽的故事，瞽对舜不好，甚至要谋害他，但是舜对他很孝敬，他在父亲犯法的时候，还要放弃王位，把父亲背到深山老林，逃避法律的追求。为什么要这样？因为子女有天然的孝敬父母的义务。

这个说法当然有点极端和绝对，但是或许是可以接受的。不过当我们把家错误地扩大到国的时候，这个关系就搞错了，因为政府和人民不存在天然的关系，如果他们有关系，不是政府养了人民，反过来是人民养了政府，所以要说孝敬的话，是政府孝敬人民，而不是让人民孝敬政府。如果他们有父子之间的关系，谁是父、谁是子？儒家正好搞颠倒了，所以权利和义务也搞错了。

当然，即便家庭之爱也是有一些实在的基础的。爱是如何产生的？是在长期共同的互惠的生活过程产生的，所以才有父母和子女之爱。没有这种过程，如果说家里实在是乱七八糟，成天吵嘴、打架、暴力，那么这种家庭的爱也是很成问题的。美国就有很多的家庭暴力问题，中国似乎也越来越多。这种家庭很难凝聚到一起，父母和子女之间也没有多少爱。

对国家也是这样，人民可以爱政府，但前提必须是政府是可爱的，如果政府贪污腐败、无法无天，要求人民爱政府显然是非常荒唐的。历史上的纳粹和我们古代的暴君显然不能要求我们去爱，所以说爱国不等于爱政府。反过来不爱政府也不等于不爱国，因为他们两者是不同的实体，国家由全体人组成，政府只是由一小部分人组成。当人民和政府之间大多数人和极少数人利益发生冲突的时候，我们应该爱的显然不是少数人，而是多数人。

最后，让我再附带说明一下恐怖主义的逻辑。在民主国家，政府对他们来说可能是可爱的，因为他们是由人民选举产生的，然后他们所做的大多数事情也是符合他们大多数人的利益，所以政府是可爱的。但是反过来，这样是否也为恐怖主义提供了依据？其实有些学者也持这个观点：既然这个国家的政策、行为代表这个国家的民意，所以政府作出攻打伊拉克的时候，最后为决定负责的就不是美国政府或者布什总统，而是背后所代表的人民。这样恐怖主义似乎就有了道理：当我把暴力针对平民的时候，我有一定的合法性，因为你们这些人也都认同他来打我们。但这种说法是有问题的，因为美国也有很多的示威游行，我想有接近半数人反对战争，当你发动恐怖主义袭击的时候，你怎么知道到底袭击了谁？9.11的飞机在袭击之前做过统计吗？飞机上有多少人是支持美国打击伊斯兰的？有多少人反对？既然不可能分辨清楚，恐怖行为就会不分青红皂白的滥杀无辜。当然，恐怖分子可能认为，没有什么无辜不无辜，因为即便你不支持这场战争，你也支持美国的制度，攻打伊拉克的决定正是从这个制度产生的。而且不仅可以袭击美国人，而且也可以袭击伊拉克人，为什么？因为你们这些人默默地忍受了美国傀儡的统治，而没有起来反抗，所以炸死你们也是活该。这样一来，是非就分不清楚了，包括被动的不行为也可以成为袭击的理由，我没有做什么，我没有主动的帮助支持政府，但变成我也有错，以后政府的什么错都可以归结到人民头上，因为人民没有去反对他，所以他们也要负责任。这种逻辑是不能成立的，最后无论袭击谁都成了合法正当的了。

总结刚才讲的，就是要正确的对待这几个概念，国家不等于政府，爱国不等于爱政府。反过来，爱政府也不等于爱国。如果我很爱政府，他说的什么，做的什么，我都支持、赞同，这就是爱国吗？

当然不一定。不爱政府也未必意味着不爱国，大家可以回去想一想。另一方面，当政府不可爱，人民可以不去爱政府，但是这不意味着他们没有义务爱国，更不能像刚才所说的恐怖主义一样，因为反对政府，然后攻击整个的国家，伤害这个国家的人民。

五、什么才是"爱"国

我把"国"讲得差不多了，下面我讲另外一个字"爱"，怎么爱？什么是爱，什么是害？批评政府是不是不爱？我们说不爱政府也不代表不爱国，但是什么是爱国、爱政府呢？批评政府是不爱国吗？不一定。因为政府和国家是分立的。其实，批评政府甚至不意味着不爱政府；你也完全可以认为，正是因为爱政府才去批评他，批评和不爱之间没有什么逻辑关系。有时候我们可能会尖锐的批评政府，有时候我自己也会，我写的文章基本上都是批评政府，没有说过政府什么好话，是不是我不爱政府呢？不爱国呢？我正是因为爱国才批评政府，是不是我不爱政府呢？也未必。可能是因为我对政府有过高的期望，有点恨铁不成钢，所以才批评他，很多尖锐的批评可能是为他好，譬如我批评过教育部的教学评估。你们可能没有切身体会，老师会有切身体会，每次评估的起来，我们所有的老师，教务的、行政的还有我们任课的老师都忙得乱成一锅粥，评估以后我看什么效果都没有。所以我批评过，但是不是我就不喜欢教育部呢？也不是，我只是希望教育部能够改进他的做法，甚至也可以评估，但是要更有实质意义的评估，而不是劳民伤财的评估。

所以如果我们确实认为政府错了，政府的行为、决定、法律违反了社会的公共利益、大多数人的利益，你作为一个爱国者就要站出来表达你的看法，要督促政府改正他的错误，这样才算爱国，不然你就变成爱政府，就变成不讲是非了。盲目站在政府一边说好话，任由他一错再错，最后损害人民也就是国家的利益，这能被称之为爱国吗？一些人把爱国成天挂在嘴上，显得自己好爱国，但是其实这种行为并不爱国，反而耽误了这个国家的进步。

我刚才也讲了人民和政府的关系：人民是父母，政府是孩子，所以不是人民要孝敬政府，而是政府应该孝敬人民。反过来呢？人民对政府怎么办？我们说当然父母也爱子女，但是这个爱怎么爱法？不是说他做了什么事情都说好：孩子，你太棒了，不论做了什么都表扬，这样当然是要把这个孩子宠坏的。所以父母去批评这个孩子，不是说不爱他，而正是出于一种爱，希望他变得更好一点。这不是对他自己好吗？所以正是爱的表现。

再进一步，如果我们现在批评的不是政府，而是针对整个人民、整个民族，我们怎么面对？柏杨刚去世，写过一本很有名的书叫做《丑陋的中国人》，把中国五千年文明骂得一钱不值，这是不是"卖国"呢？他的矛头针对不只是政府，而是我们大家，说我们大家身上都有共同的劣根性，一些民族共同的弱点。像柏杨这样尖锐批评一个国家的人民是否不爱国甚至卖国呢？我认为不能这么说。因为一个进取的民族要进步，必须要包容所有不同的意见，包括对自己不留情面的批评。任何一个民族都有缺点有优点，缺点会妨碍民族进步，你必须要把这个缺点揭露出来，让我们大家都看到，然后才有可能去改正，然后这个民族才会变得更好。当然，批评意见也不见得所有都对，有的可能是过火了，但是必须要宽容。如果扼杀了所有的批评，有道理和没道理的批评都被扼杀了，那些正确的批评也听不到了，这个民族就会固步自封、因循守旧。这就跟我们这个儒家文化一样，最后不得不通过"五四运动"、通过革命把它完全推翻了。部分原因就是因为儒家成天给自己脸上贴金子，儒家说的话没有一句是错的，都是对的，最后才会落得这样一个下场，因为它停止进步了。所以即使是面对错误的批评，也不能够以不爱国、汉奸、卖国来要挟，否则我们民族的进步就成了问题。

我写过一篇短文，叫《宽容对待不中听的言论》，针对就是西藏事件发生以后其他国家对于我们一些批评。那些批评可能对，也可能不对。但是我们听起来刺耳，不喜欢听、不爱听。怎么对待这些言论？我们不能像网上那些愤青所采取的态度，一个民族只有包容才能进步。所以什么是爱国？爱国不是不能批评我们整个民族的文化传统，否则我们"五四运动"、新文化运动时期出现的一大批像鲁迅这样的作家就要首先被列入这个"卖国"的行列。就和批评一个人不等于不爱他一样，批评这个国家或政府也不是不爱国，甚至可以说正是出于对国家和政府的爱；反过来，一味我们的民族尊严、五千年文明这些东西挂在嘴上，并不是真正的爱国。如果说国家确实存在一些弱点，这种拍马式的"爱国"只能延误我们国家的进步。

如何判断爱国和卖国？即便我们不积极主动地"爱国"，也未必能构成卖国。比如悼念汶川地震的时候，一些网吧不能开业，结果有人不能玩游戏在网上大骂灾区。这种言论显然不爱国，因为她不关心四川灾区人民，但是你也不能说她构成卖国。所以虽然不是主动爱国，但是只要没有极端的言行，就不能定性为卖国。卖国是一个法律上的罪名，应该和叛国划等号的。所以如果你说这个人卖国，那么你要把实际证据拿出来，在法律上给他定性。如果他泄漏了国家的机密，或者做了真正损害这个国家的根本利益的事情，他可以定性为卖国。但是我认为这种情况是极少的，至少在和平年代很少，除非他将国家秘密或军事情报卖给外国，你可以给他定罪，不能定罪就不能随便乱用这种词汇。这种侮辱性的词汇就跟诽谤一样，应该付法律责任的。如果我发表了某个言论，就有人说我是卖国，这就和说我是犯了杀人罪或者偷窃罪一样，这是一种诽谤。不仅他不能起诉我"卖国"，而是我反过来可以起诉他。

其实在太平盛世，这个国家没有谁是"汉奸"。大家都是爱国的，说得稍微消极一些，至少不是卖国的。因为一般的人都会对自己家乡有一种自然的亲切感，除非面对巨大的威胁利诱，一般不会选择当"汉奸"的。而在一个真正尊重人的社会，也很少会发生这种乱扣帽子的现象，使得爱国和卖国就成为攻击和谩骂的工具。如果你真正"以人为本"，尊重人的尊严，就不应该随便出粗口。所以我希望今后至少在座的不会再有人把这种称呼套在我们自己人的头上。

针对地震以前发生的一系列事件，我再强调一下，爱国不是指盲目肯定自己，无论是国家制度还是具体的政府作为。这和爱国是两回事情。有的学生认为你表扬了外国、批评了本国，就变成不爱国甚至"卖国"。我认为这是不对的，这个道理前面都已经说了。即使某些国家对我们这个国家或者政府不那么友善，或者是出于某种原因激怒了我们大众，也不要随便的用这个爱国主义这根大棒，进而变成一种盲目的排外，所有外国的东西我们都排斥。抵制家乐福的那张照片就是这样，因为你批评我或对我不友好，所以我就抵制你的东西。这就是一种盲目排外的情绪。

在历史上，我们是吃过这个亏的。从鸦片战争到五四运动，我们不断的处于救亡和启蒙的悖论之中。因为当时的中国处于这种恶劣的环境下，鸦片战争、八国联军威胁着中国的生死存亡，帝国主义的炮火战船开到我们国家，还有鸦片。正好这些东西和先进的思想与制度一起进来，这个时候当然很容易良莠不分，统统作为敌视排斥的对象，但是我们该学的东西还是要学。我们历史上对鸦片战争的憎恨使得我们放弃了对西方先进思想和制度的吸收，最后在现代化的过程中走了一段很长的弯路。这就是狭窄的爱国主义所导致的后果。

究竟谁有资格来评判爱国或者卖国？我认为一般情况下这是没有必要的评判。即使有必要评判，这个评判也得保留给自由的公共舆论。即使是某种主张可能是有害的，政策之间的争论也无所谓爱国卖国。鸦片战争的时候，林则徐禁烟就是爱国，那些反对的就是卖国。其实这极大歪曲了历史，历史不是那么简单的。那些要把鸦片引入中国的，似乎就是在毒害中国人，但事实未必是这样。因为这种主张认为鸦片要禁也禁不掉，不如把鸦片在限制的基础上合法化，就像有些国家将性交易合法化一样。究竟后果怎么样？要看具体后果，"实践是检验真理的标准"，不能随便乱扣帽子。林则徐的禁烟很可能导致了后来这些列强对于我们所采取的强硬措施。如果说你跟他好好谈，最后也许会通过和平的方式化解这种冲突，我们国家也就不会有那么强烈的民族情绪，在现代化过程当中少走一些弯路。当然，这个历史讲起来就长了，因为我们整个的近代史就是一部被塑造为爱国主义的历史，但是我要告诉你们，历史是一个小姑娘，随便你怎么打扮。你们现在看到的教科书上的近代史就是一个经过精心打扮的小姑娘，我现在讲很多你们也未必听得进去。你想看到真正的历史，要自己花工夫。

所以不要随便贴上爱国、卖国的标签。人都会犯错，但是只要不是主观恶意的错，只要提出主张的目的不带有恶意，是真诚地是促进这个国家的利益，即使这个主张在效果上适得其反，也不能动辄帽子满天飞，否则就没有人敢讲话了。正常的政策之间的争论就演变为一种权力之争。这种争论就被扭曲了，后果就是会让我们看不到、听不到一些可能对于我们有利的反对意见，最后会出大问题。这个历史也非常长了。我们历史上充斥着因为压制言论而导致社会灾难的例子。所以说不要随便用卖国和爱国这种词汇去把政策政治化，这样一来，即便一方没有理，他也完全可以混淆视听，通过道德、舆论、政治的压力来迫使对方沉默，这对于发现我们什么是真正国家利益和民族利益显然是不利的。

谁有资格评判卖国或叛国？绝大部分情况下，政府显然不是适当的评判者。因为政府采取的行为或政策往往是社会评议的焦点，所以说再让政府做审判官，肯定违反了法治的基本原则，也就是任何人不能作为自己的案件的法官。如果这件事情跟你有切身利益有关系，你就不可能成为一个公正的法官。如果由政府来判断爱国还是卖国，最后的评判可以说注定是不公正的，因为政府已经有了先入为主的倾向。在这种情况下，不能再赋予他这种生杀大权，允许他去封杀舆论对他的制约，任由他为所欲为。在极少数涉及真正的卖国行为，也就是叛国的时候，政府可以依据法律去起诉，然后由一个独立的司法去审判，给一个公正的判决。但是这个判决必须要小心，不能在巨大的社会压力下作出。我们的法院大概不适合作出这样的判决，因为它不仅在政府面前不独立，在面对社会舆论压力的时候也不独立。你们也许听说过刘涌这个案件，发生在辽宁的一个黑社会案。一开始判了死刑，后来改判死缓，但是最后又迫于压力再次改判死刑。2008 年许霆案大家都知道，他通过 ATM 去盗取存款，开始被判了一个无期。这个判决肯定有问题，但是判决是对还是错暂且不说，因为公众压力很大，法院就来了 180 度大转弯，最后只判了 5 年。因为缺乏制度上的独立性，我们不能依靠法院公正判决卖国爱国这样的案件，只有自己明辨是非。

在绝大多数情况下，言论不可能构成卖国；无论说什么，我在这里说话、评论不可能构成"卖国"。为了这个社会的安定，也为了给这个自由的思想和言论留下空间，千万不要再挥舞爱国和卖国的大棒，尤其把这根大棒交给政府。爱国主义很简单，无非就是对我们自己好一点，不要整天自己在窝里斗，你骂我卖国，我骂你汉奸，这样有什么好处？不如把这些东西都抛在脑后，不要再用卖国这顶帽子来迫害我们自己，我们没必要和自己这么过不去的。

六、爱国与宪政

最后我想讲讲爱国主义和自由主义之间的关系。在某种意义上，爱国主义和自由主义似乎是水火不相容的，因为爱国主义似乎是要求我们放弃我们自己，去爱一个大的集体，就是我们所说的"舍小我、爱大我"。自由主义则是一种人本主义，把全部的关怀都集中在个人的幸福和尊严之上。当然，他也考虑政府，政府还是必要的，自由主义不是无政府主义。但是政府不是目标，目标是人。如果让他在个人和集体之间进行选择，他会毫不疑问的选择个人，而不是选择国家。这样，自由主义和爱国主义之间就成了一对矛盾。单纯或狭隘的爱国主义或民族主义强调主权和领土完整，不允许任何借口来损害我们的主权和领土。美国指责我们人权有问题，我们就把它看作一种阴谋，是在我们国家搞"和平演变"。为了保护我们的主权，我们不得不拒绝美国的人权指控，因为他别有用心。在这种爱国主义看来，似乎自由主义成了外国干预我们内政的一种工具。但是在自由主义看来，无论国家主权听起来如何的神圣，都不能为压制人权提供理由，因为自由主义是把它的目的放在个人身上，而不放在国家身上。崇尚爱国的这些人不是头脑简单就是别有用心，成为专制统治的一种工具。所以双方有这种对立，

但我认为，他们之间其实并没有这种对立。方法论的个体主义很容易就能够化解他们之间这种紧张关系，因为我们把国家归结为个人组成的集体，从而就使得爱国主义在某种层面上落到自由主义的平面上。当然，我把这个过程简化了点，因为方法论的个人主义不仅仅是自由主义，还有其他主义，包括社会功利主义，主张爱大多数人，这也是一种爱国，而这种爱国跟自由主义的爱国不是完全一样的。因为我们现在不讨论这两者之间的分歧，所以我把它放在一边。爱国首先要求我们关心具体的个人命运，爱国不是爱国家这个抽象的整体，而是在爱人的具体过程中实现。胡适当年是北大校长，北大的学生问他如何为国家争自由？胡适说这个国家的自由不用你争取，你先争取你自己的自由；你争取自己的自由，其实就是在为国家争自由。这个逻辑就是方法论的个体主义。你是这个国家的一份子，所以你多争得一份自己的自由，这个国家就多得了一份自由。所以自由主义不反对爱国，而只是要求这个爱国并不是一种盲目的冲动，不是无条件的盲目的爱。

对于自由主义来说，爱国主义成了一个宪政问题。究竟如何去爱国？自由主义将这个问题转化为究竟怎么让我们这个国家变得更可爱。因为如果国家不可爱，为什么强调我们爱国？我刚才讲了爱国是有理性基础的。虽然不论生存状态如何都应该爱国，但是实际上这两者之间还是有联系。如果说这个国家的人生存得不好，那么可能难免有很多人不爱国。有人说中国是最不爱国的一个民族，看看抗日战争的时候有多少汉奸，多少伪军大批大批被日本人组织

去打我们自己人，所以说我们不那么爱国。但是也许话不应该这么说，你看看今天的汶川地震我们多么爱国。都是同样的人种，也就相隔了半个世纪，我们的本性应该没有发生根本的变化。之所以如此，很可能是因为这个国家并没有给他提供他觉得值得留恋或者依恋的东西，值得他去爱的东西。当然，我们说从道理上讲不应该这样，即使中国没有给你像美国那样的优异的生活，你还得去爱国。但是在实际生活当中，对于很多人来说，爱国情感和制度的现状有很大的关系。其实，在网上有很多这样的言论。如果说政府的所作所为和我们的社会现实不断使人感到失望，我们自然对这个国家产生一种失望感、疏离感。这是很现实的事情，虽然是认识上的错误，不应该把国家和政府混为一谈，但是这种错误是情有可原的，因为国家和政府确实不是两件完全独立的事情，他们之间有很多关系。两者之间这种关联正表明，政府有义务通过一种良好的制度来改变我们国家的形象。面对有些国家对我们的指责，我们该怎么办？我们不能简单的讲"见鬼去吧"，这就成了讳疾忌医。我们的任务是正视别人的批评。其实这也是我们儒家传统对自己的一贯的态度：当别人批评你的时候，你要切实看看自己状况是怎么样？他如果批评的不对，你可以不听；但是他们确实批评的对，就是说我们国家在某些方面不那么可爱，我们要做的不是怪别人批评我，而是要改变我们自己。这才是健康、正常的逻辑。所以在这个国家现状和个人对国家的态度之间，要改变的是这种现状而不是我们的态度。当我们个人对国家有抱怨的时候，我们可以说服他你要爱国，但不能过多地指责他，而是把我们的精力集中在如何改善这个国家形象，让它变得更可爱，让更多的中国人去爱国。难道不是吗？

所以我想最后我们应该可以超越主权和人权、个人和集体之间的争论。中国可以指责美国对中国的人权指责是一种政治手段，是要干预我们的主权，但是我们并不能因为这个而忽视了我们自己的人权现状。况且如果不能保障我们的人权，其实我们的主权和威望也很难真正建立起来。历史上也证明了这点。你看看那些国家，所有人权保障到位的国家都是强大的国家，他们主权没有问题，他们不会因为比如说中国挑战美国的主权，而动不动就显得非常激怒，不会的，因为他们觉得这个根本不构成威胁。反过来，即使主权建立起来，但是纯粹依靠武力、暴力，那么这种除了满足我们一时的虚荣以外，对于广大老百姓来说没有实际意义的，因为人权没有得到保障，老百姓没有真正得到实际实惠。什么是人权？人权就是我们各种各样的权利、各种各样的利益、各种各样的好处，如果没有这些东西，那生活在这样的国家有什么意义？所以说主权和人权其实没有矛盾，我们完全可以对外弘扬我们的主权、对内倡导我们的人权。如果美国干预我们的主权，我们可以发展自己的主权理论，采取必要措施去排斥他的这种干预，但是不能因为保卫主权而忽视了我们的人权。这同样是不理性的，因为最终的判断标准是构成这个国家我们所有的人，我们的生活状态到底是一个什么样子？国家领土、主权都是第二位的考虑。我不认为这不重要，但是这不如我们的人权重要，因为国家毕竟为了保护我的人权的而发明出来的一种工具而已。所以爱国是什么？只能是尊重和爱护使这个国家具有实质意义的我们大家这些具体的人。

综上，到底什么是真正的爱国主义？爱国其实不那么容易的，因为它不只是喊口号、扣帽子。我希望不会再听到在座的各位在经过大学教育之后、至少在今天讲座之后，动辄就动"卖国贼""汉奸"这样的粗口。一个经过教育的文明人不应该这样。对于我们个人来说，不也是这样吗？如果你想要别人爱你，譬如你正在谈朋友，你当然希望她爱你，但是怎么爱呢？她就是不喜欢你，怎么办呢？有时候我看个别大学生也会走火入魔，不能达到目的的时候就采取一些非理性的行为，甚至导致伤害、杀人，这些当然都是不健康的。你要别人爱，就得把自己变好一点，变得更"可爱"一点。你看那个女孩子看中你的什么，她看中你的人品，你就要端正一下你的人品；她在乎你的成绩，你就要刻苦学习，把考试考好。总而言之，你要把你的立足点放在自己身上，你总不能强求对方说，你怎么不爱我呀？你能对她说，你为什么不爱我呀？这样肯定要失败的，对不对？关键在你自己身上。

爱国也是这样。要求我们爱国，或者要求别的国家尊重你这个国家，首先你要从制度上让这个国家变得更可爱，使我们自己能够对于国家产生一种骄傲感、归属感。这个国家就是我的，做中国人感到很骄傲。当然，其实这么说的话还是有问题的。比如说很多美国人对他们的国家很骄傲，原因之一他们比较富裕，他们是世界上最强大的，他们的制度也是文明的，但是我觉得这当中有一些概念上混淆，因为美国和中国一样，也是什么人都有，有好人，也有偷鸡摸狗甚至连环杀手。就因为生在美国或做了美国人，就值得骄傲吗？我是从来觉得这种骄傲感很奇怪的，因为关键不是你是美国人还是中国人，关键在于你自己究竟是谁。但不管怎么说，这是大多数人的感觉，似乎没有办法。这样一来，如何使得更多的中国人更真切地爱中国，我想也没有别的办法，只有改进我们的制度，让我们生活得更好，而不是卖国、汉奸帽子满天飞，甚至通过暴力威胁来勉为其难，硬是把刀架在脖子上：你到底爱还是不爱？——那我就只好"爱"吧。但这是真爱吗？这种"爱"值得我们去追求吗？

因此，改善中国的制度，解决自己的问题，保障人民的权利——这才是真正的爱国主义，否则所谓的"爱国"就只能是虚假的、廉价的、危险的。

未来的挑战
——如何用制度保障人的尊严

2009 年，六十年过去，中国走过了艰难曲折的发展之路；展望未来，我的愿景一言以蔽之，就是希望每一个中国人都能过上有尊严的生活。古人云："衣食足则知荣辱。"改革三十年来，中国经济和综合国力得到了巨大发展，但是作为有道德、有价值、有尊严的存在，人并非纯粹的经济动物；在满足温饱、进入小康之后，我们的下一个目标应该是更为全面地发展人性的尊严。

"尊严"？这个词听上去也许有点虚无缥缈，但是其实每天都伴随着我们的生活。实际上，尊严也是中国人数千年来追求的理想。儒家正统说到底，就是一种关于尊严的哲学。君子的"泰而不骄，威而不猛""正其衣冠，尊其瞻视"，正是儒家人格的标准写照。在儒家看来，从天子到庶人都可以通过修身认识到"人人有贵于己者"，进而让自己的生活和行为方式符合人的尊严本性。

然而，尊严不仅仅是一种个人选择的生活方式，而是和国家制度息息相关；在缺乏制度保障的环境下，个人生存不可能获得完整意义的尊严。而一旦人的尊严得不到基本尊重，就远不只是一个颜面受损的个人问题，整个国家都将陷入相互伤害、侮辱、践踏的人为灾难。中国历史上的历次浩劫，包括近半个世纪间或发生的个人或社会悲剧，都是制度缺陷造成的对基本尊严的严重侵犯。直到今天，某些制度上的障碍仍然制约着我们的人格发展；要恢复完整的人性尊严，首先必须完善宪法规定的某些对于公民权利和国家政治生活至关重要的制度，而这将是中国未来面临的最大挑战。

我首先希望，生长在中国的每一个孩子能获得德性和智性的正常发育，因为他们是这个国家的未来。我尤其希望，每一个山沟里的儿童都能享受体面的基础教育。其实城乡差别、地域歧视对中国社会造成的直接祸害还在其次，最可怕的是这种制度留下了太多的"留守儿童""代课教师"和摇摇欲坠的中小学校舍，而扼杀了农村新生代的希望，也就意味着农村贫困和愚昧的永久延续。如今的中国城乡，真可谓冰火两重天；如果说农村的孩子营养严重不良，城市的孩子则营养严重过剩，被各式各样的补习、考试、竞赛等应试工具压得难以喘息。两者"殊途同归"，都同样剥夺了儿童潜能正常发育的机会；一个成了对于现代文明一无所知的文盲，一个则成了是脑子里塞满无用知识的书呆子，而书呆子加上文盲当然不可能形成一个健康的公民社会，而只能产生一个缺乏基本沟通和自理能力的畸形社会。这种教育状况不但扼杀了孩子自由想象和创造的天赋，而且造就了一大批温顺、怯弱、自卑、自大、易怒、蛮横乃至暴虐的极端性格，完全不适应理性宽和、相互尊重的公共生活。这样的个性长大后必然在社会上趋炎附势、逆来顺受、随波逐流，一旦有机会进入权力圈子则很快成为欺下瞒上、贪得无厌的社会蛀虫。我希望有朝一日，我们的教育体制能培养正常的孩子、树立健全的人格、造就有尊严的公民。

我们的宪法、法律和政策对"受教育权"是有所承诺的，问题是这些对于国家未来极其重要的法律和政策在落实过程中却大打折扣。基础教育确实在各国都主要是地方的事，但也是决定整个民族政治、经济和法治发展的长远大计，因而各发达国家都从制度上保证各地基础教育条件的基本平等。美国得克萨斯州曾为贫富地区的生均教育经费相差 200 多美元而发生诉讼，官司一直打到联邦最高法院，但是即便在这个基础教育地区平等做得很不够的联邦国家，各地基础教育经费仍然可以维持一个基本体面的水平，某些有色人种聚集的贫困地区也不例外。在这方面做得更好的欧洲发达国家更是通过中央政府和财政均衡政策，保证各地教育经费的基本平等。反观我们这个一直强调统一而地方差异巨大的单一制国家，中央本来可以通过财权的集中和再分配实现各地教育经费平等，但是看看我们的基础教育，不仅国家财政投入的比例和总量都远远不够，而且地方差别尤其是城乡差别何其巨大。农村尤其是边远落后地区的农村基础教育远未得到保障，不少孩子必须起早贪黑长途跋涉去上学，不少地方还不得不保留月薪只有几十元的"代课教师"；这些低薪老师的精神固然令人感动，但是他们实际上折射出农村基础教育的困境。我希望，中央将基础教育的平等保障作为下个十年国家教育规划纲要的重中之重，并至少从财政上绝对保证落后地区的基础教育。教育当然不只是一个钱的问题，但是不解决这个基本问题，其它更高层次的诉求就无从谈起。

如果说基础教育存在严重的地方差别，我们的大学考试和招生制度也同样存在显然的地域歧视。在计划经济时代，中央出于发展战略考虑在全国设立重点大学，形成了极不均衡的高等教育资源布局。广大农村没有一所大学，绝大多数名牌大学集中在北京、上海等相对发达的大城市。与此同时，国家原先实行统分统招，建立了高校招生的地方指标制度，由国家决定大学在各省市的招生指标。改革开放后，中央对高等教育的行政控制部分下放，部属高校招生指标实质上由大学自行决定，形式上送教育部审批。由于地方和所在高校形成利益共同体，包括部属高校在内的所有大学招生过程都出现了严重的地方化倾向，通过招生指标划拨在录取标准上极大照顾本地户籍的考生，严重歧视其它户籍的考生。高等教育资源的分布不均不仅没有因经济改革而有所缓解，而且可能因国家重点扶持个别大学成为"国际一流"而变本加厉。在这种情况下，大学招生地方化的后果必然是进一步侵蚀公民接受高等教育的平等机会，歧视高等教育落后尤其是农业地区的考生，导致名牌大学中农村学生的比例连年下降。2009 年统计数据显示，广东和安徽考生上北大的机会只是北京考生的百分之一，上海考生上复旦大学的机会是山东考生的 150 倍、河南考生的 274 倍。河南、山东等省的考生人数多、高等教育资源少，而各地高校均对其设置了极其不平等的录取门槛，稀缺的高等教育机会产生巨大的高考压力，使这些地区的高中乃至初中教育严重畸形，极不利于这些地区学生的人格全面和健康发展。

要改变这些不合理现象、打破部属高校的招生地方化，我希望中央今后在高等教育领域能有所为而有所不为。一方面，国家不仅不应再干预大学的日常管理，而且应该帮助大学摆脱省市的行政干预；在招生过程中，国家应赋予各大学以平等的招生自主权。另一方面，国家必须履行宪法职责，切实保障各地区公民接受高等教育的平等机会，取消计划经济时代遗留下来的招生指标制度，帮助建立全国统一的考试制度，严格要求各部属高校在原则上按成绩平等对待各地考生，同时授权大学在全国统考之后对符合要求的考生进一步进行自主而平等的衡量。我期待在不远的将来，标志地域歧视的招生指标制度将寿终正寝，更加平等、公正和偏向弱势群体的考试录取制度将取而代之。同时，中国的大学将在宪法框架内获得更加高度的自治；将中国大学人为分成"三六九等"的一本、二本、三本和民办院校体制将不复存在，不同种类的大学之间将按照自主办学、教育至上的理念在更加公平的起跑线上竞争。即便中央不能更为均衡地分配高等教育优势资源，也应该充分允许民间力量自由进入高等教育领域，通过资源和人才的自由流动实现教育资源的均衡分布，让全国各地的公民都平等分享充裕的高等教育机会。

事实上，中国今天的平等问题绝不止于教育领域；五花八门的歧视——性别歧视、年龄歧视、乙肝歧视、身高歧视、族群歧视、政治歧视……可以说是无奇不有，在教育和就业等各领域无处不在。这些歧视不仅是荒诞非理性的——并不传染的乙肝病毒携带者为什么不能读大学或考公务员？父母曾被行政拘留的考生为什么不能读军校？银行为什么非得雇用1米7以上的男生？只有"五官端正"的女孩才适合做秘书吗？……而且也会产生严重的社会后果——乙肝歧视曾经导致报复杀人事件，而剥夺少数族群的就业机会则可能引发族群动乱……我希望未来的中国是一个平等、理性和文明的国度，生活在这个国家的每一个公民都凭着自己的能力和努力获得属于自己的那份机会，而不再因为自己的户籍、性别、年龄、族群、财富、家庭背景、政治身份、生理特征或不相关的健康状况而受到任意的区别对待。

当然，当今最大的不平等仍然是城乡二元结构衍生的户籍歧视。计划经济时代一直实行牺牲农村的城市发展战略，使农村成为经济穷困、文化贫瘠、法治落后的无人愿意留驻的地方。自孙志刚事件以来，随着收容遣送制度的取消，以户籍制度为标志的城乡二元体制引起了广泛关注。中央和各地都采取了一些改革措施，逐步撤除户籍藩篱对人力流动的障碍，但是由于户籍改革牵涉城乡利益格局的重大调整，任何实质性改革必然举步维艰。农民进城打工早已不是问题，但问题是他们在城里享受什么待遇、他们的配偶是否可以同行并和城市居民一样享受医疗和福利保障、他们的孩子是否可以和城里的孩子在同一所学校上学……欧洲联盟不是一个国家，但是一个成员国的公民仍然可以在其它成员国就业并享受和那个国家的人民同样的待遇；我们是一个统一的国家，但是其中却衍生出太多截然不同的待遇。我希望中央和地方能够合力跨越重重障碍，逐步从制度上取消城乡二元结构和户籍制度对迁徙自由的实质性限制，通过践行宪法规定的人身自由与平等原则实现城乡一体化，让广袤的中国农村重新成为吸引人才、物资、服务、财富的地方。

其实中国农村并非一无所有。不要忘记，中国村民集体享有自己的土地，而集体土地产权比城市的"国有土地"更为具体明确，因而在理论上也更容易维护。在方兴未艾的城市化进程中，农村完全可以用土地换发展；既然中国的发展主要就是农村的发展，农民理应从整体发展中分享属于自己的正当利益，而只要集体土地按照其公平市场价值进行自愿交易，那么农民受益就是自然和必然的事情。然而，一旦政府强行征收农村土地而又不给予公正补偿，农民利益就必然受到伤害。这是为什么发达国家宪法都规定，财产征收必须符合公共利益并给予公正补偿。所谓"公正补偿",就是按照土地的市场价值给予公平补偿。中国宪法以往没有相关规定,2004 年修宪首次规定财产征收必须给予补偿,但是未能明确"公正"补偿;2007 年通过的《物权法》也只是规定了法定补偿,而实际补偿则往往经地方政府克扣而低于法律规定的补偿。由于缺乏公正补偿的刚性规定,尤其是欠缺可靠的实施机制,地方政府通过低价征地、高价卖地而无本获利,征地差价成为地方财政乃至官员收入的主要来源,从而形成了巨大的利益驱动,不仅浪费了大量的土地资源并威胁国家规定的耕地红线,而且严重损害了被征地农民的基本生存,进而造成源源不断的集体上访乃至群体性冲突,直接影响了中国社会的和谐与稳定。我希望国家尽早明确和落实公正补偿原则,至少使征地成为在原则上无利可图的行为,从制度上打消地方政府的征地冲动,让农民在自己的土地上安安稳稳地过日子,也让中国的城市化在土地产权市场的自愿交换过程中自由而自然展开。

土地纠纷是造成中国群体性多发的首要但并非唯一的动因。近年来,城市拆迁、环境污染、城管暴力、执法不公、刑讯逼供乃至企业改制等事件引发了大量群体性冲突,其缘由各异而根源实则相同,都反映出社会治理模式的陈旧和失效。瓮安事件、石首事件等大量群体性事件表现出一个共同特征,那就是某些不对当地人民负责的地方官员贪污腐败、欺压百姓、为非作歹、为所欲为,在当地积压了大量民怨,而一起偶发事件往往便足以成为引爆群体冲突的导火线;不从制度上解决民怨之所以积压的根源,就无从防范群体性事件的发生。中国在传统上实行中央集权,监督地方官员的主要是上级领导而非当地选民。然而,中国地方那么大、官员那么多,一个中央怎能面面俱到、明察秋毫?一旦地方官员滥用权力、违法犯禁,受到侵害的人民不能通过民主和法治渠道自卫自救,只有诉诸"上访",于是"上访"便成了中国独特的现象,而国务院也确实通过修改《信访条例》力求完善信访制度。但是由于上级政府总是受制于信息、资源和自身动力不足等多重因素,尤其在堆积如山的上访面前必然无从下手，最后敷衍了事，因而信访注定是一条治标而非治本的收效极其有限的监督途径，完全不足以化解越来越多的社会矛盾、阻止源源不断的上访大军，也不能预防上访失败激发的群体或个体暴力事件。

要从根本上解决群体冲突、实现中国社会的长治久安，只有完善国家的民主和法治，从自上而下的控制模式转变为自下而上的自治模式。某些官员之所以可以在人民头上作威作福，关键在于民意代表监督乏力，而之所以民主监督不力，是因为民意代表在选举过程中并没有真正经过选民的检验。中国宪法规定了人大基本制度，但是由于人大选举不够规范，人大代表专职化程度不足，人大每年会期太短，以至人大职能没有完全落到实处。不少地方与其说是由人大任免和监督官员，还不如说是由官员任免并担任人大代表。既然人大作用尚未得到充分彰显，人大代表在群体性事件中集体失语就成了十分"正常"的现象，以至人们根本不期望人大代表对解决中国当前的社会矛盾发挥实质作用。我希望有朝一日，中国的选举体制更加完善，民意机构真正由选民选举产生、对选民负责并面临连任连选的压力。而如此重要的机构当然不能由兼职代表充任，否则就不可能有足够的时间、精力和动力去处理方方面面的社会矛盾；民意机构必须由专职代表担任，他们必须将一年中的绝大部分时间花在议事、立法或监督工作上。只有这样，民意代表才可能在处理群体性事件中有所作为。

现代各国经验和教训表明，民主是立国之本，社会长治久安之道。事实上，民主的主要功能尚不在于灾难的善后治理，而在于从源头上防止灾难的发生。试想，假如没有削弱农民选举权的 1/4 条款，假如占人口大多数的农民可以按"一人一票"选举自己的代表并决定国家大政方针，那么当初就不会出现歧视农村的城乡二元体制，现在也不会面临让我们困惑苦恼的"三农问题"。假如对选民负责的地方人大积极有为并参与当地政府的规划决策，那么那些指望靠剥夺生计发财的征地计划都将被认为不符合"公共利益"，即便符合公共利益的征地计划也将被要求提供充分补偿——换言之，我们将再也看不到那么多的失地农民，看不到那么多因补偿太低而拒绝搬迁的"钉子户"，看不到那么多拆迁暴力、上访、群体性事件……一旦人民及其选举产生的代表积极参与管理自己的生活、有效监督政府行使的权力，整个社会自然会安宁得多、幸福得多、和谐得多。

民主不仅是一般社会实现理性治理的必由之路，而且也是妥善处理特殊族群关系的基本方略。近年来，"疆独"和"藏独"势力活动频繁，直接威胁族群团结和国家统一。对于武力分离主义行为，固然要依法严厉打击，但不能忘记的是，新疆和西藏等地区的人民才是维护国家统一的决定性力量，因而要从根本上维持这些地区的安定和统一，必须通过完善民主自治真正让这些地区的人民满意。如果民主自治不够完善，自上而下任命的官员对当地民情不够熟悉，对宗教文化不够尊重，甚至像某些内地官员一样滥用权力、掠夺资源、贪污腐败或侵吞中央投入，那么少数族群的积怨必然就成了分离主义势力的火药，无论什么优惠政策都不足以阻止分离主义势力蛊惑与收买人心。其实要维护族群团结，财政投入、入学机会、优惠政策等特殊照顾固然重要，但更重要的是充分落实宪法规定的民主自治，让少数族群在宪法和法律的框架下选举自己信任的代表和官员来管理自己。我希望各级政府能开放思维和言路，更多地以平常心态处理族群问题，用正常的民主政治去化解敏感的族群政治，并通过汉族和少数族群的自由交流澄清误解、消解怨恨、相互尊重、回归和睦。

许多事情其实并不需要政府出面，人民自己就可以解决，而一旦人民因为制度障碍而失去自理能力，那么不论政府如何干预都无济于事。近年来，出租车司机罢运、飞行员"罢飞"、农民工因讨不到工资"跳楼"成为吸引眼球的群体性事件。在法治国家，罢工本来是劳资纠纷的一种正常方式，完全可以在法律框架内得到解决。虽然中国 1982 年宪法没有规定罢工权，但是宪法和法律也没有禁止罢工，因而它仍不失为劳动者维护自己权益的一种方式。然而，中国式罢工不仅社会成本高、缺乏法律规范、容易造成社会失序，而且"跳楼秀"等看似极端的维权方式恰恰反映了弱势群体的无助和无奈。在市场经济中，资本永远是强势力量，劳动者个体永远处于需要保护的弱势地位。如果劳动者只是孤零零的个体，那么即便依靠政府和法律也难以有效维护他们的权益；2008 年实施的《劳动合同法》力求限制资本的力量、保护劳工的权利，但是如果不能实质性地改变劳资力量对比，这部法律的实际作用必然是相当有限的。要改变劳资力量对比，必须将劳动者个人有效组织起来，由劳动者自己选举真正代表自己利益的工会。虽然中国企业也有工会，但是因为工会选举制度不完善，工会代表性和独立性不够，因而往往成为老板而非员工的代言人。既然工会不能有效保护员工，工人利益很容易在企业改制或日常管理过程中受到资本侵犯；劳动者维权长期无果无望，必然产生"通钢事件"中发生的暴力伤害等非理性行为。

我希望中国的劳动者能享受越来越多的宪法自由，通过自己选举产生的组织维护自己的权益。更广义地说，我希望所有弱势人群都能通过宪法第 35 条保障的权利申诉自己的遭遇、唤起舆论的同情、寻求社会的支持。舆论是社会公器，是反映社会苦难和监督政府权力的喉舌，也是帮助中央了解民意、体察民情、治理贪腐的渠道；一旦地方政府获得压制舆论的权力，必然会发生地方官员肆无忌惮、贪赃枉法、蒙骗中央，而中央也无从知道下一个群体性事件的爆发点。因此，古人早已明白"防民之口，甚于防川"的道理，而罗隆基也早在 1920 年代就表达过"压迫言论自由的危险，比言论自由的危险更危险"的感悟。要避免压制言论对中国社会产生的巨大危险，只有允许人民畅所欲言，毫无保留地评点政府的所作所为；即便某些言论不完全准确，也不能以"诽谤"之名随便动用公权力予以压制。为了保证舆论监督，法治国家对批评政府的言论网开一面；只要并非故意造谣中伤，即便失实的批评也受到宪法的保护；即便官员的名誉确实受到伤害，也不能用"诽谤"的罪名指控和惩罚公民，以免对言论自由产生"冷缩"效应并造成万马齐喑的局面。

反观我们的某些地方官员，近年来动辄以法律的名义、以自己掌控的实权惩罚批评自己的意见。这种做法不仅显然不尊重言论自由，而且也违背了"任何人不得做自己案件的法官"这一法治基本原则，严重助长了公权力的滥用。我希望地方政府能对公民批评更加宽容，更希望中央能为保障言论自由和舆论监督发挥更大的作用，让全国人民在言论宽松的环境下帮助各级政府发现并改正自己的不足。只有这样，才能有效遏制各级官员滥用权力，为中国社会的长治久安奠定制度基础；也只有这样，才能让公民在畅所欲言、信息充分的环境下锻炼思辨和鉴别不同主张的能力，培养理性健全的国民性格，克服中华文明消极躲避、明哲保身的传统缺陷。无论对于政府还是公民，言论自由都是一个双赢选择：公民的尊严最大程度地体现在求真务实、无所畏惧、敢说敢当的个性，政府的尊严则建立在言论自由所造就的权力透明和诚信基础之上。

我还希望生活在这个国家的每一个人都能得到作为人的礼遇，即便他已被锁定为犯罪嫌疑人也不例外。不论他被指控什么滔天大罪，他都应该得到为自己辩护的公正机会，而不应该成为长官意志、舆论压力或基层执法暴力的牺牲品。即便他被定罪，定罪的目的也不应该是为了惩罚，而是为了转变他的动机和行为，帮助他认识自己的内在尊严并作为一个有价值的人重返社会。近年来，中国的刑事正当程序得到很大改善，刑讯逼供、超期羁押大为减少，修订后的《律师法》也明确规定了当事人会见律师的基本权利，但是法律规定的落实尚不理想，犯罪嫌疑人的人身权利尚未得到基本保障，尤其是某些看守所的非正常死亡事件不时成为社会关注焦点。我希望中国的看守所和监狱远离牢头狱霸、刑讯逼供等显然贬损人格尊严的现象，无罪推定、沉默权、律师取证和会面权利等正当程序原则得到公检的尊重和法院的保障，至少借鉴法治国家经验，将羁押"未决犯"的看守所移交到司法控制之下。

　　作为守护社会公正和法律尊严的最后一道底线，司法本身必须意识到自己的尊严，做到"贫贱不能移，威武不能屈"，既不向权贵低头，也不向民意献媚，更不能在钱色诱惑面前栽跟头。然而，人非完人，法官作为人也不能免俗；缺乏制度保障，法官和常人一样不得不"向五斗米折腰"。要维护司法尊严、实现司法公正，必须从制度上保证法官个人的独立尊严，逐步革除法院内部官僚化和行政化，同时保证司法判案过程公正透明，不受政治和社会力量的干预。近十年来，司法改革取得了一定的成效，但是遏制司法腐败也到了刻不容缓的地步，而如何保证司法在人格独立的同时远离腐败也成为转型中国的独特难题，进而产生司法职业化和民主化的不同路径之争。虽然有些人想当然地认为，民意就是强求司法判决给一个让人"满意"的结果，网络回馈却显示绝大多数网民其实并不缺乏法治常识，而只是期待法官依法公正断案。我希望在可见的将来，社会对司法的监督不再依赖民意或权力的直接干预，而是主要通过检验司法程序的质量和判决书的说服力。只有当社会和政府开始尊重司法，只有当司法在合理的制度安排下成为值得尊重和信赖的机构，它才有能力维护宪法和法律的尊严，进而维护宪法和法律所体现的每一个公民的尊严。

　　要维护宪法的尊严，自然离不开某种形式的宪法审查和监督制度。中国 1982 年宪法将这项重要使命赋予全国人大常委会，不过从宪法监督至今尚未正式发生的事实来看，这项制度有待改进。我希望中国在不远的将来建立更为有效的宪法审查机制，让宪法为保障公民的各项基本权利发挥更大的功效。但是最根本的，还是需要人民站起来维护自己的权利和尊严；只有人民成为决定自己命运的主人，才能打破数千年受人摆布的宿命，健全残缺不全的政治人格，获得完整意义的道德尊严。我希望看到越来越多的公民起来主张属于自己的宪法权利，不仅是因为只有人民出来行使宪法规定的政治权利，子民上访才能变为政府"下访"，"访民"才能变为公民，哭诉、呼号、民意谴责、上级指示才能变为批评、辩论、代表质询、公民投票；而且也因为只有人民行使权利，才能显现政府权力的边界，才能逐一填补制度漏洞，才能消除某些官员的腐败冲动，最后让他们也恢复人性的尊严。

为此，我希望我们每个人都不要停留于被动批评官员做了不该做的事情，而是要主动告诉他们应该做什么——公正补偿，而不是通过征地剥夺财产；修缮校舍，而不是建豪华办公楼；投入地方公益，而不是将纳税人的钱挥霍于"三公"……更重要的是，我们应该通过周期性选举选出符合人民利益的民意代表，进而通过他们制定最符合社会需要的法律并任命和监督执法官员。我希望，我们今后每个人都更加认真地对待自己的选票，至少在选举那天出来投一票。打破这个民族千年宿命的神奇力量不在别处，它掌握在我们每个人手中。

"我欲仁，斯仁至矣。"让我们每个人都开始做一个有尊严的中国人，看似遥远的梦想终将成真。

做一个有尊严的中国人

　　《民主与法制杂志》记者李蒙：温家宝总理在今年的新春茶话会、与网友交谈、作《政府工作报告》时三次提及"让人民生活得更加幸福更有尊严"。特别是将"尊严"写入《政府工作报告》，被海内外媒体誉为"将人民的要求往上提升了一步"。北大宪政学者张千帆教授在 2009 年 6 月发表"我的梦想——做一个有尊严的中国人"一文，当时就引起了本刊记者的注意。近日，本刊记者对张教授进行了专访，请他谈一谈有关"尊严"的话题。

　　记者：张教授，温总理的《政府工作报告》提出让人民活得"更有尊严"，对此您有何评价？您 2009 年 6 月发表有关"尊严"的文章，当时是什么事情触动了您，还是您长期思考的结果？

　　张千帆：在国家领导人的高度提出让人民活得有尊严，是令人鼓舞的好事。这些年强调民生是对的，改善民生使人民活得更幸福，也是更有尊严的前提。但除了民生外，政治和社会环境对人的尊严也发挥着不可忽视的作用，温总理也提到"没有政治体制改革，现代化不可能成功"，提到"公平正义比太阳还有光辉"，也都与"尊严"有着直接的关系，可能是更直接的关系。至于我的那篇文章，不是一时心血来潮。近年来，我一直在断断续续写一本《为了人的尊严》的书，主要是把自己在美国期间写的一些文章翻译结集出版，主题是探讨中国古代哲学关于人格尊严的思想脉络。最早的一篇文章是 2000 年发表在夏威夷大学成中英教授主编的英文版《中国哲学杂志》，主题是《儒学的重构——中国古典中的人格尊严观念》。09 年的那篇文章其实就是这本书的一个思想总结，算是我个人长期思考的一个成果吧。

记者：现在对"尊严"一词的探讨很热烈，作为宪政学者和法学家，您是怎么理解的？您刚才提到中国古代哲学的"尊严观"，从中我们可以得到什么启发？

张千帆：有人说中国传统文化中没有权利观念，"权利"是西方舶来品。这种说法也许有道理，不过尊严观念却是中国文化所固有的。中国的儒家正统说到底，就是关于人格尊严的哲学。所谓"尊严"，不只是一种外在的尊贵或威严，而是体现了人性的内在价值，儒家哲学的基点就在于承认和肯定人的内在价值，人的价值是尊严的基础。儒家强调"反身而诚"，只有诚实的人才能正视自己的内在尊严；不诚实的人往往看不到或故意漠视自己的内在价值，所以也就不能正视自己作为人的尊严，譬如贪官、诈骗犯在内心里是不可能觉得自己有尊严的。

尊严首先是内在的，但是也有外在的方面。我们过的生活是否有尊严不但取决于我们自己的行为，而且也取决于我们的生活环境和社会制度。这是因为一个人不可能完全决定自己的命运，我们的际遇、人格乃至生活意义很大一部分来自于我们的公共交往，如果不能通过体面的程序、公平的标准、理性的交流来决定自己的命运，在许多事情上不得不看别人的脸色，做不到"正己而求诸人"，那么无论我们如何洁身自好，还是无法实现个人的全部尊严。所以孔子说"危邦不入，乱邦不居。天下有道则见，无道则隐"，固然体现了一种消极避祸、明哲保身的无奈，但也反映一个国家的制度对实现个人的尊严有多么重要的影响。

在宪政层次上，"尊严"简单地说就是公民权利和义务的平衡。自古以来，我们都认为一个只是主张权利而不尽自己义务的人是没有尊严的；但是反过来，如果一个人只知道履行义务，而没有权利意识，那也不是一个有尊严的现代公民。中国古代哲学确实对"权利"不够重视，儒学是一种义务导向哲学，主张人要履行与其身份地位相称的义务。相反，霍布斯以来的现代西方自由主义哲学偏向"权利"，不够重视"义务"。如果将西方的"权利"话语简单照搬到中国，也不足以实现尊严。只有中西结合，达到权利与义务的平衡，才能实现"尊严"的理想。

　　记者：现在有一种通行说法，有了钱就有尊严，民生改善了就有尊严，似乎使"尊严"与"幸福"的概念有些混淆。你是怎么看？

　　张千帆：尊严当然与民生有关。古人说："衣食足而知荣辱"。作为个人，吃饱穿暖是尊严的前提，食不果腹、衣不蔽体当然是不可能有尊严的。但是物质基础只是尊严的必要条件，而不是充分条件，而且只要有了基本的生活保障，尊严其实与金钱或物质生活关系不大。现代人肯定比古代人生活条件更好，人均 GDP 更高，但是不是现代人就一定比古代人更有尊严呢？不一定。有钱人就比贫民有尊严吗？也不一定。一个贫困的人过有尊严的生活不容易，但决不是不可能；只要他自食其力、遵纪守法，先做好自己分内的事，再有意识地行使自己作为共和国公民的基本权利，那他就是一个很有尊严的人。相反，一个富人可以生活过得很好，但是他对社会所应担当的责任也更大，所以反而不容易实现自己的尊严；一个只知道埋头赚钱甚至迫于形势不得不贿赂权力、为富不仁的商人，显然是没有什么尊严的。

　　从国家层面来说，经济只是实现个人尊严的前提，但关键还在于制度。在制度非常糟糕的国家，个人当然也可以过得相对有尊严，那就是尽量安分守己、洁身自好，"穷则独善其身"，而更多的人会随波逐流、同流合污。即使做到洁身自好，这种私人领域的尊严也是很有限的。譬如哪天我的房子没有任何商量就被拆了，补偿又不到位，造成生活十分拮据，那么我的尊严就显然受到侵犯；即便补偿到位，没有经过协商和同意就拆我的房子，同样也侵犯了我作为公民的尊严。在一个共和国，公民的尊严还包括能通过理性的公共参与去影响更高层次的国家政治生活，使这个社会变得更加公平正义，而不是像一只微不足道的蚂蚁那样任人践踏、碾压。

记者：中国人现在是怎么理解"尊严"的，"尊严"怎样才能更快地提升？作为公民，我们是等着政府或者别的什么人给我们尊严，还是自己应该做点什么？

张千帆：中国人其实对"尊严"一直非常在意，因为从鸦片战争以来，中国人饱受屈辱，有着强烈的为国家、为民族雪耻的意识。这种意识之所以存在，就是对尊严的向往在起作用。但这种尊严只是外在的，而且会带来一些负面作用，譬如总是把自己放在被欺凌被侮辱的弱势位置上，国际上稍有一点风吹草动就反应过激，指责别人阴谋瓜分中国，甚至骂自己的同胞是"汉奸"，而不反省自己的不足并正视别人的批评。这种神经过敏其实是非常不传统的，任其下去会耽误中国的进步和发展。中国儒家历来强调"自省"，所谓"日三省乎己"，面对别人的批评不是暴跳如雷、反唇相讥，而是首先反思自己的不足；只有这种开放、豁达的精神才能让一个民族进步，否则就只能僵化保守、固步自封、每况愈下。所以孟子说："人必自侮，然后人侮之；家必自毁，而后人毁之。"鸦片战争以后中国屡战屡败，根源还是因为我们自己在制度上的落后造成了经济和军事的落后。

中国人的"尊严"要想更快得到提升，关键还是要看制度"瓶颈"能否突破，权利有没有得到切实的保障。执政党、政府、人大都有义务扫除制度上的障碍，使宪法和法律赋予公民的权利能够通过正当方式得到充分的行使。目前公民之所以参与不够积极，是因为参与没有太大意义；应该让制度更加开放，吸引更多的公民参与到国家政治生活中来。

但尊严是不可能被赐予的，赐予本身就是反尊严的，就和一个乞丐等别人赐予食物一样，能有尊严吗？所以公民要有尊严，必须自己积极行动起来，首先是要提高参与选举的热情。村委会选举、居委会选举、基层人大代表的选举，公民应积极参与，不能觉得选举似乎意义不大就不参与，就放弃自己的权利，否则只能恶性循环。

要打破这个恶性循环，需要公民和政府合作，但总归需要一方先行动起来。

　　记者：现在农民选举出现了诸如"贿选"等很多问题，城市居民的选举热情普遍比较低，选举制度的改进是政治体制改革中最困难的地方，您怎么看？

　　张千帆：选举权是最重要的公民权利，也是尊严的重要体现；没有选举权就只能是臣民，是不可能有尊严的。现在选举问题很多，最重要的是如何在政治上建立"良性循环"。基层政府不积极改进选举的借口往往是公民的素质低，或者参与热情低。而公民则埋怨基层选举流于形式走过场，老是觉得自己"被代表"，所以更不想参与。这就是上面提到的"恶性循环"。

　　从基层政府的角度来说，文化素质、政治素质其实与选举的关系不大，选举的关键是利益博弈。问题的关键还是在程序上，只要严格按法律规定的正当程序走，选举就会变得越来越公开透明，也越来越有实质意义，选民参与的积极性也就自然越来越高。选举能力和教育程度没有什么关系，即便拿了博士学位也未必比目不识丁的农民更清楚选谁才能代表自己的利益。只要事关自己的切身利益，农民不仅选举的热情很高，而且眼睛很亮，确实能把真正符合自己利益的代表选出来。因此，素质论不过是站不脚的借口。

　　但是这种借口由来已久，梁启超就认为当时"民智未开"，中国不适合议会民主。这种看法的根源在于儒家一贯的精英主义思维。虽然儒家肯定人的内在价值，但是这种价值是隐性的，需要得到教育才能充分显现出来，而大概是因为当时的社会条件，很少有人获得这种发展机会并成为君子。所以在儒家世界观里，人格高尚的"君子"是很少见的，绝大多数都是自私短视的"小人"。在这种社会条件下，当然不可能实行民主，一堆"小人"当然是不可能把"君子"选出来的。这是为什么儒家从肯定人的内在尊严出发，最后却是反民主的，根源就在于儒家还是不信任普通人的素质和能力，所以才提出了君子、小人的二元论。出类拔萃、道德高尚的"君子"不仅应该做官，而且既然他们不会滥用自己的权力，也就不需要法律和制度约束。现在看来，这是对人性的基本误解，因为任何人都不是上帝，也不是魔鬼；任何人都有"君子"的一面，也有"小人"的一面，纯粹的"君子"或"小人"是没有的。人性有尊严，但也有弱点，任何人都不例外，所以即便是德高望重的"君子"也需要制度约束，即便是势利"小人"的基本权利也要得到保障。今天，我们不能再用"素质"之类的借口阻碍体制改革，限制平民百姓的选举权。

记者：政府和公民到底应该怎样配合起来才能提升"尊严"呢？现在相互指责的情况比较多。

张千帆：首先，执政者应该更加自尊和自信。如果这个国家的政府不受人尊重，那么人民的尊严必然也要打折扣。政府官员不能因为做官，就忘记自己做人的尊严，或忘记老百姓也是有尊严的公民；如果官员的"尊严"只体现在对下级和老百姓的权威上，对上级只能谨小慎微、唯唯诺诺、惟命是从，那么这样的人其实是不会有尊严感的，而一个缺乏自尊的人很容易自甘堕落，最终滑向罪恶的深渊。

更加根本的是，每个公民必须先站起来维护自己的尊严。只有人民先有尊严，政府才可能获得尊严。如果人民只是一群任人宰割的羔羊，那么政府至多就是个牧羊人；如果人民只是一群没有自由的奴隶，那么官员至多只是个奴隶主。也许他们在这些可怜的奴隶面前可以发号施令、威风十足，但是在外人面前，一群乌合之众的头领是不值得尊重的。只有当被统治者很强大的时候，统治者才能真正获得受人尊重的底气。

因此，一个国家的尊严最终来自每一个公民的尊严。只有公民成为决定自己命运的主人，才能打破数千年受人摆布的宿命，健全残缺不全的政治人格，获得完整意义的道德尊严。公民不能只停留于被动地指责政府官员做了不该做的事，而是要主动告诉他我们要他做什么。现阶段最重要的是公民的知情权、参与权、选举权。基层政府越是认为不可公开的信息，公民就越有必要坚持自己的知情权。公民要不断地发出声音，要求表达自由而不是控制言论，要求公正补偿而不是强行拆迁，要求修缮校舍而不是建豪华办公楼，要求投入地方公益而不是将纳税人的钱挥霍于贪腐……最重要的是公民要认真对待每一张选票，通过选票告诉执政者，我们想让什么人坐在领导位置上。

记者：从立法、司法的角度看，公民应该如何推动立法、司法朝维护尊严的方向进行改革？司法是维护尊严的最后一道底线，请您从这方面谈谈。

张千帆：要让立法保护人民的尊严，人民必须作为有尊严的主体参与立法决策过程。近年来，中国公民推动立法改革的作用大有提高，比如孙志刚事件导致收容遣送条例的废除，唐福珍事件导致拆迁条例的修改。立法之所以不能保护尊严，少数"恶法"甚至严重侵犯公民尊严，根本原因都在于这些法律的制定一开始就没有公民参与；假如有过公民参与并产生了影响，难道公民会通过一部践踏自己尊严的法律吗？其实立法是分不同层次的，中国在中央层次的立法做得是比较好的，全国人大的立法草案都上网公布，也经过比较充分的讨论。但在地方层次和行政立法上，还存在很大的差距。而中国立法的现状恰恰是立法层次越高，实际效力越低；最有效的不是宪法和人大立法，反而是层次很低的行政部门或地方"红头文件"。收容遣送条例和城市拆迁条例都是行政法规，制定时都没有经过实质性的公民参与，结果都严重损害了宪法和法律所要保护的公民尊严。要废除或改进这样的"恶法"，必须强化公民参与，保障公民在立法上的知情权、参与权、表达权。无论地方立法还是行政立法，都应该听证等各种方式体现人民意志。

在执行层次上，立法之所以难落实，归根结底是行政部门不对当地人民负责。要改变自上而下的治理模式，官员应由人民自己或人大代表选举产生。如果他不能履行职责，那么等他任期结束以后，人民可以通过周期性选举让他落选，那样他就不会漠视人民的尊严。

司法作为保护尊严的最后一道防线，本身就必须是一个有尊严的机构。司法要获得尊严，就必须保证它不受权力干扰，保证法官独立办案。否则，法官没有外在的独立地位，内在的独立人格也很难树立起来；没有独立人格，法官失去道德底线，就很容易走向司法腐败。所以要保护人民的尊严，司法本身必须有尊严。

如果人民在立法、行政、司法上得不到制度化的有效救济，最后就只能走上访之路，而上访本身就是没有尊严的体现——上访不就是求人解决问题吗？求人有什么尊严呢？如果上访者不能通过有效的制度救济来主宰自己的命运，必须通过逐级上访求助某个"青天""老爷"来救自己，那就谈不上公民的人格尊严。

记者：最后问一个私人性质的问题，您的梦想是做一个有尊严的中国人，那您现在是不是觉得不太有尊严？作为法学家，您给自己的尊严打多少分？

张千帆：说实话，面对外国友人，我作为一个中国人最感到骄傲的不是自己的制度，也不是最近三十年的经济成就，而是2000多年前的那点文化遗产。对于当前的制度现实，我既不能胡编乱造、信口开河，便只能以实相告并颇费口舌地解释说，我们走到今天这一步已经很艰难、很辛苦、很不容易，但遗憾而无奈的是，能向他人推销的亮点实在不多。这是为什么今天在世界上中国的哲学家最牛，经济学家次之，法学家最弱。所以在外国同行面前谈论中国法律，我经常自感底气不足。这倒不是我缺乏自信，而是我们的宪政法治目前就发展到这个水平，制度现状也直接制约了中国法学的发展水平。要打破发展瓶颈，做一个有尊严的法学家，我们没有别的选择，只有像我们的儒家祖先要求的那样在各自的岗位上做好自己的工作，做一个合格的现代公民，共同努力建构中国未来的制度大厦，让每一个中国人都活得更有尊严。我经常思索一个问题：为什么在这个对人的尊严追求了几千年的国家，完整意义的尊严总是显得那么遥不可及？其实打破这个民族千年宿命的神奇力量不在别处，它就掌握在我们每个人手中。

作者介绍

　　张千帆：美国德克萨斯大学奥斯汀分校政府学博士，曾任南京大学法学院教授、博士生导师、《南京大学法律评论》主编、中国宪法学会副会长，现任北京大学法学院教授、博士生导师、北京大学人大与议会研究中心主任。主要研究宪政原理、比较宪法、中外政治与道德理论，代表作有《西方宪政体系》（上下册）、《宪法学导论》《宪政原理》《为了人的尊严》《新伦理》《宪政中国——迷途与前路》《宪政三论：自由·法治·民主》等。

www.ingramcontent.com/pod-product-compliance
Lightning Source LLC
Chambersburg PA
CBHW031443160726
47994CB00005B/1842